동의수세보원, 주역으로 풀다

동의수세보원,
주역으로 풀다

초판 1쇄 발행 2017년 9월 25일

지은이 임병학
발행인 한대기
편집 최구원, 최미진
디자인 이정현

발행처 골든북스
주소 경기도 양평군 양평읍 천변길 60번길 7
대표전화 050-6050-0550 I **팩스** 055-909-0550
출판등록 제 2016-000011호
이메일 happydaeg@hanmail.net
홈페이지 http://goldenbooks.co.kr

ISBN 979-11-958514-2-3(03140)
값 20,000원

동의수세보원, 주역으로 풀다

임병학 지음

골든북스

목차

책을 내면서 • 6

『동의수세보원 東醫壽世保元』 소개 • 10
「성명론 性命論」 • 17
「사단론 四端論」 • 89
「확충론 擴充論」 • 157
「장부론 臟腑論」 • 209
「광제설 廣濟說」 • 251
「사상인변증론 四象人辨證論」 • 293

저자 소개 • 333

책을 내면서

『동의수세보원東醫壽世保元』은 사상철학과 사상의학을 하나로 융합한 책이다. 철학은 사람의 본성 내지 마음의 이치를 밝히는 것이라면, 의학은 사람의 생리적 생명을 탐구하는 것이다. 동무東武 이제마李濟馬, 1837~1900는 기氣를 통해 사람의 마음과 몸을 하나로 융합하고 있다.

철학은 단순히 우리들의 관념적 사유가 아니라 통찰적직관적 지혜를 말하는 것이다. 동무는 이것을 '혜각慧覺'이라 하였다. '혜각이 있으면 사는 것이고, 혜각이 없으면 죽는 것'이라는 그의 일성一聲을 통해 사상철학의 심오한 세계를 엿볼 수 있다. 동무는 생사의 문제를 넘어선 혜각을 통해 사람의 마음 작용과 기氣를 『동의수세보원』에서 확연하게 드러내고 있다.

사상철학의 근본이 사람의 마음 작용과 기氣임에도 불구하고, 사상인의 마음 작용과 기氣에 대한 철학적 연구는 전혀 없다. 일부 연구자들이 사상의학의 입장에서 마음에 대한 논의를 하고 있지만, 『동의수세보원』에 비추어 보면 지엽적枝葉的인 부분에 머물러 있다. 전체를 일관하는 통찰적 지혜가 보이지 않는 것이다. 예를 들면, 사상인의 마음 작용을 종합하고 있는 「확충론」의 첫 문장에 등장하는 사상인의 속임·모욕·도움·보호欺·侮·助·保에 대한 논의가 없다.

나는 『주역』과 『정역』을 연구하신 관중觀中 류남상柳南相, 1927~2015 선생님의 문하에서 사상철학의 원전인 『격치고格致藁』와 『동의수세보원』에 대한 연구를 진행하였다. 한자와 문장이 어렵기로 소문난 『격치고』에 대한 연구를 진행하여 10여 편의 논문을 발표하였고, 『동의수세보원』에 대한 연구에서는 사상인의 마음 작용에 대한 대체를 잡을 수 있었다. 사상철학은 『주역』의 원리가 아니면 풀어지지 않는 학문적 체계를 가지고 있음을 알게 되었다. 또 거꾸로 사상철학을 통해 역학易學의 근본 문제인 음양陰陽과 사상四象 그리고 오행五行에 대한 새로운 안목을 가지게 되었다.

사상철학은 기氣철학이자, 사람의 마음과 몸을 하나로 일관하는 '마음학'이라 하겠다. 사상철학에서 마음학은 사람의 본성本性과 마음 작용 그리고 심기心氣와 생기生氣를 연구하는 것이다. 특별히 동무는 「성명론」을 직접 문왕팔괘도文王八卦圖로 주해하고, 또 이것이 인간 본성의 이치를 담고 있다고 하여, 사상인의 마음 작용이 『주역』의 문왕팔괘도를 통해 확연하게 풀어지게 되었다.

이 책은 네 부분으로 구성되어 있다. 첫째는 『동의수세보원』 원문에 토를 넣은 것이고, 둘째는 원문에 대한 직역直譯이고, 셋째는 원문에 사용된 한자의 풀이이고, 넷째는 『주역』의 입장에서 원문을 설명한 '역해易解'이다. 먼저 한자의 풀이는 나의 '주역으로 풀다' 시리즈 첫 번째 저술인 『하늘을 품은 한자, 주역으로 풀다』골든북스, 2016에 근거한 것이다. 이 책은 부수 214자를 주역으로 풀이하여 한자에 대한 차원을 높이고 있다. 또 본문의 핵심인 '역해易解'에서는 『동의수세보원』의 근본적 주제인 사람의 깊은 마음 작용을 자세하게 설명하고 있다.

『동의수세보원, 주역으로 풀다』는 동무가 우리에게 전해준 혜각慧覺의 지혜를 담고자 하였다. 서양의 심리학이나 『황제내경』에 기반 한 한의학적 사유와는 전혀 다른 차원에서 논하고 있는 사상철학의 마음에 대한 논의를 풀어낸 것이다. 이 책은 사람의 마음과 몸에 관심이 있는 연구자나, 직접 연구와 치유를 담당하는 한의사·심리학자·심리 상담사·정신과 의사·기 치료사 등에 꼭 필요하다고 생각한다.

이 책에서 밝힌 사상인의 마음 작용을 바탕으로 다양한 분야에서 응용하는 연구가 본격적으로 진행될 것이다. 현재 원광대학교 동양학대학원의 학술 동아리인 「사상철학 마음 연구회사마연」 회원들과 동양학에서 '마음학'을 세우는 작업을 진행하고 있다. 또 소태산少太山, 1891~1943의 일원철학一圓哲學과 소통을 통해 마음공부와 심신치유에 대한 새로운 방향을 모색하고 있다.

끝으로 책이 출간될 수 있도록 노고를 아끼지 않은 원광대학교 대학원의 이광수 선생님과 사마연에서 공부하시는 석·박사과정 선생님, 그리고 사상철학의 마음 연구에 온 힘을 다하는 최구원 선생님께 감사의 마음을 전합니다.

2017년 9월 중추가절에 아버지·어머니·장모님 그리고 아내와 공부에 열정을 다하는 중학생 딸 효례曉禮, 물음으로 나를 일깨우는 아들 효인曉仁에게 사랑의 마음을 전하며, 진리를 따르고자 하는 임병학林炳學이 삼가 쓰다.

『동의수세보원』 소개

동무東武 이제마李濟馬, 1837~1900는 사상철학을 집성한 『격치고格致藁』를 저술하고, 바로 이어서 사상의학을 집성한 『동의수세보원』을 저술하였다.

『동의수세보원』은 총 4권으로 제1권은 사상의학의 철학적 원리를 논한 「성명론性命論」·「사단론四端論」·「확충론擴充論」·「장부론臟腑論」으로 구성되어 있고, 제2권은 「의원론醫院論」과 「소음인 신수열표열병론腎受熱表熱病論」·「소음인 위수한이한병론胃受寒裡寒病論」·「범론泛論」 및 약방문藥方文이고, 제3권은 「소양인 비수한표한병론脾受寒表寒病論」과 「소양인 위수열이열병론胃受熱裡熱病論」·「범론」 및 약방문이고, 제4권은 「태음인 위완수한표한병론胃脘受寒表寒病論」·「태음인 간수열이열병론肝受熱裡熱病論」과 「태양인 외감요척병론外感腰脊病論」·「태양인 내촉소장병론內觸小腸病論」 및 약방문 그리고 「광제설廣濟說」과 「사상인변증론四象人辨證論」으로 구성되어 있다.

제1권은 『격치고』에서 논한 사상철학을 집약하여, 사상의학의 철학적 원리를 밝히고 있기 때문에 동무의 철학사상이나 사상의학을 이해하는데 가장 중요한 부분이다.

첫 번째 논설인 「성명론」의 내용을 분석해 보면, 서론은 처음 문장에서 '홀로 행하는 것은 명命이라 한다獨行者는 命也니라'까지로 천기天機를 청시후미聽視嗅味하는 이목비구耳目鼻口와 인사人事를 달합입정達合立定하는 폐비간신肺脾肝腎, 성性인 함억제복頷臆臍腹, 명命인 두견요둔頭肩腰臀을 천·인·성·명의 사상적 구조로 논하고 있다.

본론은 '귀는 좋은 소리를 좋아하고耳好善聲'에서 '내가 어리석음을 면하는 것은 나에게 있는 것이다.我之免不肖는 在我也니라'까지로 이목비구에 호선지심好善之心·폐비간신에 오악지심惡惡之心·함억제복에 무세지심誣世之心, 邪心·私心·두견요둔에 망민지심罔民之心, 怠心·慾心을 결부시켜 사상의학의 핵심인 사상심四象心에 대하여 논하고 있다.

결론은 '하늘이 만민을 낳음에天生萬民'에서 '다른 것이 아니라 지와 행이다.非他라 知行也니라'까지로 앞에서 논의한 인간의 문제를 종합하여, 「성명론」이 결국 '도덕론'이고, '지행론'이라고 결론을 맺고 있다. 또한 마지막 3문장은 혹자가 질문하고 동무가 답하는 형식이지만, 동무가 직접 묻고 답하는 것으로 보충 설명하고 있다.

다음으로 두 번째 논설인 「사단론」의 서론은 첫 문장인 '사람이 품부받은 장부의 이치人稟臟理'에서 일곱 번째 문장 마지막은 '마음의 죄이다.心之罪也'까지로 사상인四象人 장국臟局의 대소大小에 대하여 선언적으로 정의하고 있으며, 본론은 여덟 번째 문장인 '호연지기浩然之氣'에서 '이것은 죽고 살고, 장수하고 요절하는 기틀이니 알지 못하는 것은 불가한 것이다.此死生壽夭之機關也, 不可不知也'까지로 사상의학에서 기氣의 의미와 사상인 장국의 대소가 결정되는 근거가 애노희락哀怒喜樂의 기에 있음을 논하고 있으며, 결론은 '태소음양의 장국이 짧고 긺은太少陰陽之臟局短長'에서 끝까지로 사상인의 불변과 사상인이 경계해야할 애노희락에 대하여 논하고 있다.

「사단론」에서는 희노애락과 애기哀氣·노기怒氣·희기喜氣·낙기樂氣를 언급하여, 희노애락과 애노희락의 순서를 다르게 밝히고 있으며, 또 인간의 기에 있어서도 호연지기와 폐기肺氣·비기脾氣·간기肝氣·신기腎氣, 그리고 애기·노기·희기·낙기를 구분하여 논하고 있다.

특히 애노희락을 성性과 정情으로 나누어 태양인太陽人은 애성노정哀性怒情·소양인少陽人은 노성애정怒性哀情·태음인太陰人은 희성낙정喜性樂情·소음인少陰人은 낙성희정樂性喜情에 의해 사상인 장국의 대소가 형성된다고 하여, 애노희락에 대한 연구가 선행되어야 사상의학의 철학적 원리가 분명하게 드러날 것이다.

세 번째 논설인 「확충론」은 앞의 「성명론」과 「사단론」에서 논한 내용을 종합하여, 사상의학의 철학적 근거를 확충하면서 동시에 뒤의 「장부론」을 이끌고 있다. 「확충론」은 사상인의 마음 작용에 대하여 논하고 있다. 즉, 사상인이 애기·노기·희기·낙기의 기 흐름에 따라 인간 본성을 어떻게 확충하여 수세보원 할 수 있는가의 문제를 밝히고 있다.

「확충론」의 내용을 보면, 먼저 서론은 애노희락의 성性과 정情의 작용을 속임·모욕·도움·보호欺侮助保와 연계하여 논한 첫 부분이라 할 수 있으며, 본론은 「성명론」의 천기 유사와 인사 유사, 이목비구와 폐비간신를 중심으로 사상인의 잘함과 잘하지 못함을 통해 '마음을 어떻게 확충할 것인가'와 사상인의 성기性氣와 정기情氣에 대하여 구체적으로 논하고 있다. 결론에 해당되는 마지막 절에서는 사상인의 성인 함억제복의 주책籌策·경륜經綸·행검行檢·도량度量과 교심驕心·긍심矜心·벌심伐心·과심夸心, 명인 두견요둔의 식견識見·위의威儀·재간材幹·방략方略과 탈심奪心·치심侈心·나심懶心·절심竊心으로 마치고 있다.

마지막 논설인 「장부론」은 그 명칭에서부터 의학적인 내용을 담고 있다고 생각할 수 있지만, 동무는 「장부론」을 제1권에 배치하여 자신의 사상철학을 바탕으로 인체에 대한 철학적·생리적 원리를 종합하고 있다.

「장부론」의 전체 내용을 분석해 보면, 먼저 서론에 해당하는 부분에서는 폐비간신과 두견요둔, 위완·위·소장·대장胃脘·胃·小腸·大腸과 함억제복의 위치를 상초上焦·중상초中上焦·중하초中下焦·하초下焦의 네 구역으로 나누고, 사부四腑를 중심으로 수곡水穀의 기가 생성됨을 논하고 있으며, 본론에서는 수곡의 온기溫氣·열기熱氣·량기凉氣·한기寒氣가 각각 폐당肺黨·비당脾黨·간당肝黨·신당腎黨에서 어떻게 흐르는지를 논하고, 이목비구·폐비간신의 청기淸氣와 탁재濁滓에 대하여 밝히고 있다. 또 결론에서는 이목비구·폐비간신·함억제복·두수요족頭手腰足의 사상적 구조를 종합·정리하고 있다.

「장부론」은 「성명론」·「사단론」·「확충론」에서 논한 천인성명의 사상적 구조를 종합하여 인간의 생리적 작용을 밝혀, 사상철학이 의학으로 성립될 수 있는 기초적인 내용을 제공하고 있다. 특히 「장부론」에서는 사상인에 대한 논의보다 수곡의 온기·열기·량기·한기를 통해 인체의 기 흐름을 종합하고 있다.

한국 철학계에서 『동의수세보원』 제1권에 대한 연구는 대체로 두 방향으로 진행되고 있다. 첫째는 사상의학의 철학적 원리를 기존 한의학漢醫學의 철학적 기초인 『황제내경』의 음양오행설의 입장에서 연구하는 것이고, 둘째는 경험·인식론적 관점에서 동무의 사상설을 경험적 결과로 파악하여 연구하는 것이다.

그러나 동무는 『동의수세보원』 갑오甲午 구본의 간지에서 "마음에 깊이 두어 생각함이 진실로 '역도易道'에 있다.潛心之下, 眞有易道存焉. 反掌之間, 似乎兵法寓矣"라고 하여, 자신의 학문이 역학易學의 진리를 근본하고 있음을 밝혔으며, 그의 저서에서 공통적으로 언급된 태극太極이나 음陰과 양陽, 태양太陽·태음太陰·소양少陽·소음少陰 등의 기본적인 개념들은 『주역』에 근거한 것이다.

『격치고』에서 논하고 있는 『주역』의 학문적 내용은 세 부분으로 요약할 수 있다. 먼저 『격치고』 제2권 「반성잠反誠箴」에서 자신의 사상철학의 가장 핵심적 개념인 사상四象에 대하여, 『주역』 계사상편 제11장의 인용을 통해 태극은 마음이고, 양의兩儀는 마음과 몸이고, 사상은 사심신물事心身物로 규정하고 있다.易曰易有太極, 是生兩儀, 兩儀生四象, 四象生八卦, 八卦定吉凶, 吉凶生大業. 太極心也, 兩儀心身也, 四象事心身物也.

사상四象의 의미를 설명하면, 사四는 구口와 인儿으로 '땅현상에서 사람이 작용한다'는 의미이고, 상象은 '진리를 상징하다'·'표상하다'의 뜻을 가지고 있기 때문에 하늘의 작용이 땅에서 네 가지로 드러남을 표상한다는 것이다. 그래서 『주역』에서는 '주역에 사상四象이 있는 것은 하늘의 작용을 보이는 것이다.易有四象은 所以示也라'라고 하였다.

둘째는 「반성잠」 서문에서는 "형상과 이치에서 괘상을 취함은 단지 마음속으로 헤아린 견해臆見이지만, 그 괘상이 여덟 개가 있음은 진실로 복희역伏羲易의 괘상이 이와 같다고 일컫는 것은 아니다.形理之取象, 只是臆見而其象有八, 非眞謂伏羲易象如此也."라고 하여, 복희팔괘도伏羲八卦圖를 말한 것이다.

셋째는 제1권 「유략儒略」에서 "그 마음을 다하는 사람은 그 본성을 알고 그 마음을 다하는 사람은 뜻을 씀이 무궁하며, 그 본성을 아는 사람은 본성의 이치를 모두 얻게 된다. 본성의 이치는 문왕역文王易의 괘상에 혼연하고 온전히 나의 지각 속에 갖추어진 것이니 '본성을 다한다'고 말하는 것이다.盡其心者知其性, 盡其心者無窮用意也, 知其性者盡得性理也, 性理者文王易象, 渾然全備於吾之知覺中曰盡性"라고 하여, 문왕팔괘도文王八卦圖를 언급한 것이다.

동무의 사상철학은 기본적으로 유학에서 밝히고 있는 인간 존재의 규명을 통해 자신의 독창적인 철학사상을 전개하고 있기 때문에 「유략」에서 인간 본성의 이치가 문왕팔괘도에 있다고 한 것에서 문왕팔괘도의 원리가 자신이 창안한 사상철학과 직접적인 관계가 있음도 생각할 수 있다.

특히 「동무자주東武自註」로 불리는 『동무유고』 제3권 「성명론」에서 동무가 직접 문왕팔괘도를 통해 「성명론」에 대하여 주석하고 있기 때문에 문왕팔괘도가 사상의학의 철학적 원리를 해석하는 방법 내지 도구가 되는 것이다.

동무는 『격치고』를 통해 사상의학의 설계도가 되는 사상철학을 완성하고, 그것을 근거로 사상의학을 집성한 『동의수세보원』이라는 완성된 집을 지은 것이다. 따라서 『동의수세보원』에서 논한 사상의학의 철학적 원리를 밝히기 위해서는 『격치고』에서 논하고 있는 역학적易學的 사유를 근거로 해야 할 것이다.

본 저서는 『동의수세보원』에서 사상인의 병증과 처방에 대한 임상론을 제외하고, 『동의수세보원』 제1권 「성명론」·「사단론」·「확충론」·「장부론」과 제4권의 「광제설」과 「사상인 변증론」의 원문을 해석하고, 『주역』의 입장에서 풀이한 것이다. 이는 사상의학의 철학적 원리를 공부할 수 있는 이론적 토대를 제공하는 것이다.

1

성명론
性命論

「성명론」의 '성명性命'은 『주역』에서 논한 인간 본성의 구조인 '각정성명各正性命'과 '성명지리性命之理'에 근거를 두고 있지만, 『동의수세보원』의 사상적四象的 구조를 천인성명天人性命으로 논하고 있기 때문에 천인성명의 성명임을 알 수 있다.

동무는 천天에 배치되는 호선지심好善之心과 인人에 배치되는 오악지심惡惡之心은 누구나 요순이 될 수 있지만, 성性에 배치되는 사심邪心, 이기심과 명命에 배치되는 태심怠心, 탐욕심은 누구나 요순이 될 수 없다고 하여, 절대적 노력이 필요하다고 하였다.

또 「성명론」에서는 "다른 사람의 선을 좋아하고 나 역시 선을 아는 것은 하늘이 나에게 준 지극한 성性의 덕인 것이고, 다른 사람의 악을 미워하고 나 역시 악을 행하지 않는 것은 하늘에서 나에게 준 올바른 명命의 도인 것이고, 지혜를 알아가고, 자업資業을 할수록 쌓여지게 되니 그것이 바로 도덕이다. 도덕이 완성되면 그것이 바로 인성仁聖, 絕世

之人·大人이니, 도덕은 다름 아니라 바로 지혜를 터득하고, 자업을 행하는 것이며, 성명性命이란 다름 아니라 지혜를 터득하고, 자업을 하는 것이다."라고 하여, 사람이 자기에 주어진 성性과 명命을 바르게 하여 도덕적인 존재가 되어 지혜와 자업으로 살아가야 함을 논하고 있다.

따라서 제목을 성명性命이라고 한 것은 실존적인 인간이 가지고 있는 이기심과 탐욕심을 극복해야 함이 가장 근본적인 문제이기 때문이라 하겠다.

◇◇◇◇◇

天機ㅣ 有四하니 一曰地方이오 二曰人倫이오 三曰世會오 四曰天時니라.

하늘의 기틀은 넷이 있으니, 첫째는 지방이고, 둘째는 인륜이고, 셋째는 세회이고, 넷째는 천시이다.

天하늘 천은 一 + 大로 하나가 크게 작용하다.

地땅 지는 土 + 也로 땅에서 마치다.

倫인륜 륜은 亻 + 侖으로 사람과 사람을 하나로 묶어주다.

時때 시는 日 + 土 + 寸으로 하늘의 뜻이 땅에 절도있게 드러나다.

역해易解 : 천기天機는 하늘의 신비스러운 작용으로 하늘이 스스로를 드러내는 기틀이다. 이 첫 문장은 『주역』의 첫 문장인 "건乾은 원元코 형

亨코 이利코 정貞이니라乾, 元亨利貞"와 동일한 구조이다. 『주역』에서는 하늘의 인격성뜻인 건乾이 원형이정 사상四象으로 작용함을 논하고, 『동의수세보원』에서는 하늘의 작용인 천기에 네 가지가 있다고 한 것이다.

이 문장은 『주역』의 학문적 체계에 근원한 천원지방天圓地方과 천지인天地人 삼재지도三才之道의 이치를 그대로 담고 있다. 천시天時는 하늘의 이치인 천원天圓이고, 지방地方은 그대로 땅의 이치를 나타내고 있으며, 그 사이에서 살아가는 인간의 세계를 인륜人倫과 세회世會로 논하고 있다. 사람은 만물을 대표하는 존재로 음양陰陽의 이치로 살아가기 때문에 인륜과 세회로 논한 것이다.

또 하늘의 인격적 작용인 사상四象에서 '사四'는 단순히 네 가지가 아니라 철학적으로는 만萬 가지가 되는 것이다. 『도덕경道德經』에서는 '도道는 하나를 낳고, 하나는 둘을 낳고, 둘은 셋을 낳고, 셋은 만물을 낳는다. 道生一, 一生二, 二生三, 三生萬物.'라고 하여, 셋 다음에는 넷이지만 이것이 곧 만 가지로 사물의 다양성과 다름을 상징하고 있다.

그리고 천기유사의 순서를 지방地方에서 시작한 것은 땅에 실존하는 인간의 입장에서 자신의 삶을 확장해 나가는 것으로 이해된다. 지방地方에서 인륜人倫으로 인륜에서 세회世會로 세회에서 마지막에는 하늘의 뜻인 천시天時를 자각하는 것이 인간의 궁극적 지향점인 것이다. 이후의 문장에서는 천시·세회·인륜·지방의 순서로 하여, 하늘의 뜻에 따라 순응한다는 사람의 삶의 의미를 담고 있다.

천기유사인 지방·인륜·세회·천시의 경전적 근거는 찾아보면, 지방地方은 『맹자』에서 '지방 백리이면 왕도정치를 할 수 있다. 孟子 對曰地方百

里而可以王이니이다.'·'대국은 지방 백리이니大國은 地方百里니'라고 하였으며, 세회世會는 선진유학 경전에는 등장하지 않고 있다.

인륜人倫은 『맹자』에서 '학교는 하은주 삼대가 함께 한 것으로 모두 인륜을 밝힌 것이다.學則三代共之하니 皆所以明人倫也라 人倫이 明於上이면 小民이 親於下니이다.'·'성인이 근심이 있어서 설契로 하여금 사도로 하여 인륜을 가르치시니聖人이 有憂之하사 使契爲司徒하야 教以人倫하시니'·'성인은 인륜의 지극한 것이다.聖人은 人倫之至也니라.'라고 하였다.

천시天時는 『주역』과 『중용』에서 '하늘보다 먼저 하여도 하늘이 어기지 않고 하늘보다 뒤에 하여 천시를 받드는 것이니先天而天弗違, 後天而奉天時'·'위로는 천시를 받들고 아래로는 수토를 잇는 것이다.上律天時하시고 下襲水土하시니라.'라고 하였다. 또 『맹자』에서는 '천시는 지리만 같지 않고 지리는 인화만 같지 못한 것이다.孟子曰天時 不如地利오 地利 不如人和니라.'라고, 천시天時를 근거로 천지인天地人 삼재지도를 논하고 있다.

또한 사상철학을 집성하고 있는 『격치고格致藁』를 통해 천기유사를 설명하면, 먼저 천기天機는 항상 운행하는天機, 恒轉. 천도의 작용이라 하였으며, 천시·세회·인륜·지방은 "천세天勢는 넓고 크며 세회는 어지럽게 다투며, 인륜은 무성하게 번식하며, 지방은 광활하여 막막하다.天勢浩瀚, 世會紛競, 人倫蕃殖, 地方曠邈."라 하고, "천세는 악을 기울이는 것이고, 세회는 이익을 흥하는 것이며, 인륜은 선을 닦는 것이고, 지방은 생을 보호하는 것이다.天勢傾惡也, 世會興利也, 人倫修善也, 地方保生也."라고 하여, 천시를 '천세'라 하고, 윤리적 삶의 근거인 선악善惡의 기준이 된다고 하였다.

이에 천기유사의 역학적易學的 의미를 풀이하면, 지방地方은 땅이 가진 인격적 뜻을 의미하는데, 방方은 방정方正하다는 것을 의미하기 때문에 하늘이 품부한 땅에서 살아가는 인간의 도덕적 기준과 만물이 존재하는 이치를 의미한다. 『주역』의 원元 = 二 + 儿에 해당하는 것으로 천지天地의 뜻을 실천하는 근원이라 하겠다.

인륜人倫은 사람과 사람이 하나로 묶어지는 것으로 하늘이 내려준 사람과 사람의 관계 맺음의 원리이다. 인륜이 사람의 관계를 아름답게 맺어주는 이치이지만, 그 속에는 하늘과 사람의 관계 맺음이 들어 있다. 또 인륜은 사람이 가지고 있는 정서적 내지 감정적 가치 판단의 의미를 가지고 있다. 『주역』의 형亨 = 亠 + 口 + 了에 해당하는 것으로 하늘의 뜻이 사람에 의해서 펼쳐지는 것을 의미한다.

세회世會는 세상의 인격적 모임으로 사람과 사람, 사람과 만물의 관계를 이롭게 맺어주는 원리이다. 세世가 사람만을 의미하는 세계가 아니라 만물을 포함한 인간의 세계를 의미하는 것이다. 또 세회는 사람이 가지고 있는 공공적 내지 이성적 가치 판단의 의미를 가지고 있다. 『주역』의 리利 = 丿 + 木 + 刂에 해당하는 것으로 만물과 인간을 이롭게 하는 심판의 의미를 가지고 있다.

천시天時는 하늘이 스스로 자신의 뜻을 세상에 드러낸다는 의미이다. 하늘이 드러나는 뜻을 사람이 자각하게 되는 것을 '시時'라고 한다. 『주역』의 정貞 = 卜 + 貝에 해당하는 것으로 하늘의 뜻이 곧게 드러나는 것이다.

한편 동무는 「동무자주東武自註」로 불리는 『동무유고東武遺稿』 제3권 「성명론」을 통해 「성명론」에 대한 특별한 주해를 남기고 있다. 이에 「성명론」을 풀이하면서 마지막 문장에서는 「동무자주」의 원문을 해석하고 풀이하고자 한다.

위의 천기유사에서는 "지방은 곧 소음少陰이니 위가 끊어진 태괘兌卦로 서방이고, 인륜은 곧 태음太陰이니 가운데 이어진 감괘坎卦로 북방이다. 이 두 방위는 오른쪽 위를 열어 눌러서 땅은 남고 하늘은 부족한 방위이다. 그러므로 '첫째는 지방이다'라고 하였다. 세회는 곧 소양少陽이니 아래가 끊어진 손괘巽卦, 아래가 이어진 震卦로 동방이고, 천시는 곧 태양太陽이니 가운데가 빈 이괘離卦로 남방이다. 이 두 방위는 왼쪽 아래를 열어 눌러서 하늘은 남고 땅은 가득 차지 않는 방위이다. 그러므로 '넷째는 천시이다.'라고 하였다. 地方卽少陰兌上絕, 西方也. 人倫卽太陰坎中連, 北方也. 此兩方, 闢鎭右上, 地有餘天不足之方, 故一日地方云. …… 世會, 卽少陽巽下絕, 東方也.(震下連) 天時, 卽太陽离虛中, 南方也. 此兩方, 闢鎭左下, 天有餘地不滿之方, 故四日天時云."라고 하여, 문왕팔괘도文王八卦圖의 방위와 괘卦를 배치하고 있다.

여기서 태괘兌卦 서방·감괘坎卦 북방·이괘離卦 남방은 문왕팔괘도와 일치하지만, 동방이라고 한 손괘巽卦는 일치하지 않고 있다. 그러나 「성명론」을 설명하면서 3괘가 일치하고 하나가 어긋난 것이기 때문에 손괘는 진괘震卦로 수정되어야 할 것이다.

따라서 지방은 태괘兌卦, ☱·인륜은 감괘坎卦, ☵·세회는 진괘震卦, ☳·천시는 이괘離卦, ☲에 각각 연계시켜 『주역』의 학문적 체계인 팔괘도八卦圖를 통해 주해하고 있는 것이다. 문왕팔괘도文王八卦圖를 통한 『동의수세보원』의 해석은 「사단론」에서 구체적으로 설명하고자 한다.

◇◇◇◇◇

人事ㅣ有四하니 一曰居處오 二曰黨與오 三曰交遇오 四曰事務니라.

사람의 일은 넷이 있으니, 첫째는 거처이고, 둘째는 당여이고, 셋째는 교우이고, 넷째는 사무이다.

事일 사는 一 + 口 + ヨ + 亅로 한 사람이 손으로 진리를 실천하다.

居있을 거는 尸 + 古로 제사를 모시는 시동 속에 옛 진리가 들어있다.

與더불 여는 ヨ + 止 + ヨ + 八로 사람이 양손으로 멈춤止, 艮을 여덟로 작용하다.

交사귈 교는 六 + 十으로 여섯에서 하늘이 사귀다.

務힘쓸 무는 矛 + ＋力으로 하늘의 일에 힘을 쓰다.

역해 : 인사人事는 사람의 일이지만, 대중의 일이 아니라 진리를 자각한 성인의 인격성에 바탕을 둔 일이다. 인사유사는 천기유사가 드러나는 사람의 인격적 작용을 논한 것으로 『주역』과 동일한 구조이다.

『주역』에서는 "문언에서 말하기를 원元은 선의 어른이고, 형亨은 아름다움의 모임이고, 리利는 의의 화합이고, 정貞은 일의 줄거리이다. 군자는 인仁을 체득하여 족히 다른 사람의 어른이 되며, 모임을 아름답게 하여 족히 예禮에 부합하며, 만물을 이롭게 하여 족히 의義에 화합하며, 곧고 바름이 족히 일을 주관한다. 군자는 이 사덕을 행하는 사람이다. 그러므로 건乾은 원형이정이라 한다.文言曰, 元者善之長也, 亨者嘉之會也, 利者義之和也, 貞者事之幹也, 君子體仁, 足以長人, 嘉會足以合禮, 利物足以和義, 貞固足以幹事, 君子行此四德者, 故曰乾元亨利貞."라고 하여, 천도 사상四象이 인간 본성인 인예의지仁禮義知로 드러남을 논하고 있다.

인仁은 원元이 내재된 것으로 인을 체득함으로써 자기를 완성하고 나아가 다른 사람에게 인격적인 세계로 나아가게 하는 지도자가 되는 것이다. 인仁의 문자적 의미는 사람 인亻과 이二, 天地가 합쳐진 글자로, 천지인天地人 삼재를 일관하는 선의 어른으로 사덕을 포괄하는 근원적인 덕이다.

의義는 '만물을 이롭게 하여 족히 의에 조화된다'고 하여, 예禮가 비인격적 존재인 만물에까지 확산되는 것이다. 의의 문자적 의미는 양羊, 백성=天心과 아我 = 手+戈로 나의 마음을 백성 즉, 하늘에 두는 것이 정의正義라고 하겠다. 의가 만물을 이롭게 한다는 것은 만물이 가지고 있는 그 본래적 가치에 맞게 사용한다는 것으로 자신과 더불어 살아가는 대상세계를 이롭게 하는 것이다.

예禮는 기본적으로 '아름답게 만나서 족히 예에 부합된다'고 하여, 인격적 존재의 만남임을 알 수 있다. 예의 문자적 의미는 보일 시示, 빛와 풍년 풍豊, 수확한 곡식을 하늘에 바치는 것으로 하늘이 내려준 빛의 은혜에 감사하는 인간의 모습을 그리고 있기 때문에 신神과 인간의 만남을 근본으로 하여, 인간과 인간의 만남으로 확장되는 것이다.

지知는 정貞이 내면화된 것으로 '곧고 바르니 족히 일을 주관한다'라 하여, 일의 종시終始를 자각할 수 있는 근거라고 하였다. 지의 문자적 의미는 시矢, 누워 있는 사람(人)+大와 구口 그리고 일日로 천도天道, 빛를 내면에 담고 있는 사람이기 때문에 인간의 근원성인 것이다. 지知는 변화의 도를 알아서 신이 하는 바를 알 수 있는 신명성神明性과 연계되기 때문에 인예의지仁禮義智에서 유일하게 직접 말하지 않고 사事로 대신하고 있다.

인사유사人事有四는 사덕과 직접 관계되는 것으로 거처居處는 인仁·당여黨與는 의義·교우交遇는 예禮·사무事務는 지知에 각각 대응된다.

인사유사인 사무·교우·당여·거처의 경전적 근거를 보면, 사무나 교우·당여는 삼경三經과 사서四書에 등장하지 않고, 거처는 『논어』에서 '제자가 인仁을 묻자 공자께서 거처를 공손히 하는 것이라樊遲ㅣ 問仁한대 子ㅣ 曰居處恭하며'하고, 또 '거처가 불안한 까닭으로 하지 않는다居處不安故로 不爲也하나니'라고 하였다.

또 『격치고』를 통해 인사유사를 설명해 보면, 인사는 인간이 천기에 바탕하여 품부 받은 덕성德性을 구현하는 것이고, 사무·교우·당여·거처는 "사무는 과감히 결단함과 같은 것이 없고, 교우는 관대하고 넓음만 같은 것이 없고, 당여는 바르고 큼만 같은 것이 없고, 처소는 편안하고 진중함만 같은 것이 없다.事務 莫如果斷, 交遇 莫如寬弘, 黨與 莫如正大, 處所 莫如寧衆."라고 하여, 거처를 '처소處所'라 하고, 결단함·관대하고 넓음·정대함·편안하고 진중한 마음 작용으로 논하고 있다.

이에 인사유사를 풀이해 보면, 거처居處는 거주하고 있는 곳이지만, 사람이 안정감을 갖고 머무르는 이치를 말하는 것이다. 이것은 인격성의 근본이자 생명의 근원인 인仁에 근거하는 것이다. 거처의 본래적 의미를 담고 있는 곳이 가정으로 운명적運命的 삶의 의미를 담고 있다.

당여黨與는 함께하는 무리이지만, 사람과 사람·사람과 만물이 이롭게 만나는 원리인 의義에 근거하는 것이다. 당여는 사람과 사람이 만나는 것에서 사람이 사물을 다스리는 것으로 확장되며, 감정적정서적 삶의 의미를 담고 있다.

교우交遇는 '만나서 사귄다'는 뜻으로 사람과 신神·사람과 사람의 아름다운 만남 원리인 예禮에 근거하는 것이다. 교우는 사람이 하늘을 만나는 것에서 시작되어, 사람과 사람의 인격적 만남으로 확장되며, 이성적공공적 삶의 의미를 담고 있다.

사무事務는 일이라는 단순한 의미가 아니라 사람이 하늘의 뜻을 깨우쳐 행하는 이치를 의미하는 것이다. 사무는 사람의 근원적 본성인 신명성神明性을 상징하는 지知에 근거하는 것으로 종교적 삶의 의미를 담고 있다.

◇◇◇◇◇

耳聽天時하며 **目視世會**하며 **鼻嗅人倫**하며 **口味地方**이니라

귀는 천시를 듣고, 눈은 세회를 보고, 코는 인륜을 냄새 맡고, 입은 지방을 맛보는 것이다.

耳귀 이는 一 + 丨 + 二 + 十으로 十에서 一까지 음양의 이치를 듣다.

目눈 목은 口 + 二로 현상에 전개되는 陰陽의 이치를 보다.

鼻코 비는 自 + 田 + 卄으로 자기의 밭에서 二十을 냄새 맡다.

口입 구는 사방四方으로 드러나는 세계이다.

역해 : 귀는 좌우左右에 있어서 음양의 이치를 듣는 것이고, 눈은 좌우를 통해 드러난 세계를 올바로 보는 것이다. 코는 하나이지만 좌우의 구멍을 통해 소통하는 것이고, 입은 하나이지만 형이상形而上·하下가 조화를 이루는 기관으로 형이하의 대상사물을 먹지만 형이상의 말을 하는 심관이다.

천기天機를 청시후미聽視嗅味하는 이목비구耳目鼻口는 일상적으로 생각하는 생리적 기관을 넘어서 하늘의 인격성과 소통하는 마음의 기관心官이다. 귀가 하늘의 소리를 듣는다는 것은 하늘의 뜻은 말씀으로 전해지기 때문이다. 또 눈으로는 하늘의 사랑이 전개되는 세상의 모임을 보고, 코로는 사랑을 실천하는 사람의 감정적정서적 냄새를 맡고, 입으로는 인격적 사람이 살아가는 지방의 맛을 보는 것이다. 넷으로 드러나는 하늘의 인격적 작용을 인간은 이목비구를 통해 받아들이게 되는 것이다.

「동무자주」에서는 "이耳는 신神에 속하고, 형상이 없는無形 존재이기 때문에 능히 천시의 가볍고 맑은 무형의 소리를 들을 수 있다. 목目은 령靈에 속하고, 형상形像이 있는 존재이기 때문에 능히 세회의 떠 움직이는 형상이 있는 색을 볼 수 있다. 비鼻는 혼魂에 속하고, 자취가 없는無跡 존재이기 때문에 능히 인륜의 가라앉아 고요한 자취가 없는 형상形像을 맡을 수 있다. 구口는 백魄에 속하고, 바탕이 있는有質 존재이기 때문에 능히 지방의 무겁고 탁한 바탕이 있는 붙음을 맛볼 수 있다. 耳屬神, 無形之物, 故能聽天時, 輕淸無形之聲. 目屬靈, 有像之物, 故能視世會, 浮動有像之色. 鼻屬魂, 無跡之物, 故能嗅人倫, 沈靜無跡之像. 口屬魄, 有質之物, 故能味地方, 重濁有質之滋也."라고 하여, 이목비구耳目鼻口가 신령혼백神靈魂魄에 속하고, 무형無形·형상形像·무적無跡·유질有質한 존재이기 때문에 형이상의 존재임을 논하고 있다.

◇◇◇◇◇

天時는 極蕩也오 世會는 極大也오 人倫은 極廣也오 地方은 極邈也니라.

천시는 지극하게 흩어지고, 세회는 지극하게 커지고, 인륜은 지극하게 넓어지고, 지방은 지극히 아득해지는 것이다.

極다할 극은 木 + 亟으로 하늘과 땅 사이에서 손(又)으로 사람(口)을 神道로 감싸다.
蕩쓸어버릴 탕은 艸 + 水 + 昜으로 하늘 아래에 물이 세차게 흐르다.
廣넓을 광은 广 + 黃으로 누런 들판이 넓게 펼쳐지다.
邈아득할 막은 辶 + 豸 + 白 + 儿으로 하늘의 작용은 가고 쉬면서 아득하게 펼쳐지다.

역해 : 천기天機의 작용성은 지극하여 끝이 없는 세계임을 논하고 있

다. 왜냐하면 그것이 바로 하늘의 본성이기 때문이다.

탕蕩은 『서경』에서 '탕탕蕩蕩한 홍수洪水'라 하여, 물이 세차게 흘러가는 것을 의미하고, 대大와 광廣은 『주역』에서 '무릇 역도는 넓고 큰 것이다 …… 광대는 천지와 짝하고 夫易이 廣矣大矣라 …… 廣大는 配天地하고'라고 하여, 대大는 인격적 사랑이 펼쳐지는 세계의 위대함을 의미하고, 광廣은 사람과 사람의 관계는 누른 들판의 풍요로운 마음으로 넓게 펼쳐져야 한다는 의미이고, 막邈은 지방의 멀고 아득한 세계를 의미한다. 극極은 '다하다', '지극하다'의 뜻으로 하늘의 인격적 뜻을 다하는 것이다.

◇◇◇◇◇

肺達事務하며 脾合交遇하며 肝立黨與하며 腎定居處니라.

폐는 사무를 통달하고, 비는 교우를 합하고, 간은 당여를 세우고, 신은 거처를 정하는 것이다.

肺허파 폐는 肉 + 市로 시장에서 소통하듯이 하늘의 기운과 소통하다.
脾지라 비는 肉 + 卑로 낮은 곳에서 만물을 받아들이다.
肝간 간은 肉 + 干으로 一에서 十까지를 통해 독을 막아주다.
腎콩팥 신은 臣 + 又 + 肉으로 어진 신화를 잡다.

역해 : 인사人事를 달합입정達合立定하는 폐비간신은 사람의 인격성을 담지하고 있는 형이상의 인격적 장臟이다.

폐肺는 하늘의 뜻과 소통하는 것에 통달하고, 비脾는 사람과 사람의 인격적 만남에 합하고, 간肝은 함께하는 무리의 이로움을 바로 세우고, 신腎은 사람들이 안정되게 머무는 곳을 올바로 정하는 것이다.

「동무자주」에서는 "폐肺는 날숨을 주관하는데, 날숨은 반드시 응대하는 이치가 있다. 그 곧게 오르는直升 애력哀力으로써 능히 사무의 속임에 통달할 수 있다. 비脾는 받아들임을 주관하는데, 받아들임은 반드시 영허의 이치가 있다. 그 가로로 오르는橫升 노력怒力으로써 능히 교우의 업신여김을 합할 수 있다. 간肝은 들숨을 주관하는데, 들숨은 반드시 도래하는 이치가 있다. 그 놓아서 내려가는放降 희력喜力으로써 능히 당여의 도움을 세울 수 있다. 신腎은 내보냄을 주관하는데, 내보냄은 반드시 다하는 이치가 있다. 그 빠져서 내려가는陷降 락력樂力으로써 능히 거처의 보호를 안정되게 할 수 있다. 肺主呼, 呼則必有應對之理, 以其直升之哀力, 能達事務之欺也. 脾主納, 納則必有盈虛之理, 以其橫升之怒力, 能合交遇之侮也. 肝主吸, 吸則必有致來之理, 以其放降之喜力, 能立黨與之助也. 腎主出, 出則必有竭盡之理, 以其陷降之樂力, 能定居處之保也."라고 하여, 간과 폐는 들숨과 날숨을, 신과 비는 내보냄과 받아들임을 주관하기 때문에 인사유사를 달합입정達合立定한다고 하였다. 또 폐와 애력哀力·비와 노력怒力·간과 희력喜力·신과 락력樂力이 연계됨을 알 수 있다.

◇◇◇◇◇

事務는 克修也오 交遇는 克成也오 黨與는 克整也오 居處는 克治也니라.

사무는 닦음으로 능히 하고, 교우는 이룸으로 능히 하고, 당여는 정돈으로 능히 하고, 거처는 다스림으로 능히 하는 것이다.

克이길 극은 十 + 口 + 儿으로 하늘의 뜻(十)을 사람이 실천하는 것이다.
修닦을 수는 亻+丨+夂+彡으로 뜻을 세워서 天地人 삼재지도를 닦다.
成이룰 성은 𠂊 + 戈로 땅의 뜻을 감싸 안다.
治다스릴 치는 氵 + 厶 + 口로 세상에 물을 대주다.

역해 : 사무는 하늘의 일로 하늘의 뜻과 소통하기 위해서는 수양을 해야 하고, 교우는 사람들과의 인격적 만남으로 스스로 인격을 이루어야 하고, 당여는 함께하는 무리로 사람 및 사물과 정서적으로 합하기 위해서는 단정해야 하고, 거처는 머무르는 곳으로 사람들이 안정적으로 머물기 위해서는 마음을 다스려야 하는 것이다. 극克은 '이기다', '능하다'의 뜻을 가지고 있는데, 여기서는 '능히 하다'는 의미이다.

이 문장을 해석함에 있어서 '사무는 닦음을 능히 하고, 교우는 완성을 능히 하고, 당여는 정돈을 능히 하고, 거처는 다스림을 능히 하는 것이다.'도 가능한 것이다. 앞의 해석은 사람의 성性으로 주어진 사무·교우·당여·거처가 아직 드러나지 않은 입장이라면, 후자는 인간이 자신에게 구비된 인사人事를 통해 닦고·이루고·정돈하고·다스리게 된다는 입장이다.

◇◇◇◇◇

頷有籌策하고 臆有經綸하고 臍有行檢하고 腹有度量이니라.

(사람의) 턱에는 주책이 있고, 가슴에는 경륜이 있고, 배꼽에는 행검이 있고, 배에는 도량이 있는 것이다.

頷턱 함은 含 + 頁로 머리를 머금고 있는 턱이다.

臆가슴 억은 肉 + 意로 뜻을 가지고 있는 가슴이다.

臍배꼽 제는 肉 + 齊로 가지런히 사랑을 건너 주는 배꼽이다.

腹배 복은 肉 + 复은 모든 것이 돌아가는 배이다.

역해 : 하늘의 인격성과 하나 된 사람의 함억제복頷臆臍腹, 턱·가슴·배꼽·배에서 행해지는 사랑의 마음을 밝힌 것이다.

이것의 경전적 근거를 보면, 주책·도량은 없으며, 경륜은 『주역』의 수뢰둔괘에서 '군자가 둔괘의 원리를 써서 경륜하는 것이라.象曰雲雷ㅣ屯이니 君子ㅣ 以하야 經綸하나니라.' 하였고, 『중용』에서는 '천하의 지극한 정성이어야 능히 천하의 큰 진리를 경륜할 수 있다.唯天下至誠이아 爲能經綸天下之大經하며'고 하였다. 또 행검의 검檢은 『맹자』에서 '개와 돼지가 사람이 먹는 것을 먹는데 검제함을 알지 못한다.狗饒 食人食而不知檢하며'고 하였다.

주책籌策은 산가지 주籌와 수를 헤아리는 책策으로 하늘의 뜻천시을 헤아리는 마음으로 흩어짐이 지극한 것이다. 경륜經綸은 날줄 경經·굵은 실 륜綸으로 하늘이 내려준 세상의 질서인 세회世會를 실천하는 마음으로 커짐이 지극한 것이다. 행검行檢은 사람의 행동을 단속하여 사람을 사람답게 살아가게 하는 인륜人倫을 실천하는 마음으로 넓어짐에 지극한 것이다. 도량度量은 하늘의 뜻을 헤아리는 도度와 부피분량량量으로 땅에서 전개되는 지방地方을 실천하는 마음으로 멀어짐이 지극한 것이다.

「동무자주」에서는 "함頷은 진해津海에 속하고, 이耳의 근본인데, 이는 폐肺에 속한 즉, 태음인은 폐가 작기 때문에 이는 청력이 없으나 탁연히 스스로 생각을 냄새 맡는 재주인 주책이 있다. 억臆은 고해膏海에 속하고, 목目의 근본인데, 목은 비脾에 속한 즉, 소음인은 비가 작기 때문에 목은 시력이 없으나 탄연히 스스로 맛을 변별하는 재주인 경륜이 있다. 제臍은 유해油海에 속하고, 비鼻의 근본인데, 비는 간肝에 속한 즉, 태양인은 간이 작기 때문에 비는 후력이 없으나 편연히 스스로 배움을 듣는 재주인 행검이 있다. 복腹은 액해液海에 속하고, 구口의 근본인데, 구는 신腎에 속한 즉, 소양인은 신이 작기 때문에 구는 미력味力이 없으나 회연히 스스로 물음을 보는 재주인 도량이 있다.頷屬津海, 耳之根本, 而耳屬肺, 則太陰人肺小, 故耳無聽力, 卓然自有嗅思之才, 籌策也. 臆屬膏海, 目之根本, 而目屬脾, 則少陰人脾小, 故目無視力, 坦然自有味辨之才, 經綸也. 臍屬油海, 鼻之根本, 而鼻屬肝, 則太陽人肝小, 故鼻無嗅力, 便然自有聽學之才, 行檢也. 腹屬液海, 口之根本, 而口屬腎, 則少陽人腎小,

故口無味力, 恢然自有視聞之才, 度量也."라고 하여, 「장부론」에서 논하는 진고유액해와 결부시켜 이목비구耳目鼻口의 작용이 주책·경륜·행검·도량으로 드러남을 논하고 있다.

또 탁연卓然·탄연坦然·편연便然·회연恢然은 「확충론」에서 탁탁연·탄탄연·편편연·회회연으로 사상인의 성기性氣로 논하고 있다.

◇◇◇◇◇

籌策은 不可驕也오 經綸은 不可矜也오 行檢은 不可伐也오 度量은 不可夸也니라

주책은 교만하면 안 되고, 경륜은 자긍하면 안 되고, 행검은 자랑하면 안 되고, 도량은 과시하면 안 되는 것이다.

策책수 책은 竹 + 朿으로 성인의 말씀을 묶다.
綸실 륜은 糸 + 侖으로 하늘의 뜻을 사람의 질서로 묶다.
檢검제할 검은 木 + 僉으로 神道木를 만물에게 행하다.
量헤아릴 량은 日 + 一 + 里로 하늘을 뜻을 하나로 다스리다.

역해 : 인간의 주책·경륜·행검·도량은 하늘의 지극한 세계를 향해 가야 하니, 절대 교만하거나·자긍하거나·자랑하거나·과시할 수 없는 것이다. 우리가 '나는 다 되었다'·'나는 다 안다'·'나만이 이를 알 것이

다'·'나를 따라올 자는 없다' 하는 순간 교만해지거나·자긍하거나·자랑하거나·과시하는 사심邪心의 함정에 빠지게 되는 것이다.

사상인에 있어서는 태음인은 교심驕心에 빠지니 주책이 불완전하고, 소음인은 긍심矜心에 빠지니 경륜이 불완전하고, 태양인은 벌심伐心에 빠지니 행검이 불완전하고, 소양인은 과심夸心에 빠지니 도량이 불완전한 것이다.

◇◇◇◇◇

頭有識見하고 **肩有威儀**하고 **腰有材幹**하고 **臀有方略**이니라.

사람의 머리에는 식견이 있고, 어깨에는 위의가 있고, 허리에는 재간이 있고, 엉덩이에는 방략이 있다.

頭머리 두는 豆 + 頁로 사람이 받들고 있는 머리이다.

肩어깨 견은 戶 + 肉으로 사람의 위엄을 나타내는 어깨이다.

腰허리 요는 肉 + 要로 중요한 부위가 허리이다.

臀볼기 둔은 殿 + 肉으로 큰 집과 같이 자리 잡고 있는 엉덩이이다.

역해 : 성인의 인격성과 하나 된 사람의 두견요둔頭肩腰臀, 머리·어깨·허리·엉덩이에서 행해지는 사랑의 마음을 밝힌 문장이다. 식견·위의·재간·방략의 경전적 근거를 보면, 식견·재간·방략은 직접적으로 논하지 않

고, 위의는『서경』과『시경』의 여러 곳에서 논하고 있다.

식견은 알 식識과 볼 견見으로 하늘 지혜인 사무事務를 알아서 헤아리는 마음으로 능히 닦아야 열리는 것이다. 위의는 위엄 위威와 거동 의儀로 사람과 하늘·사람과 사람이 아름답게 만나는 원리인 교우交遇를 실천하는 마음으로 그 뜻을 세워야 행동에 위엄이 있고 만사가 이루어지는 것이다. 재간은 재목 재材와 줄기 간幹으로 다른 사람과 함께하고 사물을 다스리는 원리인 당여黨與를 실천하는 마음으로 능히 정리 정돈해야 사람과 사물을 가지런히 할 수 있다. 방략은 모 방方과 간략할 략略으로 사람이 안정을 가지고 머무르는 원리인 거처居處를 실천하는 마음으로 능히 다스려야 삶을 검소히 하고 간략하게 하는 것이다.

또「확충론」에서 밝힌 대인大人의 식견·위의·재간·방략은 성인이 알려준 인사人事를 닦고修·이루고成·정돈하고整·다스릴治 때 드러나는 것이다. 그러나 인간은 태심怠心을 가지고 있어서 행동의 차원이 성인처럼 완성을 향해가는 것이 아니라 미완에서도 만족하고 거기서 멈추려고 하여, 식견·위의·재간·방략이 불능不克한 상태로 안주하려는 왜곡된 마음을 가지게 되는 것이다. 따라서 이 문장 역시 대인의 두견요둔頭肩腰臀에 담보하는 명命을 의미하는 것이며, 보통 사람의 두견요둔에는 태심이 지배하고 있는 것이다.

「동무자주」에서는 "두頭의 이해膩海는 신神이 머무르는 곳이다. 신神이 기氣가 되어 광명하고 조화를 비추어 스스로 식견이 있다. 즉 이 구절에서 태양인을 논해야 하는데 특별히 소음인을 들어서 말하는 것은 대개 소음은 태양에서 나와서 그 어미의 신神을 빼앗기 때문이다. 견肩의 막해膜海는 령靈이 머무르는 곳이다. 령靈이 기가 되어 엄숙하고 태도를 심하게 하여 스스로 위의가 있다. 즉 이 구절에서 소양인을 논해야 하는데 특별히 태음人을 들어서 말하는 것은 대개 태음은 소양을 낳아서 그 자식의 령靈에 가탁하기 때문이다. 요腰의 혈해血海는 혼魂이 머무르는 곳이다. 혼이 기가 되어 현달하고 행장을 기이하게 하여 스스로 재간이 있다. 즉 이 구절에서 태음인을 논해야 하는데 특별히 소양인을 들어서 말하는 것은 대개 소양은 태음에서 나와서 그 어미의 혼에 기대기 때문이다. 둔臀의 정해精海는 백魄이 머무르는 곳이다. 백魄이 기가 되어 성대하고 경영을 장대하게 하여 스스로 방략이 있다. 즉 이 구절에서 소음인을 논해야 하는데 특별히 태양인을 들어서 말하는 것은 대개 태양은 소음을 낳아서 그 자식의 백魄에 의지하기 때문이다. 그러므로 나의 단점으로 저들의 장점을 배우고, 나의 장점으로 저들의 단점을 가르쳐서 함께 성공하고 정도로 돌아가도록 돕는다. 그러므로 탈심奪心도 없고·치심侈心도 없고·나심懶心도 없고·절심竊心도 없다고 이르는 것이다. 頭之膩海, 神之所舍也, 神之爲氣, 光明而鑑造化, 自有識見則此句之論太陽人言, 而特擧少陰人言者, 盖少陰出於太陽, 而奪其母神故也. 肩之膜海, 靈之所舍也, 靈之爲氣, 嚴肅而酷態度, 自有威儀則此句之論少陽人言, 而特擧太陰人言者, 盖太陰生少陽, 而假其子靈故也. 腰之血海, 魂之所舍也, 魂之爲氣, 顯達而奇行裝, 自有材幹則此句之論太陰人言, 而特擧少陽人言者, 盖少陽出於太陰, 而憑其母魂故也. 臀之精海, 魄之所舍也, 魄之爲氣, 盛大而壯經營, 自有方略則此句之論少陰人言, 而特擧太陽人言者, 盖太陽生少陰, 而恃其子魄故也. 然則以我之短學彼之長, 以我之長敎彼之短, 同是助成功歸正, 故曰無奪無侈無懶無竊之謂也."라고 하여, 두견요둔을 「장부론」에서 논한 이막혈정해와 결부시키고, 신령혼백神靈魂魄이 머무르는 곳을 밝히고 있다.

또한 태소太少의 관계를 모자母子로 비유하여, 태양인은 소음인을 낳는 어머니가 되고, 소음인은 태양인에서 나오는 자식이 되며, 태음인은 소양인을 낳는 어머니가 되고, 소양인은 태음인에서 나오는 자식이 된다고 하였다.

「성명론」에서는 사상인에 대해서는 한 구절도 논하고 있지 않지만, 「사단론」을 근거로 생각해 보면, 정기情氣의 입장에서 태양인·소음인, 태음인·소양인이 각각 대대적인 관계가 되는 것과 일치하고 있다.

◇◇◇◇◇

識見은 必無奪也오 威儀는 必無侈也오 材幹은 必無懶也오 方略은 必無竊也니라.

식견은 반드시 빼앗음이 없고, 위의는 반드시 허세가 없고, 재간은 반드시 게으름이 없고, 방략은 반드시 훔침이 없는 것이다.

識알 식은 言 + 音 + 戈로 말씀과 소리로 땅의 뜻을 알다.

儀거동 의는 亻 + 義로 정의를 바로 세운 사람의 행위이다.

材재목 재는 木 + 才로 神道와 三才之道를 아는 것이 재목이다.

方모 방은 亠 + 勹로 하늘의 작용이 드러나는 것을 감싸고 있다.

略간략 략은 田 + 各으로 마음의 밭에서 각각 간략히 헤아리다.

역해 : 성인의 말씀을 근거로 자신의 인격을 완성해가는 인간은 명命을 실천하는 존재이기 때문에 탈심·치심·나심·절심이 없는 것이다.

식견識見이 있는 사람은 하늘의 뜻을 알아서 실천하는 마음과 자기반성을 통해 마음을 닦기 때문에 다른 사람들의 마음이나 이익을 빼앗아 왜곡시키는 탈심奪心을 절대로 부리지 않고, 위의威儀가 있는 사람은 다른 사람과 아름다운 관계를 유지하는 마음과 일을 이루는 실천력이 있기 때문에 다른 사람들을 무시하고 자기만 잘 났다는 치심侈心을 절대로 부리지 않는 것이다.

재간材幹이 있는 사람은 다른 사람들과 가지런히 하고 사물을 다스리는 마음이 있기 때문에 다른 사람에게 의지하여 게을러지는 나심懶心을 절대로 부리지 않고, 방략方略이 있는 사람은 간략한 삶을 추구하면서 참된 행복에 안정·거주에 힘쓰기 때문에 다른 사람의 마음을 도둑질하는 절심竊心을 절대로 부리지 않는 것이다.

「확충론」을 근거로 사상인의 태심怠心을 보면, 태양인은 절심竊心이기에 다른 이들의 방략을 도둑질하는 사람이 될 수 있고, 소양인은 나심懶心이기에 게을러져서 나태해지는 사람이 될 수 있고, 태음인은 치심侈心이기에 억지로 허세를 부리면서 많은 사람을 무시하는 사람이 될 수 있고, 소음인은 탈심奪心이기에 자기반성은 없고 다른 사람들의 식견을 빼앗으려 하는 사람이 될 수 있다.

◇◇◇◇◇

耳目鼻口는 觀於天也오 肺脾肝腎은 立於人也오 頷臆臍腹은 行其知也오 頭肩腰臀은 行其行也니라.

눈·코·귀·입은 하늘을 보는 것이고, 폐·비·간·신은 성인을 세우는 것이다. 턱·가슴·배꼽·배는 그 지知를 행하는 것이고, 머리·어깨·허리·엉덩이는 그 행行을 행하는 것이다.

觀볼 관은 雚 + 見으로 올빼미가 사물을 뚫어지게 보다.

於어조사 어는 方 + 人 + 二로 땅에서 사람이 음양으로 작용하다.

立설 립은 亠 + 八 + 一로 하늘의 여덟 작용이 땅에서 하나가 되다.

行다닐 행은 彳 + 二 + 亅로 두 사람이 陰陽을 행하다.

知알지는 矢(人 + 大) + 口로 사람이 하늘大의 뜻을 말하는 것이 지혜이다.

역해 : 이목비구耳目鼻口는 하늘의 작용원리를 터득하는 심관이며, 폐비간신肺脾肝腎은 성인의 마음 원리를 세우는 심관이다.

여기서 천기유사를 청시후미聽視嗅味하는 이목비구와 인사유사를 달합입정達合立定하는 폐비간신의 관계를 이해할 수 있다. 천天과 인人은 기본적으로 서로 체용의 관계이기 때문에 이목비구와 폐비간신도 체용의 관계가 되는 것이다. 또 이목비구와 폐비간신이 천기와 인사를 깨닫고 세우는 형이상의 인격적 기관의 의미임으로 논하고 있다.

또 함억제복과 두견요둔의 그 기其는 지시 대명사로 앞에서 논의한 기지其知는 주책·경륜·행검·도량이고, 뒤의 기행其行은 식견·위의·재간·방략이다. 따라서 함억제복頷臆臍腹에서는 주책·경륜·행검·도량을 행하고, 두견요둔頭肩腰臀에서는 식견·위의·재간·방략을 행하는 것이다.

또한 이목비구는 깨우침인 관觀이고, 폐비간신은 세우는 립立으로 근원 내지 근본이 된다면, 함억제복과 두견요둔은 현상적으로 작용하는 행行을 의미하는 것이다.

그리고 '함억제복'이라고 하여, 이를 바로 몸의 신체적 부위로 이해하면 안 되는 것을 경계한 구절이다. 이는 대상적 몸에 비유해서 인격적 지점을 상징적으로 밝힌 것이다. 따라서 실질적인해부학적인 함억제복은 실제에 있어서는 두견요둔이라는 명칭 속에 포괄되어지는 것이다.

「동무자주」에서는 "천기의 마땅한 것은 처함에 응하지 않음이 없는 것을 이르고, 인사의 행하는 것은 때로 작용하지 않음이 없는 것을 이르니, 마음의 헤아림은 그 지知를 발용하는 것을 이르고, 몸이 처함은 그 행行에 통달하는 것을 이르는 것이다.天機之所當, 無處不應之謂也, 人事之所行, 無時不用之謂也, 心之所忖, 發其知之謂也, 身之所處, 達其行之謂也."라고 하여, 천기天機와 인사人事를 마음과 몸이 지知하고 행行하는 것으로 논하고 있다.

따라서 함억제복은 하늘의 작용원리를 행하는 마음心이고, 두견요둔은 성인의 마음 원리를 행하는 몸身이라 하겠다. 물론 「성명론」 뒤에서도 마음心과 몸身, 지知와 행行으로 구분해서 논하고 있다.

◇◇◇◇◇

天時는 大同也오 事務는 各立也오 世會는 大同也오 交遇는 各立也오 人倫은 大同也오 黨與는 各立也오 地方은 大同也오 居處는 各立也니라.

천시는 크게 하나로 하는 것이고, 사무는 각각 서는 것이고, 세회는 크게 하나로 하는 것이고, 교우는 각각 서는 것이고, 인륜은 크게 하나로 하는 것이고, 당여는 각각 서는 것이고, 지방은 크게 하나로 하는 것이고, 거처는 각각 서는 것이다.

同한가지 동은 冂 + 一 + 口로 하늘의 울타리에서 사람들이 하나가 되다.
各각각 각은 夂 + 口로 사람은 각각 살아가다.
遇만날 우는 辶 + 禺로 가고 멈추는 뜻을 알아서 만나다.
也어조사 야는 乙 + 十으로 十이 작용하여 마치다.

역해 : 천기天機는 모두를 하나로 하는 것이기 때문에 보편적 원리로 대동大同이라 하였고, 인사人事는 각각 세우는 것으로 개별적으로 작용되는 것이라 하겠다.

하늘의 뜻인 천시는 모두를 하나로 하는 것이고, 하늘의 뜻을 깨우치는 사무는 각각 세우는 것이고, 사람과 만물을 이롭게 하는 하늘의 인격적 세계인 세회는 모두를 하나로 하는 것이고, 사람과 사람이 아름답게 만나는 교우는 각각 세우는 것이고, 사람과 사람·사람과 하늘이 인격적으로 만나는 인륜은 모두를 하나로 하는 것이고, 사람과 만물이 이롭게 만나는 당여는 각각 세우는 것이고, 하늘이 품부한 땅의 인격적 기존인 지방은 모두를 하나로 하는 것이고, 지방을 근거하여 참다운 행복에 편안히 머무르는 처세 행위인 거처는 각각 세우는 것이다.

「동무자주」에서는 "인의예지는 천시天時와 한가지인데 이는 변역이 없음을 이르고, 시時로 인하여 올바름을 제정하는 것은 마치 새가 허공을 횡으로 나는 것과 같다. 충효우제는 세회世會와 한가지인데 이는 가지런히 세움이 있음을 이르고, 세속을 쫓아서 변화를 이루는 것은 마치 불이 위로 타오르는 것 같다. 농공상우는 인륜人倫과 한가지인데 이는 휴식이 없음을 이르고, 무리를 지어서 편리함을 잡는 것은 마치 물고기 골짜기를 헤엄치는 것 같다. 전택방국은 지방地方과 한가지인데 이는 흥성함이 있음을 이르고, 봉록을 따라서 변화에 응하는 것은 마치 물이 아래로 흐르는 것 같다. 순응하여 얻는 사람은 다른 사람이 돕는 것이고, 거슬러 잃은 사람은 눈이 속이는 것이고, 바르게 배우는 사람은 생각에 두려운 것이고, 삿되고 음란한 사람은 신이 화내는 것이고, 밝음에 나아가는 사람은 성인이 외경하는 것이고, 어둠에 물러가는 사람은 그림자가 모욕되는 것이고, 덕이 겸손한 사람은 원수가 부끄러워하는 것이고, 요망하게 속이는 사람은 은혜도 미워하는 것이다. 仁義禮智與天同, 是無變易之謂也, 因時制宜, 如羽橫空也, 忠孝友悌與世同, 是有齊立之謂也, 從俗成化, 如火炎上也, 農工商虞與人同, 是無休息之謂也, 作類秉便, 如鱗蹤壑也, 田宅邦國與地同, 是有興盛之謂也, 隨祿應變, 如水趍下也. 順得者, 人之所贊也, 逆失者, 目之所欺也. 正學者, 思之所

惧也, 邪陰者, 神之所怒也. 明進者, 聖之攸畏也, 暗退者, 景之攸辱也. 德謙者, 仇之攸恥也, 妖誇者, 惠之攸憎也."라고 하여, 천시·세회·인륜·지방을 구체적으로 설명하고 있다.

◇◇◇◇◇

籌策은 博通也오 識見은 獨行也오 經綸은 博通也오 威儀는 獨行也오 行檢은 博通也오 材幹은 獨行也오 度量은 博通也오 方略은 獨行也니라.

주책은 널리 통하는 것이고, 식견은 홀로 행하는 것이고, 경륜은 널리 통하는 것이고, 위의는 홀로 행하는 것이고, 행검은 널리 통하는 것이고, 재간은 홀로 행하는 것이고, 도량은 널리 통하는 것이고, 방략은 홀로 행하는 것이다.

博넓을 박은 十 + 甫(十 + 丶 + 用) + 寸으로 하늘을 마디寸에 맞게 사용하다.
通통할 통은 辶 + 甬으로 가고 멈춤이 서로 통하다.
見볼 견은 目 + 儿으로 눈을 사용하다.
獨홀로 독은 犭 + 罒 + 勹 + 虫으로 군자艮卦=犬가 홀로 진리를 공부하고 있다.

역해 : 주책·경륜·행검·도량은 널리 통하고, 식견·위의·재간·방략은 홀로 행하는 것이다. 주책·경륜·행검·도량은 천기天機에 근거를 둔 것이기 때문에 널리 통해야 하고, 식견·위의·재간·방략은 인사人事에 근

거를 두고 있기 때문에 홀로 행할 수 있어야 한다.

이것이 개인의 입장에서는 주책·경륜·행검·도량은 자기 자각의 문제이기 때문에 널리 통通해야 하고, 식견·위의·재간·방략은 실천의 문제이기 때문에 행동해야 하는 것이다. 독獨은 『맹자』의 '홀로 있을 때 그 몸을 선하게 한다.獨善其身'와 통하는 것이다.

주책은 어느 부분에서도 막힘없이 하늘의 뜻과 항상 통하는 것이고, 식견은 변함없이 다른 사람에게 기대하지 않고 항상 홀로 행하는 것이고, 경륜은 어느 부분에서도 막힘없이 공공적 인간관계의 대상과 항상 통하는 것이고, 위의는 변함없이 다른 사람에게 기대하지 않고 항상 홀로 행하는 것이고, 행검은 감정적 관계의 대상과 어느 부분에서도 막힘없이 모든 사람과 항상 통하는 것이고, 재간은 변함없이 다른 사람에게 기대하지 않고 의존하지 않고 항상 홀로 행하는 것이고, 도량은 운명적 대상과 어느 부분에서도 막힘없이 모든 대상과 항상 통하는 것이고, 방략은 변함없이 다른 사람에게 기대하지 않고 항상 홀로 행하는 것이다.

◇◇◇◇◇

大同者ㅣ 天也오 各立者ㅣ 人也오 博通者ㅣ 性也오 獨行者ㅣ 命也니라.

크게 하나로 하는 것은 천天이고, 각각 서는 것은 인人이고, 널리 통하는 것은 성性이고, 홀로 행하는 것은 명命인 것이다.

者사람 자는 耂 + 白으로 진리를 실천하는 사람이다.

性성품 성은 忄 + 生으로 마음을 낳다.

命목숨 명은 合+卩節로 합해진 것은 나누어지고, 나누어진 것은 합해지다.

역해 : 모두를 하나로 하는 존재는 하늘의 인격성이고, 각각을 세우는 존재는 성인의 인격성이고, 어떤 부분도 막힘없이 항상 통하게 하는 존재자는 성性이고, 변함없이 다른 이의 지점을 기대하지 않고 항상 홀로 행하는 존재자는 명命인 것이다.

여기까지가 「성명론」의 서론에 해당된다. 이목비구·폐비간신·함억제복·두견요둔의 사상적 구조를 천인성명天人性命으로 정리하고 있다. 『동의수세보원』에서는 『격치고』의 사심신물事心身物 사상四象을 사상의학의 철학적 원리로 논하기 위해 천인성명의 사상적四象的 구조로 밝히고 있다. 『격치고』와 『동의수세보원』의 학문적 체계를 요약하면 다음과 같다.

사심신물과 천인성명의 상관성은 사사단事四端인 모언시청貌言視聽과 천天인 이목비구·심사단心四端인 학문사변學問思辨과 인人인 폐비간신·물사단物四端인 의려담지意慮膽志와 성性인 함억제복·신사단身四端인 굴방수신屈放收伸과 명命인 두견요둔이 각각 결부됨을 알 수 있다.

또한 위 문장을 통해서 천인성명의 관계를 고찰하면, 천天과 인人·성性과 명命이 각각 체용의 관계이며, 대동大同하는 천과 박통博通하는 성이 서로 짝을 이루고, 각립各立하는 인과 독행獨行하는 명이 짝을 이룬다고 하겠다.

선진유학 (『주역』)	사상철학 (『격치고』)	사상의학 (『동의수세보원』)	
太極	心		心
兩儀(陰陽)	心身		
四象(元亨利貞)	事 心 身 物	天 人 性 命	好善之心 惡惡之心 誣世之心(邪心) 罔民之心(怠心)
八卦 (乾·坤·坎·離·震·巽·艮·兌)	事之終始 心之緩急 身之先後 物之本末		
四象之四象	貌言視聽(事四端) 學問思辨(心四端) 屈放收伸(身四端) 意慮膽志(物四端)	耳目鼻口(天) 肺脾肝腎(人) 頷臆臍腹(性) 頭肩腰臀(命)	善聲·善色·善臭·善味 惡聲·惡色·惡臭·惡味 驕心·矜心·伐心·夸心 奪心·侈心·懶心·竊心

| 사상철학의 학문적 체계 |

◇◇◇◇◇

耳好善聲하고 目好善色하고 鼻好善臭하고 口好善味니라.

귀는 선한 소리를 좋아하고, 눈은 선한 색을 좋아하고, 코는 선한 냄새를 좋아하고, 입은 선한 맛을 좋아한다.

好좋을 호는 女 + 子로 十一과 十이 만나다.

善착할 선은 羊 + 八 + 一 + 口로 백성羊들이 진리를 알아서 하나로 살아가다.

聲소리 성은 声 + 殳 + 耳로 귀가 十一의 소리를 듣다.

色빛 색은 ⺈ + 巴로 형상의 세계를 감싸다.

역해 : 천기유사인 천시·세회·인륜·지방을 청시후미하는 이목비구에 호선지심好善之心을 연계시켜 선성善聲·선색善色·선취善臭·선미善味를 논하고 있다.

인간이 본래 가진 양심의 작용으로 귀는 하늘의 소리를 좋아하는 것이고, 눈은 하늘의 색을 좋아하는 것이며, 코는 하늘의 냄새를 좋아하는 것이고, 입은 하늘의 맛을 좋아하는 것이다. 하늘의 선한 소리·색·냄새·맛은 「확충론」에서 논한 절세지인에게서 드러나는 주책·경륜·행검·도량을 인지하고 실천하는 것이다.

◇◇◇◇◇

善聲은 順耳也오 善色은 順目也오 善臭는 順鼻也오 善味는 順口也니라.

선한 소리는 귀를 순하게 하고, 선한 색은 눈을 순하게 하고, 선한 냄새는 코를 순하게 하고, 선한 맛은 입을 순하게 하는 것이다.

順순할 순은 川 + 頁로 머리에서 물이 흘러가듯 순응하다.

臭냄새 취는 自 + 犬으로 스스로 하늘의 뜻을 냄새 맡다.

味맛 미는 口 + 未로 입으로 神道를 하나로 맛보다.

역해 : 선한 소리주책는 귀를 귀답게 만들고, 선한 색경륜은 눈을 눈답게 만들며, 선한 냄새행검는 코를 코답게 만들고, 선한 맛도량은 입을 입답게 만드는 것이다.

「동무자주」에서는 “좋은 소리는 맑고 우아한 소리가 아니고, 좋은 색은 화려한 색이 아니고, 좋은 냄새는 향기로운 냄새가 아니고, 좋은 맛은 아름다운 맛이 아니다. 이것들의 일은 사람을 도리어 귀 멀고 눈 멀고 막히고 지르는 병이 되기 때문에 족히 일컫는 것이 아니다. 좋은 소리는 충성스럽고 후덕한 소리이고, 좋은 색은 부지런하고 검소한 색이고, 좋은 냄새는 믿음직하고 착실한 냄새이고, 좋은 맛은 어진 마음으로 사랑하는 맛이다. 이것들의 일은 사람이 멀리 귀 밝고 눈 맑고 덕과 지혜의 바름으로 훔침을 멀리하게 하여 가히 지혜롭게 하는 것이다. 善聲, 非淸雅之聲, 善色, 非華麗之色, 善臭, 非苾香之臭, 善味, 非美佳之味, 此等之事, 令人反爲聾盲塞鈌之病, 不爲足稱也. 善聲, 是忠厚之聲, 善色, 是勤儉之色, 善臭, 是信實之臭, 善味, 是仁愛之味, 此等之事, 使人遠偷聰明德慧之正, 可爲所知也.”라고 하였다.

이목비구의 선을 좋아하는 마음을 정리해 보면, 이耳가 천시天時를 듣는 것은 하늘의 충성스럽고 후덕한 소리를 좋아하는 것이며, 목目이 세회世會를 보는 것은 세상의 부지런하고 검소한 색을 좋아하는 것이며, 비鼻가 인륜人倫을 냄새 맡는 것은 인간의 믿음직하고 착실한 도덕적 냄새를 좋아하는 것이며, 구口가 지방地方을 맛보는 것은 땅이 주는 어질고 사랑하는 맛을 좋아하는 것이다.

◇◇◇◇◇

肺惡惡聲하고 脾惡惡色하고 肝惡惡臭하고 腎惡惡味니라.

폐는 악한 소리를 싫어하고, 비는 악한 색을 싫어하며, 간은 악한 냄새를 싫어하고, 신은 악한 맛을 싫어한다.

惡악할 악은 二 + 十 + 心으로 하늘의 뜻十을 아래와 위로 가두고 있다.

역해 : 인사유사인 사무·교우·당여·거처를 달합입정하는 폐비간신에 오악지심惡惡之心을 연계시켜 악성惡聲·악색惡色·악취惡臭·악미惡味를 논하고 있다.

인사人事가 진리를 밝힌 성인의 일이라 할 때, 폐肺는 성인이 싫어하는 악한 소리를 싫어하고, 비脾는 성인이 싫어하는 악한 색을 싫어하며, 간肝은 성인이 싫어하는 악한 냄새를 싫어하고, 신腎은 성인이 싫어하는 악한 맛을 싫어하는 것이다. 따라서 성인이 가장 싫어하는 태심적 행위怠行인 천심擅心·치심侈心·나심懶心·절심竊心을 악한 소리·악한 색·악한 냄새·악한 맛으로 여기는 것이다.

위에서 논한 호선好善과 오악惡惡의 경전적 근거는 『맹자』에 있다. 『맹자』에서는 "선을 좋아함은 천하를 다스리는데도 충분하거늘 하물며 노나라에 있어서랴! 만일 선을 좋아하면 사해의 안에서 천리를 가벼이 여기고 찾아와 선을 말해주고曰其爲人也好善이니라. 好善이 足乎잇가. 曰好

善이 優於天下어든 而況魯國乎아. 夫苟好善이면 則四海之內가 皆將輕千里而來하여 告之以善하고."라 하고, "악을 미워하는 마음을 미루어서 생각하기를 마을 사람과 함께 서 있을 때에 그 의관이 바르지 못하면 망망연히 떠나 마치 자신을 더럽힐 듯 여겼다.推惡惡之心하여 思與鄕人立에 其冠不正이어든 望望然去之하여 若將浼焉하니"라고 하여, 마음의 작용을 호선과 오악으로 밝히고 있다.

또 "혹이 말하기를 본성이 선이 되고 불선이 되는 것이니, 이러한 까닭은 문왕과 무왕이 흥하면 백성들이 선을 좋아하고 유왕과 려왕이 흥하면 백성들이 폭력을 좋아하는 것이다.或曰性은 可以爲善이며 可以爲不善이니 是故로 文武興하면 則民好善하고 幽厲興하면 則民好暴라하고"라고 하여, 사람의 마음이 호선과 오폭惡暴으로 드러난다고 하고, "그 낮밤으로 자라고 매일 아침의 기운에 그 좋아하고 미워함이 다른 사람과 서로 함께 가까운 것이 아주 적지는 않거늘其日夜之所息과 平旦之氣에 其好惡與人相近也者幾希어늘"라고 하여, 사람들의 좋아하고 미워함은 서로 가깝다고 하였다.

다음으로 『격치고』에서는 '사람의 마음에 선을 좋아하고 악을 미워하는 것과 어진 이를 귀하게 하고 불초한 자를 천히 하는 것은 인지상정人之常情이라. 好善嫉惡人情之常也. ……… 貴賢賤不肖人正之常也.'하여, 『맹자』의 호선과 오악을 그대로 계승하고 있다. 또 "어진 이를 좋아하면 모남이 없어야 하고, 악을 미워함에는 핍박이 없어야 하는 것이니, 「치의편」의 어진 이를 좋아함은 믿음과 아낌이 실질적인 것이고, 「항백편」의 악을 미워함은 충성과 공경이 족한 것이니好賢不可銳也. 惡惡不可迫也. 緇衣之好賢 信愛實也. 巷伯之惡惡忠敬足也."라고 하여, 호선은 믿음과 아낌·오악은 충성과 공경에 바탕해야 한다고 하였다.

또한 호선과 오악의 기준이 『예기禮記』에 있다고 하면서, "사람을 아는 것은 요임금 같은 연후에야 어진 이를 좋아함에 근원적으로 길하며, 자기를 바르게 하는 것은 맹자같은 연후에야 악을 미워해도 허물이 없는 것이다. 日 記日, 好賢, 如緇衣, 惡惡, 如巷伯, ……… 知人, 如帝堯然後, 好賢而元吉. 正己, 如孟子然後, 惡惡而無咎. 是故 古之國君, 進賢如不得己."라고 하여, 오악惡惡함은 직접적으로 맹자와 같아야 한다고 하고, '호선하면 상과 벌을 균형있고 공평하게 할 수 있으며, 다른 사람의 재주를 알고 사람을 사랑할 수 있다. 觀其愛材好善, 賞罰均平, 知其爲人也才, 而與人有愛也.'고 하였다.

◇◇◇◇◇

惡聲은 逆肺也오 惡色은 逆脾也오 惡臭는 逆肝也오 惡味는 逆腎也니라.

악한 소리는 폐를 거슬리고, 악한 색은 비를 거슬리고, 악한 냄새는 간을 거슬리고, 악한 맛은 신을 거슬리는 것이다.

逆거스릴 역은 辶 + 八 + 一 + 屮로 가고 멈춤을 거슬리다.

역해 : 악한 소리천심은 폐를 폐답지 못하게 하고, 악한 색치심은 비를 비답지 못하게 하고, 악한 냄새나심은 간을 간답지 못하게 하고, 악한 맛절심은 신을 신답지 못하게 하는 것이다.

「동무자주」에서는 악성·악색·악취·악미에 대하여 "악한 소리는 살벌한 소리가 아니고, 악한 색은 누추하고 비루한 색이 아니고, 악한 냄새는 썩은 것의 냄새가 아니고, 악한 맛은 맵고 신 맛이 아니다. 이것들의 기운은 사람들로 하여금 헛되이 가리고 닫고 닫아걸고 토하는 기세가 되어 족히 어려움이 되지 않는다. 악한 소리는 헐뜯는 소리이고, 악한 색은 어지럽히고 어그러지게 하는 색이고, 악한 냄새는 음흉하게 해치는 냄새이고, 악한 맛은 훔치는 도둑의 맛이다. 이것들의 형상은 사람들로 하여금 간질과 미치광이, 문둥이와 결핵의 근심을 헛되이 이루니 가히 삼가는 바이다. 惡聲, 非殺伐之聲, 惡色, 非醜陋之色, 惡臭, 非腐備之臭, 惡味, 非辛苦之味, 此等之氣, 令人徒爲掩閉杜吐之勢, 不足爲難也. 惡聲, 是毁謗之聲, 惡色, 是亂悖之色, 惡臭, 是陰害之臭, 惡味, 是偷盜之味, 此等之狀, 使人空成癲狂癩癨之患, 可爲所愼也." 라 주해하고 있다.

폐비간신의 악을 미워하는 마음을 설명하면, 폐肺는 사무事務에 통달하여 일을 헐뜯는 소리를 미워하며, 비脾는 교우交遇에 합하여 서로의 사귐을 어지럽히고 어그러지게 하는 색을 미워하며, 간肝은 당여黨與를 정립하여 무리를 해치는 음흉한 냄새를 미워하며, 신腎은 거처居處를 정하여 자기가 거처하는 곳을 훔치는 도둑의 맛을 미워하는 것이다.

◇◇◇◇◇

頷有驕心하고 臆有矜心하고 臍有伐心하고 腹有夸心이니라.

턱에는 교만한 마음이 있고, 가슴에는 자긍하는 마음이 있고, 배꼽에는 뽐내는 마음이 있고, 배에는 과시하거나 과장하는 마음이 있는 것이다.

驕교만할 교는 馬 + 高로 말이 높이 올라 공손하지 못하고 편안하지 못함이다.

矜자긍할 긍은 矛 + 今으로 세모난 창을 지금 들고 자신의 재능을 믿고 사납게 자랑하다.

伐뽐낼 벌은 亻 + 戈로 사람이 창을 들고 스스로를 자랑하다.

夸자랑할 과는 大 + 二 + 勹로 다른 사람의 세력을 믿고 자랑하다.

역해 : 함억제복에는 주책·경륜·행검·도량과 함께 교심驕心·긍심矜心·벌심伐心·과심夸心이 있다고 하였다. 사전적 의미에서 교긍벌과의 교驕는 '교만하다'·'무례하다'이며, 긍矜은 '불쌍히 여기다'·'자랑하다'이며, 벌伐은 '베다'·'치다'이며, 과夸는 '자랑하다'·'사치하다'이다.

함억제복에 있는 교심은 공손하지 못하고 편안하지 못한 교만한 마음이며, 긍심은 자신의 재능을 성내고 사납게 자랑하는 마음이며, 벌심은 세상에 스스로 자랑하는 마음이며, 과심은 의지하는 세력을 믿고 자랑하는 마음이라 하겠다.

◇◇◇◇◇

驕心은 驕意也오 矜心은 矜慮也오 伐心은 伐操也오 夸心은 夸志也니라.

교만한 마음은 교만한 생각이고, 자긍하는 마음은 자긍하는 사고의식이며, 뽐내는 마음은 자기의 중심된 마음을 뽐내는 것이며, 과시하는 마음은 자기 지점의 뜻을 과시하는 것이다.

意뜻 의는 立 + 日 + 心으로 뜻을 세워서 말하다.

慮생각할 려는 虍 + 思로 호랑이 같이 사납게 생각하다.

操생각할 조는 扌 + 品 + 木으로 손으로 神道의 물품을 헤아리다.

志뜻 지는 士 + 心으로 선비의 마음, 十一의 마음이다.

역해 : 함억제복의 교긍벌과의 마음은 인격적 뜻인 의려담지意慮膽志를 왜곡하는 것임을 알 수 있다.

『격치고』에서는 지담려의志膽慮意를 사심신물의 사상四象에서 물사단物四端으로 논하고 있다. '하늘이 나에게 준 덕성으로 실존하는 인간은 누구나 가지고 있기 때문에 지담려의를 확충시키면 호연지기를 기를 수 있다.住着之志, 浩然之志也, 廉隅之膽, 浩然之膽也, 敦敬之慮, 浩然之慮也, 計劃之意, 浩然之意也.'고 하였고, 지담려의의 불선不善은 욕심·의롭지 못한 게으름·멋대로 하는 방자함·사사로움에 있는 것이지, 그 자체는 불선이 있지 않다는 것이다.

또 물사단과 사덕의 관계에서는 의意와 지智·지志와 인仁·려慮와 예禮·담膽과 의義를 같이 논하고智者爲意, 萬意同智, 仁者爲志, 萬志同仁, 禮者爲慮, 萬慮同禮, 義者爲膽, 萬膽同義., 의려담지를 애노희락哀怒喜樂에 직접 결부시켜 의와 애哀·지와 락樂·려와 노怒·담과 희喜를 함께 논하고 있다.此意所往, 萬意不哀, 此志所來, 萬志皆樂, 此慮所臨, 萬慮不怒, 此膽所立, 萬膽皆喜.

◇◇◇◇◇

頭有擅心하고 肩有侈心하고 腰有懶心하고 臀有欲心이니라.

머리에는 멋대로 계산하는 마음이 있고, 어깨에는 허세를 부리는 마음이 있고, 허리에는 게으른 마음이 있고, 엉덩이에는 갖고 싶은 마음이 있다.

擅멋대로할 천은 扌 + 亶은 믿음을 자기 멋대로 헤아리다.

侈사치할 치는 亻 + 多로 많은 사람을 경시하다.

懶게으를 나는 忄 + 賴로 마음이 다른 사람에게 의지하고 의뢰하다.

欲하고자할 욕은 谷 + 欠으로 사람이 사는 골짜기이다.

역해 : 두견요둔에는 식견·위의·재간·방략과 함께 천심擅心·치심侈心·나심懶心·절심竊心이 있는 것이다. 사전적 의미에서 천치나절의 천擅은 '멋대로'이며, 치侈는 '사치하다'·'거만하다'이며, 나懶는 '게으르다'이

며, 절竊은 '몰래 훔치다'이다.

두견요둔에 있는 천심擅心은 자기 멋대로 하늘의 뜻을 헤아려서 왜곡하는 마음이다. 치심侈心은 스스로를 존엄하게 하고 다른 사람을 비하하는 것으로 신神이나 다른 사람을 수용할 수 없으며, 약한 사람을 배려하는 마음이 없는 것이다.

나심懶心은 스스로를 비하하여, 자신은 할 수 없고 무력하다는 생각에 나의 문제나 상황을 다른 사람에게 해결해 달라고 의뢰하는 마음이다. 자신의 문제를 다른 사람이나 절대적 존재에 의지해서 해결하려는 현실 회피적인 심리 상태이며, 종교적 행위에서는 기도의 왜곡으로 드러나게 된다. 욕심欲心은 땅의 이익과 이해를 훔치는 마음이다.

◇◇◇◇◇

擅心은 奪利也오 侈心은 自尊也오 懶心은 自卑也오 欲心은 竊物也니라.

멋대로 하는 마음은 이익을 빼앗는 것이고, 치심은 스스로를 높이는 것이고, 게으른 마음은 스스로를 비하하는 것이고, 욕심은 물건을 훔치는 것이다.

奪빼앗을 탈은 大 + 隹 + 寸으로 하늘의 뜻을 전하는 새의 소리를 빼앗다.
利이로울 리는 禾 + 刂로 정의로운 심판을 통해 이로움을 결단하다.
自스스로 자는 丶 + 目으로 하늘의 뜻이 四象으로 드러나는 것은 스스로 그러하다.

竊훔칠 절은 穴+釆+卜+禼로 정해진 공간穴에서 분별함이 삐뚤어지다.

역해 : 여기서 탈리奪利는 남의 것을 빼앗아 내 것으로 만드는 것이고, 자존自尊은 스스로를 지켜 세우는 것이고, 자비自卑는 못난 체 뒤로 빠지는 것이고, 절물竊物은 남의 것을 몰래 좀도둑질 하는 것이다. 즉, 멋대로 하는 마음이란 타인이 가진 주책의 기준을 빼앗는 것이고, 허세 부리는 마음이란 타인보다 자기만 높아지려는 마음이고, 게으른 마음이란 '타인에 비해 나는 못해'하면서 뒤로 내빼는 마음이고, 갖고 싶은 마음이란 타인이 가진 도량의 기준을 훔치는 것이다.

따라서 두견요둔에 있는 탈심은 하늘이 내려준 인륜이나 뜻을 빼앗는 마음이며, 치심은 자기의 본성을 놓치고 사치하는 마음이며, 나심은 게으른 마음이며, 절심은 하늘의 뜻이나 남의 마음을 훔치는 것이다.

◇◇◇◇◇

人之耳目鼻口는 好善이 無雙也오 人之肺脾肝腎은 惡惡이 無雙也오 人之頷臆臍腹은 邪心이 無雙也오 人之頭肩腰臀은 怠心이 無雙也니라.

사람의 귀·눈·코·입은 선을 좋아하는 것이 비교될 것이 없고, 사람의 폐·비·간·신은 악을 미워하는 것이 비교될 것이 없고, 사람의 턱·

가슴·배꼽·배에는 사심이기심이 비교될 것이 없고, 사람의 머리·어깨·허리·엉덩이에는 태심탐욕심이 비교될 것이 없는 것이다.

無없을 무는 𠂉 + 冊 + 一 + 灬로 장작더미 위에 사람이 누워 있는데 불을 지피는 것이다.

雙쌍 쌍은 隹 + 隹 + 又로 하늘의 소리를 전하는 새를 쌍으로 잡다.

邪사특할 사는 牙 + 阝으로 무기를 가지고 고을을 공격하는 사특한 마음이다.

怠위태로울 태는 厶 + 口 + 心으로 나의 사사로운 마음이니 탐욕심이다.

역해 : 이상에서 논한 이목비구耳目鼻口의 호선지심好善之心·폐비간신肺脾肝腎의 오악지심惡惡之心·함억제복頷臆臍腹의 사심邪心·두견요둔頭肩腰臀의 태심怠心을 사상심四象心이라 개념할 수 있다.

이 네 가지 마음의 작용은『동의수세보원』의 가장 근본적인 문제이다. 그러나「사단론」에서 논한 애노희락哀怒喜樂을 통한 사상인의 마음에 대해서는 다양하게 논하고, 사상심四象心의 작용에 대한 연구가 거의 이루어지지 않고 있다.

인간의 본래 마음인 이목비구耳目鼻口의 선을 좋아하는 마음과 폐비간신肺脾肝腎의 악을 미워하는 마음이 본래적으로 건강하게 작동되는 것을 방해하는 마음이 있으니, 이것이 바로 사심이기심과 태심탐욕심이다. 사심은 함억제복頷臆臍腹 가운데에 존재하고, 태심은 두견요둔頭肩腰臀 아래에 존재한다.

사상심에 대한 연구는 임병학의 「사상철학의 마음 연구(1) 『동의수세보원』 「성명론」의 사상심에 대한 고찰」『장서각』 제33집, 한국학중앙연구원, 2015.과 「사상철학의 마음연구(2) 문왕팔괘도에 근거한 사상인의 마음작용 고찰」『대동문화연구』 제90집, 성균관대학교 대동문화연구원, 2015. 그리고 「사상철학의 마음 연구(3) 「장부론」의 기 흐름에 근거한 사상인의 표기·리기와 사상심의 상관성 고찰」『대동문화연구』 제92집, 성균관대학교 대동문화연구원, 2015.이 있다.

◇◇◇◇◇

堯舜之行仁이 在於五千年前而至于今天下之稱善者ㅣ 皆曰堯舜則人之好善이 果無雙也오 桀紂之行暴ㅣ 在於四千年前而至于今天下之稱惡者ㅣ 皆曰桀紂則人之惡惡이 果無雙也오 以孔子之聖으로 三千之徒ㅣ 受教而惟顔子三月不違仁하고 其餘는 日月至焉而心悅誠服者ㅣ 只有七十二人則人之邪心이 果無雙也오 以文王之德으로 百年而後崩하사대 未洽於天下러시니 武王周公이 繼之然後에 大行而管叔蔡叔이 猶以至親으로 作亂則人之怠行이 果無雙也니라.

요순임금이 어진 정치를 행하신 것이 5천 년 전이지만 지금까지 이르러서도 세상의 선에 대해서 말하는 자는 모두 요순임금을 언급하는 것을 보면 사람들이 선을 좋아하는 마음이 비교될 것이 없고, 걸주가 패도 정치를 행함이 4천 년 전이지만 지금까지 이르러서도 세상의 악에 대해서 말하는 자는 모두 걸주를 언급하는 것을 보면 사람들이 악을 미워하는 마음 역시 비교될 것이 없고, 공자의 성스러움으로도 3천명의 제자들이 가르침을 받았지만 오직 안자만이 석 달 동안 인에서 어긋나지 않았고, 그 나머지 제자들은 하루나 한 달 정도만 가까스로 하다가 어긋났으니 마음으로 기뻐하고 진실하게 복종한 제자는 단지 72명뿐이니 결국 사람의 턱·가슴·배꼽·배에 존재하는 이기심은 과히 비교될 것이 없고, 문왕의 덕은 백 년 동안 영향력을 미치고 그 후에 돌아가셨음에도 세상에 그 덕이 흡족하게 미치지 못했는데 무왕과 주공께서 계승한 후에 크게 행하게 되었으나 관숙과 채숙은 오히려 지극한 친족임에도 난을 일으키니 사람의 머리·어깨·허리·엉덩이에 있는 탐욕심은 비교될 것이 없다.

繼이를 계는 糸 + 二 + 幺 4개로 하늘의 四象작용에 의해 이어지다.

孔클 공은 子 + 乙로 생명의 탄생을 크게 하다.

孟만 맹은 子 + 皿으로 땅 위에서 하늘의 뜻이 드러나다.

聖성스러울 성은 耳 + 口 + 壬으로 하늘의 소리를 들어서 말씀으로 전하는 임금이다.

洽합할 흡은 氵 + 合으로 하늘의 뜻에서 합하다.

역해 : 먼저 사람의 이목비구耳目鼻口와 폐비간신肺脾肝腎이 천기와 인사와 관계를 통해서 인간의 심관心官임을 입증하는 사례를 요순임금과 걸주를 통해서 예시한 것이다. 다음으로 동무는 사람의 함억제복頷臆臍腹과 두견요둔頭肩腰臀에 이기심과 탐욕심이 절대적으로 지배하고

있는 사례를 예시하고 있으며, 그 이기심을 극복한 자는 공자의 제자 3천 명 중에 72명, 그리고 그 탐욕심을 극복한 자는 무왕과 주공 2명으로 언급하고 있다. 즉, 앞에서 밝힌 사상심四象心이 사람에게 있음을 역사적 인물을 통해 증명한 것이다.

위 문장에서 '안자삼월불위인 기여 일월지언顔子三月不違仁. 其餘 日月至焉.'은 『논어』의 문장에서 인용한 것이고子ㅣ 曰回也는 其心이 三月不違仁이오 其餘則日月至焉而已矣니라., '이문왕지덕 백년이후붕以文王之德으로 百年而後崩'은 『맹자』의 문장을 그대로 인용한 것이다.且以文王之德으로 百年而後崩하시되 猶未洽於天下어늘 武王周公이 繼之然後에 大行하니.

◇◇◇◇◇

耳目鼻口는 人皆可以爲堯舜이오 頷臆臍腹은 人皆自不爲堯舜이오 肺脾肝腎은 人皆可以爲堯舜이오 頭肩腰臀은 人皆自不爲堯舜이니라.

귀·눈·코·입이 선을 좋아하는 것은 사람이 모두 요순임금과 같이 될 수 있고, 턱·가슴·배꼽·배의 이기심은 사람이 모두 스스로 요순임금과 같이 될 수 없고, 폐·비·간·신이 악을 혐오하는 것은 사람이 모두 요순임금과 같이 될 수 있고, 머리·어깨·허리·엉덩이의 탐욕심은 사람이 모두 스스로 요순임금과 같이 될 수 없다.

皆다 개는 比 + 白로 두 사람이 한 몸이 되다.

可옳을 가는 丁 + 口로 사람을 올바르게 한다.

爲될 위는 爫 + 尸 + 勹 + 灬로 마음으로 땅의 뜻을 감싸다.

以써 이는 丨 + 丶 + 人으로 쓰는 것은 사람이 쓰는 것이다.

역해 : 이목비구耳目鼻口의 선을 좋아하는 마음과 폐비간신肺脾肝腎의 악을 미워하는 마음은 누구나 같아서 요순임금이 될 수 있지만, 함억제복의 이기심과 두견요둔의 탐욕심은 각각 다르기 때문에 경계하고 닦아야 하는 것이다.

요순 임금의 함억제복頷臆臍腹에도 역시 이기심이 있으나 본래 가진 양심인 이목비구의 선을 좋아하는 마음을 그대로 드러내어 그 이기심을 극복하고 함억제복에 있는 성性인 주책·경륜·행검·도량을 실천하는 것이다. 또 요순임금의 두견요둔頭肩腰臀에도 역시 탐욕심이 있으나 본래 가진 양심인 폐비간신의 악을 미워하는 마음을 그대로 드러내어 그 탐욕심을 극복하고, 두견요둔에 있는 명命인 식견·위의·재간·방략을 실천하는 것이다.

◇◇◇◇◇

人之耳目鼻口好善之心은 以衆人耳目鼻口論之而堯舜이 未爲加一鞭也오 人之肺脾肝腎惡惡之心은 以堯舜肺脾肝腎論之而衆人이 未爲一少鞭也니 人皆可以爲堯舜者ㅣ 以此오

사람의 귀·눈·코·입이 선을 좋아하는 마음은 일반 보통사람들의 귀·눈·코·입을 놓고서 비교해 본다면 요순임금의 귀·눈·코·입은 뭇사람들보다 하나라도 더 나은 게 없다. 사람의 폐·비·간·신이 악을 미워하는 마음은 요순임금의 폐·비·간·신을 놓고서 비교해 보면 뭇 사람들이 악을 미워하는 마음이 하나라도 덜 한 것은 없다. 이러므로 모든 사람은 요순임금과 같은 마음을 가질 수 있는 것이다.

心마음 심은 네 가지 마음이다. 측은한 마음·사양하는 마음·수오하는 마음·시비하는 마음에서 하나가 크게 작용하는 것이다.

衆무리 중은 血 + 丿 + 氺로 물의 험난 속에서 살아가는 사람들이다.

論논할 론은 言 + 侖으로 사람을 하나로 묶는 말씀이다.

加더할 가는 力 + 口로 十의 이치를 내 몸에 더하다.

역해 : 일반 사람이나 요순임금이나 선을 좋아하는 양심이 한 끝도 차이가 없고, 일반 사람이나 요순임금이나 악을 미워하는 양심이 한 끝도 차이가 없다는 것이다.

『맹자』에서는 누구나 요순이 될 수 있다고 하였다. '어찌 다른 사람과 다름이 있겠는가? 요순도 다른 사람과 더불어 같을 뿐이다. 孟子曰 何以異於人哉리오 堯舜도 與人同耳시니라.'·'조교가 물어서 말하기를 사람들이 모두 요순이 될 수 있다고 하니 그렇습니까? 맹자가 말하기를 그렇다. 曹交問曰 人皆可以爲堯舜이라하니 有諸잇가 孟子曰 然하다.'

◇◇◇◇◇

人之頷臆臍腹之中에 誣世之心이 每每隱伏也니 存其心養其性然後에 人皆可以爲堯舜之知也오 人之頭肩腰臀之下에 罔民之心이 種種暗藏也니 修其身立其命然後에 人皆可以爲堯舜之行也니 人皆自不爲堯舜者ㅣ 以此니라.

사람의 턱·가슴·배꼽·배 가운데에는 세상을 속이려는 마음邪心, 이기심이 매순간 잠복되어 숨어 있으니 그 선을 좋아하는 마음을 잘 보존하여 그 턱·가슴·배꼽·배 안에 있는 성주책·경륜·행검·도량을 기른 후에야 요순임금 같은 지혜를 얻게 되는 것이다.

사람의 머리·어깨·허리·엉덩이 속에는 사람들을 속이려는 마음怠心, 탐욕심이 때때로 숨겨져 있으니 그 악에 미워하는 마음을 근거하여 자기의 몸을 닦아서 머리·어깨·허리·엉덩이 속에 있는 명식견·위의·재간·방략을 확립한 후에 사람은 비로소 요순임금과 같은 행동을 할 수 있게 되는 것이다. 사람이 모두 스스로 요순임금과 같이 되지 않는 것은 이 때문이다.

誣속일 무는 言 + 巫로 하늘과 땅을 연결해주는 사람의 말에는 속임이 많다.

罔그물 망은 冂 + 八 + 一 + 亡으로 우리가 살아가는 세계에 진리八卦는 없다고亡 하면서, 사람들을 그물질하는 탐욕이다.

每매양 매는 𠂉 + 母로 성인의 가르침은 매양 어머니 같다.

養기를 양은 羊 + 食으로 마음의 양식으로 백성들을 기르다.

역해 : 자기를 닦고 돌아보는 수양과 확충을 하지 않으면 요순임금의 차원이 불가하다는 것이며, 그냥 되는대로 살게 되면 이기심邪心과 탐욕심慾心의 노예로 살아가는 인생이 되는 것이다.

여기서 '존기심양기성存其心養其性'과 '수기신입기명修其身立其命'은 『맹자』의 "그 마음을 다하는 사람은 그 본성을 아니 그 본성을 알면 하늘을 아는 것이다. 그 마음을 보존하여 그 본성을 기는 것은 하늘을 섬기는 것이고, 요절과 장수가 둘이 아니어서 몸을 닦은 이후에는 명을 세우는 까닭인 것이다.孟子 日盡其心者는 知其性也니 知其性則知天矣니라 存其心하야 養其性은 所以事天也오 殀壽에 不貳하야 脩身以俟之는 所以立命也니라"에 근거한 것이다. 물론 존심存心과 양성養性, 수신修身과 입명立命은 선진유학의 핵심적인 가르침이다.

◇◇◇◇◇

耳目鼻口之情은 行路之人이 大同於協義故로 好善也니 好善之實이 極公也니 極公則亦極無私也오 肺脾肝腎之情은 同室之人이 各立於擅利故로 惡惡也니 惡惡之實이 極無私也니 極無私則亦極公也니라.

귀·눈·코·입의 뜻은 서로 모르는 사람일지라도 정의로운 것에 협동하여 하나가 되게 하는 선을 좋아하는 것이다. 선을 좋아하는 실정은 지극히 공정한 것이니 지극히 공정하다는 것은 사사로움이 전혀 없다는 것이다. 폐·비·간·신의 뜻은 한 집안 사람이라도 이익만 탐하는 데 있어서는 각각 서는 까닭으로 악을 미워하는 것이다. 악을 미워하는 실정은 사사로움이 전혀 없으니 사사로움이 전혀 없다는 것은 역시 지극히 공정하다는 것이다.

義옳을 의는 羊 + 我(扌 + 戈)로 나의 마음속에 백성天心을 받드는 것이다.
路길 로는 足 + 各로 사람이 각자 살아가는 길이다.
協합할 협은 十 + 力 3개로 힘을 하늘에 뜻에 맞게 합하다.
室집 실은 宀 + 至로 집에 이르러 사는 것이다.

역해 : 이목비구耳目鼻口의 선을 좋아하는 마음과 폐비간신肺脾肝腎의 악을 미워하는 마음은 사람이면 누구나 가지고 있는 지극히 공정하고 사사로움이 없는 것이라 논하고 있다. 선을 좋아하는 이목비구의 양심의 작용은 서로 모르는 사람일지라도 그 사람과 바름에 있어선 모두 하나가 되게 하고, 악을 미워하는 폐비간신의 양심의 작용은 아주 친한 가족이나 친구와 같은 사람일지라도 그 사람이 자기 이익만 탐하는 지점을 보이게 되면 싫어하는 것이다.

여기서 지극히 공변되면 또한 지극히 사사로움이 없고極公則亦極無私也, 또 지극히 사사로움이 없으면 또한 지극히 공변된다極無私則亦極公也를 통해 공公과 사私를 이분법적으로 보고 있지 않음을 알 수 있다.

즉, 공公은 곧 사私가 없음이고, 사私는 공公을 지극히 하지 못함이니 공과 사가 하나의 묶음인 것이다. 이것은 몸과 마음을 하나로 보는 것과 같은 이치이다. 천天과 인人·성性과 명命을 구분하지만 서로 체용의 관계인 것과 같다.

'동실지인'은 『맹자』에서 인용한 것이다. 今有同室之人이 鬪者어든 救之호대 雖被髮纓冠而救之라도 可也니라

◇◇◇◇◇

頷臆臍腹之中에 自有不息之知ㅣ 如切如磋하나 而驕矜伐夸之私心이 卒然敗之하면 則自棄其知而不能博通也오 頭肩腰臀之下에 自有不息之行이 赫兮晅兮하나 而奪侈懶竊之慾心이 卒然陷之하면 則自棄其行而不能正行也니라.

턱·가슴·배꼽·배 가운데에는 스스로 쉬지 않는 지혜가 있으니 갈고 닦아야 하나 교만·자긍·자랑·과시라는 거짓이기심의 유혹에 빠지게 되면 스스로 그 참된 지혜를 버리고 널리 통하지 못하게 되는 것이다.

머리·어깨·허리·엉덩이 아래에는 스스로 쉬지 않는 행동이 있으니 의젓하면서 빛나지만 게으름이라는 멋대로 계산하는 마음·허세부리는 마음·뒤로 빠지려는 마음·무조건 가지려는 마음의 욕심탐욕심에 빠지게 되면, 스스로 그 행동할 바를 버리게 되니, 올바른 행동을 하지 못하게 되는 것이다.

息쉴 식은 自 + 心으로 스스로의 마음은 쉬고, 숨 쉬고 있다.

切끊을 절은 七 + 刀로 칼로 일곱을 나누다.

卒무리 졸은 亠 + 人 2개 + 十으로 하늘과 땅 사이에 있는 사람들이 무리이다.

敗깨뜨릴 패는 貝 + 攵으로 하늘의 작용을 쳐서 깨뜨리다.

역해 : 함억제복頷臆臍腹 가운데에는 완성되지 못한 성性인 주책·경륜·행검·도량이 있기 때문에 갈고 닦아야 하는데, 그러지 못하고 함께 있는 거짓된 마음이기심인 교만·자긍·자랑·과시의 마음에 빠지게 되어, 그 참된 지혜를 버리고 속 좁게 되는 것이다.

또 두견요둔頭肩腰臀 아래에는 완성되지 못한 명命인 식견·위의·재간·방략이 있기 때문에 갈고 닦아야 하는데, 그러지 못하고 함께 있는 욕심탐욕심인 멋대로 계산하는 마음·허세부리는 마음·뒤로 빠지려는 마음·무조건 가지려는 마음에 빠지게 되어, 그 진실한 행동을 버리고 올바른 행동을 하지 못하는 것이다.

여기서 '여절여차如切如磋'와 '혁혜훤혜赫兮咺兮'는 『시경』의 구절을 인용한 『대학』의 "깎는 것 같고 다듬는 것 같다는 것은 학문을 말함이고, 쪼는 것 같고 갈은 것 같다는 것은 스스로 닦는 것이고, 점잖고도 위엄이 있다는 것은 엄하고 빈틈이 없음이고, 훤하고도 뚜렷하다는 것은 위의이고, 의젓하신 군자를 끝내 잊을 수 없다는 것은 성대한 덕의 지극한 선을 백성들이 잊을 수가 없는 것이다. 如切如磋者는 道學也오 如琢如磨者는 自修也오 瑟兮僩兮者는 恂慄也이오 赫兮喧兮者는 威儀也오 有斐君子終不可諠兮者는 道盛德

至善을 民之不能忘也니라."에 근거한 것이다.

◇◇◇◇◇

耳目鼻口는 人皆知也오 頷臆臍腹은 人皆愚也오 肺脾肝腎은 人皆賢也오 頭肩腰臀은 人皆不肖也니라.

귀·눈·코·입은 모든 사람을 지혜롭게 하고, 턱·가슴·배꼽·배는 모든 사람을 어리석게 하고, 폐·비·간·신은 모든 사람을 현명하게 하고, 머리·어깨·허리·엉덩이는 모든 사람을 못나게 한다.

肖닮을 초는 小 + 月로 작은 달을 닮다.

不아닐 불은 一 + 小로 작은 작용이 막혀 있다.

역해 : 이목비구의 선을 좋아하는 마음과 폐비간신의 악을 미워하는 마음은 사람들을 지혜롭고 현명하게 하는 것이고, 함억제복頷臆臍腹의 이기심과 두견요둔頭肩腰臀의 탐욕심은 사람들을 어리석고 못나게 만드는 것이다.

이를 통해서도 천인성명天人性命에서 천天과 성性·인人과 명命이 서로 체용의 관계임을 알 수 있다. 천天의 지知가 그대로 드러나면 성性, 주책·경륜·행검·도량이 되지만, 치우치고 집착하면 이기심교심·긍심·벌심·과심으로 드러나기 때문에 어리석게 되는 것이다. 또 인人의 현賢이 그대로 드러나면 명命, 식견·위의·재간·방략이 되지만, 치우치고 집착하면 탐욕심탈심·치심·나심·절심으로 드러나 어리석게 되는 것이다.

여기서 구분된 천인성명天人性命의 사상에서 지知와 우愚가 서로 체용의 관계로 성기性氣의 입장이라면, 현賢과 불초不肖가 서로 체용의 관계로 정기情氣의 입장임을「확충론」에서 알 수 있다.

위 문장에서 지知와 우愚, 현賢과 불초不肖는『중용』의 "공자께서 말씀하시기를 도가 행해지지 않을 것을 내가 아는 것이다. 지자는 지나치고 우자는 미치지 못한다. 도가 밝지 못한 것을 내가 아는 것이다. 어진 사람은 지나가고 불초한 사람은 미치지 못하는 것이다.子ㅣ 曰道之不行也를 我知之矣로라 知者는 過之하고 愚者는 不及也니라 道之不明也ㅣ 我知之矣로라 賢者는 過之하고 不肖者는 不及也니라."와『맹자』의 "그 자신의 어짐과 불초함은 모두 하늘이다.其子之賢不肖 皆天也라"에 근거한 것이다.

◇◇◇◇◇

人之耳目鼻口는 天也니 天이 知也오 人之肺脾肝腎은 人也니 人이 賢也오 我之頷臆臍腹은 我自爲心而未免愚也니 我之免愚는 在我也오 我之頭肩腰臀은 我自爲身而未免不肖也니 我之免不肖는 在我也니라.

사람의 귀·눈·코·입은 하늘이니 하늘은 지혜로운 것이고, 사람의 폐·비·간·신은 성인이니 성인은 현명하고, 나의 턱·가슴·배꼽·배는 내 자신의 마음으로 자연히 되어서 어리석음을 벗어나지 못하고 있으니 내가 어리석음에서 벗어나는 것은 나에게 있는 것이고, 나의 머리·어깨·허리·엉덩이는 내 자신의 육신으로 자연히 되어서 못남을 벗어나지 못하고 있으니 내가 못함에서 벗어나는 것은 나에게 있는 것이다.

賢어질 현은 臣 + 又 + 貝로 신하가 하늘의 작용인 四와 八를 잡고 있다.
我나 아는 扌 + 戈로 손으로 땅의 뜻을 잡고 살아가는 존재가 나이다.
免면할 면은 勹 + 冖 + 尢으로 절음거리는 것을 덮고 감싸다.
在있을 재는 一 + 丿 + 丨 + 土로 땅에 三才가 모두 있다.

역해 : 여기까지가 본론에 해당된다. 천인성명天人性命의 사상적 구조에 인간의 사상심四象心을 배치하고, 그것의 내용을 밝히고 있다. 「성명론」의 핵심은 사상의학의 근본인 인간의 마음에 대하여 구체적으로 논하고 있다.

동무는 『동의수세보원』 제2권 「의원론」에서 "옛날 의사들은 마음의 좋아함과 미워함이 하고자 하는 것과 喜怒哀樂이 치우쳐 집착하는 것이 병이 되는 것을 알지 못하고蓋古之醫師, 不知心之愛惡所欲, 喜怒哀樂偏着者, 爲病."라고 하여, 인간의 마음 작용에 대한 논의가 사상의학의 근본임을 밝히고 있다.

물론 「성명론」에서는 아직 사상인四象人을 논하고 있지 않기 때문에 사상인과 사상심四象心의 관계는 이후 「사단론」과 「확충론」을 통해 추론해야 하는 것이다.

여기서 인人은 보편적인 사람이라면, 아我는 그대로 자기 자신을 가리키는 것으로 천기天機를 청시후미聽視嗅味하는 이목비구의 선을 좋아하는 마음은 하늘의 지혜이고, 인사人事를 달합입정達合立定하는 폐비간신의 악을 미워하는 마음은 성인의 현명함이다. 이것은 우리가 지향해야 할 방향으로 지금 우리가 모두 지혜와 현명하다는 것은 아니다. 태어날 때 주어져 있지만 함억제복의 이기심과 두견요둔의 탐욕심에 의해 가려져 있는 것이다.

또 함억제복頷臆臍腹의 이기심과 두견요둔頭肩腰臀의 탐욕심은 사람들을 어리석고 못나게 만들기 때문에 나 자신이 그것을 어떻게 극복하고 또 행동하는 것에 달려 있다는 것이다.

◇◇◇◇◇

天生萬民에 性以慧覺하니 萬民之生也ㅣ 有慧覺則生하고 無慧覺則死니 慧覺者는 德之所由生也니라.

하늘이 모든 사람들을 태어나게 할 때에 성으로 혜각(慧覺)을 주었으니, 모든 사람이 삶을 살아갈 때 혜각이 있으면 사는 것이고, 혜각이 없으면 죽는 것이다. 혜각이란 것은 하늘의 덕에서 생겨난 것이다.

慧슬기로울 혜는 丰(三 + 丨) 2개 + 彐 + 心으로 天地人 三才之道를 뚫어서 잡고 있는 마음이다.

生날 생은 𠂉 + 土로 땅 위에 성인이 탄생되다.

覺깨우칠 각은 彐 + 爻 + 彐 + 冖 + 見으로 책상에 조용히 앉아서 양손으로 진리爻를 보다.

德큰 덕은 彳 + 直 + 心으로 곧은 마음을 행하는 것이 사랑(덕)이다.

역해 : 혜각慧覺에서 혜는 소혜小慧·덕혜德慧, 각은 선각先覺·후각後覺 등으로 사용되지만, 혜각이라는 용어는 선진유학 경전에서는 등장하지 않고 있다.

동무는 혜각慧覺이 있으면 사는 것이고, 없으면 죽는 것이라 하여, 혜각이 생사生死의 근본임을 논하고 있다.

『주역』에서는 "시작에 근원하여 마침으로 돌아가는 것이라. 그러므로 사생死生의 말씀을 알고原始反終이라 故로 知死生之說하며"라고 하여, 종시終始의 진리를 깨우쳐야 죽고 사는 것을 안다고 하였으며, 『논어』에서는 '아침에 도를 들으면 저녁에 죽어도 좋다.子ㅣ 曰朝聞道면 夕死라도 可矣니라.'라 하고, '믿음을 돈독하게 하고 학문을 좋아하며 죽음을 통해서라도 진리를 선하게 한다.子ㅣ 曰篤信好學하며 守死善道니라.'라고 하여, 진리에서 살고 죽음을 논하고 있다. 또 죽고 사는 것은 천명에 있는 것이라 하였다.死生이 有命이오. 이를 통해 동무가 말한 혜각은 바로 진리를 깨우친 것과 관계됨을 알 수 있다.

우리는 '살아도 사는 것이 아니다'라는 말을 많이 사용하고 있다. 이것은 바로 사람이 진리가 무엇인지, 내가 왜 살아가는지에 대한 물음을 가지지 않고 자신의 욕망에 따라 살아가는 삶은 죽어가는 것이지 살아가는 것이 아니라는 뜻이다. 우리말에 '살아간다'는 속에는 두

가지 뜻이 있다. 하나는 '사르다'로 몸에 불을 질러서 살아가는 것이니 죽어간다는 의미이고, 다른 하나는 '사랑하다'로 사람의 본성인 사랑을 실천하는 것이니 참된 삶을 살아가는 것이다. 우리의 삶은 하루가 지나면 하루가 줄어드는 것이니 '죽어간다'고 할 수도 있고, 또 하루를 사랑으로 살았으니 '살아간다'라고 할 수 있는 것이다. 자신의 삶에서 결단이 필요한 것이다. 죽어갈 것인가? 살아갈 것인가? 를 결단하는 근거가 혜각慧覺인 것이다.

혜각이 있으면 살아가는 것이고, 혜각이 없으면 죽어가는 것이기 때문에 사랑을 실천하는 덕德이 여기서 나오는 것이다. 일반적으로 생각하는 생사生死는 몸이라는 육신에 숨이 붙어있는가·아닌가?, 심장이 뛰는가·아닌가?를 기준으로 보지만, 동무는 아무리 오래 살고 숨이 붙어있다 해도 하늘이 준 성性, 주책·경륜·행검·도량의 혜각을 망각하고 사는 사람은 이미 죽은 사람임을 선언하고 있다.

『동의수세보원』이 의학서적으로 인간의 무병장수無病長壽를 말하는 것으로 생각하기 쉽지만, 이 한 구절을 통해 동무가 바라보는 참된 인간의 삶이 어디 있는지를 알 수 있다. 사람의 생리적 목숨을 이어가는 본래적 의미가 바로 자신에게 주어진 성性을 깨우쳐 실천하는데 있음을 분명하게 밝히고 있다.

◇◇◇◇◇

天生萬民에 **命以資業**하니 **萬民之生也**ㅣ **有資業則生**하고 **無資業則**

死니 資業者는 道之所由生也니라.

하늘이 모든 사람을 태어나게 하실 때 명으로 자업노동을 주었으니, 모든 사람이 삶을 살아갈 때 자업이 있으면 사는 것이고, 자업이 없으면 죽는 것이다. 자업은 하늘의 도에 의해서 생겨난 것이다.

資재물 자는 次 + 貝로 재물을 머금다.

業일 업은 二 + 八 + 一 + 羊 + 八로 백성들이 진리八卦를 하나로 사용하다.

道길 도는 辶(辵 =彳 + 止) + 首로 근원적 존재가 가고 멈추는 이치이다.

所바 소는 戶 + 斤으로 ~하는 바는 진리를 결단하는 것이다.

역해 : 자업資業에서 자資는 자시資始·자생資生으로 바탕이고, 업業은 직업職業·생업生業으로 근본이 되는 노동의 가치를 의미하는 것이다.

여기서 자업資業은 명식견·위의·재간·방략으로 주어진 사명을 실천하는 노력노동이다. 바른 생의 의미는 바로 혜각을 실천하는 노동에 있음을 강조하신 것이다. 실제적으로 먹고살 수 있는 토대인 노동을 하지 않고 다른 이에게 기생하면서 생을 연명하는 자는 이미 죽은 자임을 강조한 것이다. 혜각을 알아가면서 노동을 근면하게 하는 사람, 그 사람만이 진정한 주체적 인생을 살아가는 사람이기에 그 사람이 산 자이고, 혜각도 없고 노동도 없이 무위도식無爲徒食하는 사람은 살아있으나 이미 죽은 사람인 것이다.

앞의 혜각은 하늘의 덕德에서 나오고, 자업은 하늘의 도道에서 나오는 것으로 혜각과 자업은 도덕道德에서 나옴을 알 수 있다. 원래 도덕道德이라는 개념은 『주역』의 '천지지도天地之道'와 '신명지덕神明之德'이 합해진 '천지신명天地神明의 도덕'에 근거한 것으로, 근원적 존재인 천지신명의 본성이 도덕임을 밝힌 것이다. 도덕은 '천지신명의 도덕'이기 때문에 천지신명의 내용이자 본성으로 인간 삶의 근본이라 하겠다.

◇◇◇◇◇

仁義禮智忠孝友悌諸般百善은 皆出於慧覺이오 士農工商田宅邦國諸般百用은 皆出於資業이니라.

인의예지 충효우제와 같은 모든 선은 다 혜각에서 나온 것이고, 사농공상 전택방국의 모든 쓰임은 다 자업에서 나온 것이다.

忠충성 충은 中 + 心으로 마음의 중심이다.

孝효도 효는 耂 + 子로 자식이 늙은 부모를 섬기다.

友벗 우는 十 + 又로 하늘을 잡고 있는 친구이다.

悌공경할 제는 忄 + 弟로 아우의 마음은 형을 공경하다.

역해 : 인의예지仁義禮智와 충효우제忠孝友悌는 각각 네 마디이고, 사농공상士農工商과 전택방국田宅邦國도 모두 네 마디이다.

사람의 성性에 있는 이기심거짓을 극복한 혜각에서 모든 선善이 나오고, 명命에 있는 탐욕심욕심을 타파한 자업노동에서 모든 쓰임이 나온 것이다. 따라서 사람은 성과 명에 주어진 이기심과 탐욕심을 극복하고, 주책·경륜·행검·도량과 식견·위의·재간·방략을 실천하는 인격을 갖추어야 하는 것이다.

◇◇◇◇◇

慧覺은 欲其兼人而有敎오 資業은 欲其廉己而有功也니 慧覺私小者ㅣ 雖有其傑이나 巧如曹操而不可爲敎也오 資業橫濫者ㅣ 雖有其雄이나 猛如秦王而不可爲功也니라.

혜각은 다른 사람과 함께 할 때 가르침이 행해지는 것이고, 자업은 자기에게 검소할 때 공을 이룰 수 있으니, 혜각이 사사롭고 작은 사람은 비록 뛰어나더라도 간교함이 조조曹操와 같아서 사람들을 가르칠 수 없고, 자업을 멋대로 하고 게으름이 넘치는 사람은 비록 우수하더라도 사나움이 진시황秦始皇과 같아서 공을 이룰 수 없는 것이다.

兼겸할 겸은 八 + 一 + ⺕ + 人 2개로 두 사람을 하나로 잡다.

敎가르칠 교는 爻 + 子 + 攵으로 어린 아이에게 진리를 가르치다.

功공 공은 工 + 力으로 장인의 힘이다.

雖비록 수는 口 + 虫 + 隹로 하늘의 뜻이 비록 그러하더라도.

濫넘칠 람은 氵+ 臣 + 一 + 皿으로 그릇에 물이 넘치다.

역해 : 혜각과 자업의 공능과 경계를 밝히고 있다. 혜각이 있는 사람은 다른 사람을 가르침을 행할 수 있지만, 그 혜각이 거짓위선과 이기심으로 막힌 사람은 『삼국지』에 나오는 조조曹操와 같은 잔꾀를 부리기 때문에 사람들을 절대로 가르칠 수 없는 것이다. 자업노동이 있는 사람은 사회에 공적이 있지만, 자업이 근면한 노동을 외면하고 탐욕심이 넘치는 사람은 진시황秦始皇같이 난폭하기 때문에 공적을 이룰 수 없다는 것이다.

여기서 『삼국지』의 조조를 통해 사람의 이기심邪心에 대하여 공부할 수 있고, 진시황의 폭정을 통해 사람의 탐욕심怠心을 알 수 있는 것이다.

◇◇◇◇◇

好人之善而我亦知善者ㅣ 至性之德也오 惡人之惡而我必不行者ㅣ 正命之道也라 知行이 積則道德也오 道德이 成則仁聖也니 道德이 非他라 知行也오 性命이 非他라 知行也니라.

다른 사람의 선을 좋아하고 나 역시 선을 아는 것은 하늘이 나에게 준 지극한 성주책·경륜·행검·도량의 덕인 것이고, 다른 사람의 악을 미워하고 나 역시 악을 행하지 않는 것은 하늘에서 나에게 준 올바른 명식견·

위의·재간·방략의 도인 것이고, 지혜를 알아가고, 자업을 할수록 쌓여지게 되니 그것이 바로 도덕이다. 도덕이 완성되면 그것이 바로 인성仁聖, 絕世之人·大人이니, 도덕은 다름 아니라 바로 지혜를 터득하고 참다운 노동을 행하는 것이며, 성명性命이란 다름 아니라 지혜를 터득하고 참다운 노동을 하는 것이다.

至이를 지는 二 + 厶 + 土로 하늘과 땅 사이에서 이르다.

正바를 정는 一 + 止로 하나에서 그치는 것이 바름이다.

積쌓을 적은 禾 + 責으로 神道를 다스려 하나씩 쌓다.

非아닐 비는 三 + 二로 天地人 삼재를 갈라놓으니 아니다.

역해 : 여기까지 결론으로 「성명론」은 '인간은 어떻게 살아야 하는가?'의 대주제를 논하고 있다. 이목비구의 선을 좋아하는 마음과 함억제복의 성性은 덕德이 되고, 폐비간신의 악을 미워하는 마음과 두견요둔의 명命은 도道가 되어, 그것이 사람의 도덕道德이 되고 그 도덕을 근거로 살아가는 인격적 삶을 논하고 있다.

동무는 도덕이라는 단어를 관념적으로 접근하지 않고, 인간의 입장에서 성명性命으로 전환한 것이다. 따라서 「성명론」이란 결국 '도덕론'이자 '지행론'이라 하겠다.

◇◇◇◇◇

或曰擧知而論性은 可也而擧行而論命은 何義耶아 曰命者는 命數也니 善行則命數ㅣ 自美也오 惡行則命數ㅣ 自惡也니 不待卜筮而可知也라 詩云永言配命이 自求多福이라하니 卽此義也니라.

혹이 말하기를 지知를 들어서 성을 논하는 것은 옳지만, 행行을 들어서 명을 논하는 것은 무슨 의미입니까? 말하기를 명이라는 것은 생명의 수이니, 선하게 행하면 생명의 수는 스스로 아름답고, 악하게 행하면 생명의 수는 스스로 악해질 것이니, 점을 치지 않아도 알 수 있다. 『시경』에 이르기를 '영원한 말씀은 명과 짝하는 것이 스스로 많은 복을 구하는 것이다' 했으니, 바로 이것을 말한 것이다.

或혹 혹은 戈 + 口 + 一로 땅의 뜻을 하나로 모으다.

擧들 거는 與 + 手로 손으로 함께 하다.

何어찌 하는 亻 + 可로 사람이 어찌 뜻을 세우지 않겠는가?

卜점 복는 丨 + 丶로 하늘의 뜻이 그대로 드러나다.

筮점 서는 竹 + 巫로 성인에 의해서 하늘의 뜻이 드러나다.

역해 : 이 문장부터 아래는 보론에 해당된다. 혹자가 질문하고 동무가 답하는 형식이지만, 동무가 직접 묻고 답하는 것이다. 성性은 사람의 본성으로 본유한 것이지만, 명命은 실천적 의미를 가지고 있기 때

문에 살아가면서 어떻게 하느냐에 따라 아름답게 되기도 하고, 악하게 되기도 하는 것이다.

명命은 '복서卜筮를 기다리지 않아도 알 수 있다'는 것에서 복卜과 서筮는 모두 하늘의 뜻을 헤아리는 점의 행위인데, 자신의 행동이 바르면 하늘의 뜻에 묻지 않아도 알 수 있다는 것이다. 사람이 살면서 하늘이 내린 재앙은 성실과 검소함으로 피할 수 있지만, 자기가 지은 재앙은 절대로 피하지 못하는 것이다.

선진유학에서 명命은 생명生命에서 천명天命까지 포함하는 광의의 개념으로 『논어』에서는 '명命을 알지 못하면 군자가 될 수 없다.孔子ㅣ 曰不知命이면 無以爲君子也오'고 하였고, 『맹자』에서는 '명命 아님이 없는 것이나 그 정도에 순응하여 받는 까닭에 명을 아는 사람은 무너지는 담장 아래에 서지 않는 것이니, 도를 다하고 죽은 사람은 정명正命이고 질곡으로 죽은 사람은 정명이 아니다.孟子 曰莫非命也나 順受其正이니라 是故로 知命者는 不立乎巖墻之下하나니라 盡其道而死者는 正命也오 桎梏死者는 非正命也니라.'라고 하였다.

또 『주역』에서는 '이치를 궁구하고 본성을 다하여 명命에 이르다.窮理盡性, 以至於命.'하고, 또 '성명의 이치에 순응한다.將以順性命之理'고 하여, 성性과 명命이 일체적임을 밝히고 있다.

따라서 명命은 천명天命으로 구체적인 실천을 의미하기 때문에 사상철학 뿐만 아니라 유학의 학문적 내용을 이해하기 위해서는 반드시 깊이 궁구해야 한다.

또 복서卜筮에 대해서는 『주역』에서 "복서卜筮를 쓰는 사람은 그 점占을 숭상하나니以卜筮者, 尙其占."라고 하여, 하늘의 뜻을 헤아리는 것으로 논하고 있다. 복서卜筮는 모두 점占의 방법으로 복卜은 곤丨 = 天, 빛 + 주丶 = 하늘로 하늘의 뜻빛이 드러나는 것이기 때문에 천도의 작용을 그대로 상징하고, 서筮는 죽竹 + 공工 = 二 + 丨 + 인人 + 인人으로 천지인天地人 삼재三才의 주체인 인간에 의해서 하늘의 뜻이 세상에 드러나는 것을 상징하고 있다.

또한 『시경』의 위 구절은 「대아大雅」 '문왕文王'에 나오는 것으로 문왕文王의 덕을 노래하면서 이야기되고 있다. 이를 『맹자』에서는 "재앙과 복은 자기가 구하지 않은 것이 없다. 『시경』에서 말하길 '영원한 말씀은 명과 짝하는 것이 스스로 많은 복을 구하는 것이다'라고 하고, 『서경』 「태갑」에서 말하기를 '하늘이 지은 재앙은 오히려 피할 수 있거니와 스스로 지은 재앙은 피할 수 없는 것이다'하니 이것을 이른 것이다. 禍福이 無不自己求之者니라 詩云 永言配命이 自求多福이라 하며 太甲에 曰天作孽은 猶可違어니와 自作孽은 不可活이라 하니 此之謂也니라."라고 하였다.

◇◇◇◇◇

或曰吾子之言에 曰耳聽天時하며 目視世會하며 鼻嗅人倫하며 口味地方이라하니 耳之聽天時와 目之視世會則可也이 鼻ㅣ 何以嗅人倫하며 口ㅣ 何以味地方乎아 曰處於人倫하야 察人外表하야 黙探各人才行之賢不肖者ㅣ 此非嗅耶아 處於地方하여 均嘗各處人民生活之地利者ㅣ 此非味耶아.

혹이 말하기를 '선생님의 말씀에 귀는 천시를 듣고, 눈은 세회를 보고, 코는 인륜을 냄새 맡고, 입은 지방을 맛본다.'라고 하였는데, 귀가 천시를 듣고, 눈이 세회를 보는 것은 이해되지만, 코가 어찌 인륜을 냄새 맡고, 입이 어찌 지방을 맛보는 것입니까? 말하기를 인륜에 거쳐하여 사람의 밖의 겉을 살피어서 각각의 사람이 재주를 행함에 어질고 어질지 못한 것을 묵묵히 찾는 것은 이것이 냄새를 맡는 것이 아니겠는가! 지방에 거처하여 각처의 사람들의 생활의 지리를 고르게 맛보는 것이 맛보는 것이 아니겠는가!

察살필 찰은 宀 + 祭로 집에서 제사를 모시듯이 정성껏 살피다.

默묵묵할 묵은 黑 + 犬으로 묵묵히 진리의 길을 가다.

探찾을 탐은 扌 + 冖 + 儿 + 木으로 손으로 神道를 찾다.

均고를 균은 土 + 勹 + 二로 땅에서 음양의 이치를 고르게 감싸다.

역해 : 위 문장은 「성명론」에서 이해하기 어려운 이목비구의 인격적 작용성에 대하여 논하고 있다. 하늘의 인격성을 바탕으로 하는 이목비구의 청시후미聽視嗅味 작용이 우리의 삶의 근본이 됨을 알 수 있다.

코는 사람의 어질고 어질지 못한 도덕적 냄새를 맡고, 입은 각처에 사는 사람들의 이로움을 맡보는 것으로 이목비구의 형이상적 기능에 대하여 확충하고 있다.

◇◇◇◇◇

存其心者는 責其心也ㅣ라 心體之明暗이 雖若自然而責之者ㅣ 淸하고 不責者ㅣ 濁이니 馬之心覺이 黠於牛者는 馬之責心이 黠於牛也오 鷹之氣勢ㅣ 猛於鴟者는 鷹之責氣ㅣ 猛於鴟也니 心體之淸濁과 氣宇之强弱이 在於牛馬鴟鷹者ㅣ 以理推之而猶然커든 況於人乎아 或相倍蓰하며 或相千萬者ㅣ 豈其生而輒得하야 茫然不思하며 居然自至而然哉아.

그 마음을 보존하는 사람은 그 마음을 꾸짖는 것이다. 마음 본체의 밝음과 어둠이 비록 자연스러운 것 같으나 꾸짖는 사람은 맑고 꾸짖지 않는 사람은 흐리니, 말의 마음 깨우침이 소보다 영리한 것은 말이 마음을 꾸짖음이 소보다 영리한 것이고, 매의 기세가 솔개보다 사나운 것은 매의 기세 꾸짖음이 솔개보다 사나운 것이니, 마음 본체의 맑음과 탁함, 기개와 도량의 강함과 약함이 소나 말, 솔개나 매에 있는 것으로 이치를 미루면 이와 같거늘 하물며 사람이겠는가! 혹은 두 배로 다섯 배로 하고, 혹은 서로 천만 배로 하는 것이 어찌 그 삶에서 문득 얻어서 망연하여 생각하지 않고 거처하여 스스로 이르렀겠는가!

淸맑을 청은 氵 + 靑으로 물이 푸르게 맑은 것이다.

濁흐릴 탁은 氵 + 罒 + 勹 + 虫으로 하늘의 뜻이 갖춰서 흐르지 못하다.

猛사나울 맹은 犭+孟으로 小人之道를 맏이로 하는 것이 사나운 것이다.

强굳셀 강은 弓 + 口 + 虫으로 하늘의 작용이 넓고 강하다.

弱약할 약은 弓 2개 + 二 2개로 짝수이자 음수陰數로 곤도坤道를 상징하기 때문에 약하고 부드럽다.

역해 : 『격치고』에서는 심신心身으로 논한 것을 여기서는 심기心氣로 논하고 있다. 『격치고』가 사상철학을 집성하고 있다면, 『동의수세보원』은 사상의학을 집성하고 있기 때문이라 하겠다. 「성명론」에서는 마음을 밝히고 있기 때문에 마지막에서 '마음 본체의 밝음과 어두움맑음과 탁함'을 논하고 있다. 사람의 마음에 명암明暗이 있는 것은 스스로 그러한 것 같지만, 마음의 청탁淸濁에 따라 자신을 꾸짖어 맑게 하면 밝아지고, 자기반성을 하지 않아 탁하면 어두워진다는 것이다.

또 기氣에는 강약强弱이 있다고 하여, 사상철학의 핵심인 기氣에 대하여 논하고 있다. 사상철학에서 기氣에 대한 논의는 「사단론」에서 애노희락哀怒喜樂과 폐비간신肺脾肝腎을 기氣로 논하고 있다.

위에서 '두 배로 다섯 배로 하고, 혹은 서로 천만 배로 하는 것'은 바로 자신의 노력에 따라 달라진다는 것이다. 한 사람이 자신의 마음을 꾸짖어 이기심과 탐욕심을 경계하고 노력하면 혜각이 밝아지고, 자업에 공이 두 배·다섯 배·천 배·만 배 있다는 것이다. 혜각과 자업의 차이는 실존적인 사람의 노력에 있는 것임을 강조한 것이다.

이를 『중용』에서는 '다른 사람이 한 번에 능히 하거든 나는 백 번하고 다른 사람이 열 번에 능히 하거든 나는 천 번하는 것이다. 人一能之어든 己百之하며 人十能之어든 己千之니라.'라고 하여, 백 배의 정성이 성공을 가져오는 길이라 밝히고 있다.

2

사단론
四端論

'사단四端'은 『맹자』에서 논한 사단지심四端之心에 근거를 두고 있지만, 『동의수세보원』에서는 이러한 뜻만 가지고 있지 않다.

「사단론」의 원문을 보면, "성인의 장도 사단이고 중인의 장도 또한 사단이니聖人之臟도 四端也오 衆人之臟도 亦四端也니"라고 하여, 사람이 가지고 있는 장臟으로 논하고 있다. 즉, 『맹자』에서는 사단을 인간 본성이 드러나는 네 가지 마음으로 밝혔다면, 동무는 사람이 가지고 있는 네 가지 장부의 이치로 논한 것이다. 「사단론」에서는 「성명론」에서 논하지 않았던 사상인의 장리臟理와 장국臟局을 구체적으로 논하고 있기 때문에 '사단'을 제목으로 한 것이다.

◇◇◇◇◇

人稟臟理에 有四不同하니 肺大而肝小者를 名曰太陽人이오 肝大而

肺小者를 名曰太陰人이오 脾大而腎小者를 名曰少陽人이오 腎大而脾小者를 名曰少陰人이니라

사람이 품부 받은 장臟의 이치에 네 가지 같지 않은 것이 있으니, 폐는 크고 간이 작은 사람을 태양인이라 하고, 간이 크고 폐가 작은 사람을 태음인이라 하고, 비가 크고 신이 작은 사람을 소양인이라 하고, 신이 크고 비가 작은 사람을 소음인이라고 한다.

稟줄 품은 亠 + 回 + 禾로 하늘이 땅으로 내려주다

臟오장 장은 肉 + 藏감출 장으로 몸 속에 감추어져 있다.

名이름 명은 丶 + 勹 + 口로 하늘을 감싸는 것이다.

陽볕 양은 阝 + 日 + 一 + 勿로 볕이 드는 언덕으로 陽數 一이 있다.

陰그늘 음은 阝 + 今 + 二 + 厶로 그늘이 지는 언덕으로 陰數 二가 있다.

역해 :「사단론」에서는 장부의 이치臟理가 네 가지이고, 이 장부의 이치에 따라 폐비간신肺脾肝腎이 대大와 소小로 나누어져 사상인四象人이 됨을 논하고 있다. 사람의 장리臟理는 하늘이 준稟 것으로 절대적인 의미를 가지고 있다.

장리臟理는 장부의 이치로 현상적 존재이기 이전의 원리이기 때문에 뜻으로 있는 것이며, 이것이 현상적 장부로 드러난 판형국을 장국臟局이라고 한다. 이것을『주역』의 입장에서 설명하면, 건곤乾坤이라는 뜻이 있기 때문에 물리적 천지天地가 존재하는 것과 같은 이치이다.

사상철학에서 사상인을 규정하는 '태음인·소음인·태양인·소양인'은 『황제내경』에서 오행인五行人으로 논한 '태음인·소음인·태양인·소양인·음양화평지인'에서 유래한 것이라 하겠다. 역학사에서 '태음·소음·태양·소양'의 사상四象을 논한 것은 송대 성리학에서 선천역先天易을 주창한 소강절邵康節의 『황극경세서』에 처음 사용된 것으로 조사되고 있다. 주희朱熹는 『역학계몽』에서 사상四象을 '노음老陰·소음少陰·노양老陽·소양少陽'으로 사용하고 있다.

또 사상인 장리의 대소大小는 하늘의 입장에서 논한 것으로 '크고 작다'라는 물리적 의미를 넘어서 사상인의 삶의 중심이 되는 장국臟局이 되는 것이다. 즉, 간대폐소肝大肺小의 장리臟理를 가진 태음인은 간국肝局과 폐국肺局이 중심이 되어 몸과 마음이 행해지고 있음을 이해할 수 있다. 물론 대소는 뒤의 문장을 통해서 밝혀지지만 그 기운이 크고 작다는 것으로 형태적인 크기를 말하는 것은 아니다.

「동무자주」에서는 "폐가 큰 것은 내쉬는 호흡의 기운이 크게 지나친 것이고, 간이 작다는 것은 들이쉬는 호흡의 기운이 부족한 것이다. 간이 크다는 것은 들이쉬는 호흡의 기운이 크게 지나친 것이고, 폐가 작다는 것은 내쉬는 호흡의 기운이 부족한 것이다. 비가 크다는 것은 들여서 쌓는 기운이 크게 지나친 것이고, 신이 작다는 것은 내어 놓는 기운이 부족한 것이다. 신이 크다는 것은 내어 놓는 것이 크게 지나친 것이고, 비가 작다는 것은 들여서 쌓는 기운이 부족하다.肺大呼散之氣太過也, 肝小吸聚之氣不足也, 肝大吸聚之氣太過也, 肺小呼散之氣不足也, 脾大納積之氣太過也, 腎小出放之氣不足也, 腎大出放之氣太過也, 脾小納積之氣不足也."라고 하여, 장리臟理의 대소를 폐비간신의 기운으로 논하고 있다.

◇◇◇◇◇

人趨心慾에 **有四不同**하니 **棄禮而放縱者**를 **名曰鄙人**이오 **棄義而偸逸者**를 **名曰懦人**이오 **棄智而飾私者**를 **名曰薄人**이오 **棄仁而極慾者**를 **名曰貪人**이니라

사람이 쫓는 욕심에 네 가지 같지 않는 것이 있으니, 예를 버리고 방종하는 사람을 더러운 사람이라 하고, 의를 버리고 안일한 것만 구하는 사람을 게으른 사람이라 하고, 지를 버리고 사사로운 일을 꾸미는 사람을 천박한 사람이라 하고, 인을 버리고 욕심이 극한 사람을 탐욕스러운 사람이라고 한다.

趨 쫓을 추는 走 + 芻로 달려서 쫓아가다.

棄 버릴 기는 亠 + 厶 + 凵 + 十 + 木으로 하늘 준 뜻을 사사로이 하다.

鄙 다라울 비는 口 + 亠 + 回 + 阝으로 하늘의 뜻이 사람에 막혀 있다.

薄 엷을 박은 艹 + 氵 + 甫 + 寸으로 하늘 작용을 엷게 하다.

貪 탐할 탐은 今 + 貝로 지금 바로 쓰려고 하니 탐욕이다.

懦 나약할 나는 忄 + 雨 + 而로 마음에서 비가 오니 나약해지다.

역해 : 사람이 마음의 욕심을 쫓아가는데도 네 가지가 있다고 하였

다. 네 가지로 나누어지는 비박탐나鄙薄貪懦의 사람은 『맹자孟子』에서 밝힌 '완부頑夫·나부懦夫·비부鄙夫·박부薄夫'에 연원하고 있다.

「확충론」에서는 "태양인이 온전히 수컷 되기만 좋아하면 예를 버리고 방종하는 더러운 사람이 되고, 소음인이 온전히 암컷 되기만 좋아하면 의를 버리고 게으름을 구하는 나약한 사람이 되고, 소양인이 온전히 밖으로 이기는 것만 좋아하면 지를 버리고 사사로운 일을 꾸미는 천박한 사람이 되고, 태음인이 온전히 안으로 지키기만 좋아하면 인을 버리고 욕심을 극하게 하는 탐욕스러운 사람이 되는 것이다. 太陽之人이 雖好爲雄이나 亦或宜雌니 若全好爲雄則放縱之心이 必過也니라 少陰之人이 雖好爲雌나 亦或宜雄이니 若全好爲雌則偸逸之心이 必過也니라 少陽之人이 雖好外勝이나 亦宜內守니 若全好外勝則偏私之心이 必過也니라 太陰之人이 雖好內守나 亦宜外勝이니 若全好內守則物欲之心이 必過也니라."라고 하여, 비인鄙人은 태양인·나인懦人은 소음인·박인薄人은 소양인·탐인貪人은 태음인의 소인임을 알 수 있다.

방종放縱은 마음을 놓아서 늘어지는 것으로 아무 거리낌 없이 제멋대로 하는 것이고, 투일偸逸은 훔쳐서 달아가는 것으로 자기의 주체성을 찾지 못하고 다른 사람에게 의존하여 게으른 것이고, 식사飾私는 사사로이 꾸미는 것으로 자기 관념대로 진리를 왜곡하여 꾸미는 것이고, 극욕極慾은 물질에 대한 욕심을 극한대로 부리는 것으로 대상세계에 마음을 빼앗겨 하늘의 뜻을 망각한 것이다.

『격치고』 제3권 「독행편」에서는 비박탐나인을 자세하게 논하면서, 사상인의 심욕心慾을 직접 동물에 비유하고 있다. '비인을 탐욕스러운 이리탐랑(貪狼)에, 나인을 요망한 여우요호(妖狐)에, 박인을 교활한 토끼교토

(狡兎)에, 탐인을 아둔한 돼지봉시(封豕)에 비유하고 있다. 鄙者之心, 可謂貪狼之心也, 薄者之心, 可謂狡兎之心也, 貪者之心, 可謂封豕之心也, 懦者之心 可謂妖狐之心也'

이는 사람의 형상만 가지고 있지 동물과 구별되지 않는 것임을 강조한 것이다. 사람과 동물의 구별은 계율을 통해 심욕心慾을 절제하고, 인격적인 사랑의 마음을 가지고 있는가? 그렇지 못한가? 에서 나누어지는 것이다.

또『격치고』에서는 "탐욕스러운 이리여! 너의 그 도적과 같은 마음을 버리고 너의 돈독한 마음으로 돌아가라. 도적과 같은 마음은 다른 사람을 해치지만 돈독한 마음은 자신을 이롭게 하느니라. 요망한 여우여! 너의 그 해치고자 하는 마음을 버리고 너의 삼가는 마음으로 돌아가라. 해치고자 하는 마음은 다른 사람을 해치지만 삼가는 마음은 자신을 이롭게 하느니라. 교활한 토끼여! 너의 그 배반하는 마음을 버리고 너의 독실한 마음으로 돌아가라. 배반하는 마음은 다른 사람을 해치지만 독실한 마음은 자신을 이롭게 하느니라. 아둔한 돼지여! 너의 그 멋대로 하는 마음을 버리고 너의 삼가는 마음으로 돌아가라. 멋대로 하는 마음은 다른 사람을 해치나 삼가는 마음은 자신을 이롭게 하느니라. 貪狼貪狼이여 去汝賊心하고 反汝敦心하라 賊心은 害人하나 敦心은 利己니라. 妖狐妖狐여 去汝殘心하고 反汝謹心하라 殘心은 害人하나 謹心은 利己니라. 狡兎狡兎여 去汝背心하고 反汝篤心하라 背心은 害人하나 篤心은 利己니라. 封豕封豕여 去汝横心하고 反汝愼心하라 横心은 害人하나 愼心은 利己니라."라고 하여, 태양인은 적심賊心과 돈심敦心·소음인은 잔심殘心과 근심謹心·소양인은 배심背心과 독심篤心·태음인은 횡심横心과 신심愼心으로 대응시켜 논하고 있다.

반면에 사상인의 인격적 모습은 「독행편獨行篇」 첫 머리에서 딱 한번만 언급하고 있다. 「독행편」에서는 인격적 사상인을 예자禮者·인자仁者·의자義者·지자智者로 논하고 있다.

예자禮者인 태양인은 현달하고 영명하면서도 진실한 마음을 가지고 있으며, 인자仁者인 태음인은 즐거움 속에서 편안함을 가져 너그럽게 포용하며, 의자義者인 소음인은 정돈된 몸가짐으로 주변사람 관계을 가지런하게 하며, 지자智者인 소양인은 막힘이 없이 통달하여 도량이 넓고 활달함이 있다고 하였다.

예자禮者로 대표되는 태양인은 배움을 좋아하고 명석한 꾀와 그 꾀를 도모하는 충실함이 있어서 보고 듣는 것을 삼가며, 세상에 뛰어난 행검行檢, 지략이 있기 때문에 사람의 유능함을 살펴 중후한 형세를 통솔하고 유지하는 것을 잘한다. 또 대인大人의 방략方略, 책략이 있기 때문에 성공을 이루는 장점이 있고 분쟁과 어려움을 해결하는 능력이 있다.

다음 인자仁者로 대표되는 태음인은 사람을 아끼고 대중들을 포용하는 굳센 기개와 도량이 있으며, 또 세상에 뛰어난 주책籌策이 있기 때문에 대중을 포용하고 그들의 경륜을 통솔할 수 있다. 대인의 위의威儀, 容衆가 있기 때문에 대중을 포용하는 아량과 신실한 믿음을 통해 사람들을 잘 불러들이고, 사람들을 규범에 맞게 통제하는 능력이 있다.

또 의자義者로 대표되는 소음인은 사람을 공경하고 입지立志가 되어 강한 실천력으로 세상에 뛰어난 경륜經綸, 재능이 있기 때문에 다른 사람의 행동을 격려할 수 있으며, 또 먼 사람을 회유하고 가까운 사람을 유능하게 한다. 대인大人의 식견識見, 奉身이 있기 때문에 자신의 몸을 잘 거느리고 사람을 편안하게 거두어들여서 사방을 안정시키는 능력이 있다.

마지막으로 지자智者로 대표되는 소양인은 스스로 닦음을 좋아하고 부드러운 권변權變이 있고, 사람의 재주를 살리는 세상에 뛰어난 도량度量이 있기 때문에 재주와 용기로 사람들의 마음을 공정하게 하고 백성을 편의로 부릴 수 있다. 대인大人의 재간材幹, 任使이 있기 때문에 은혜를 미루고 사람의 힘을 잘 얻고, 시속에 순응하여 풍속을 움직이는 능력이 있다.

◇◇◇◇◇

五臟之心은 中央之太極也오 五臟之肺脾肝腎은 四維之四象也니 中央之太極은 聖人之太極이 高出於衆人之太極也오 四維之四象은 聖人之四象이 旁通於衆人之四象也니라

오장의 마음은 중앙의 태극이고, 오장의 폐·비·간·신은 네 모퉁이의 사상이니 중앙의 태극은 성인의 태극이 중인의 태극보다 높게 나온 것이고, 네 모퉁이의 사상은 성인의 사상이 중인의 사상에 널리 통한 것이다.

五다섯 오는 二 + 十으로 하늘과 땅을 이어주는 사람이다.

央가운데 앙은 冂 + 大로 하늘 아래 가운데이다.

維오직 유는 糸 + 隹로 하늘의 작용은 오직 유일하다.

旁두루 방은 立 + 方으로 사방으로 두루 세우다.

역해 : 사상철학의 원리를 밝히는데 두 가지 측면에서 매우 중요한 문장이다. 첫째는 오장五臟에서 심心을 태극이라 하여 가운데 위치하고, 폐비간신肺脾肝腎을 네 모퉁이에 배치하는 사상철학의 오행론을 이해할 수 있고, 둘째는 폐비간신을 네 모퉁이에 배치한다는 사실에 주목하게 된다.

먼저 사상철학의 오행론五行論과 기존 중국철학과 『황제내경』에서 밝힌 오행론을 생각해 보면, 사상철학의 근본이 어디에 있는지 알 수 있다. 일반적으로 오행은 그림 1)과 같이 그리고 있다.

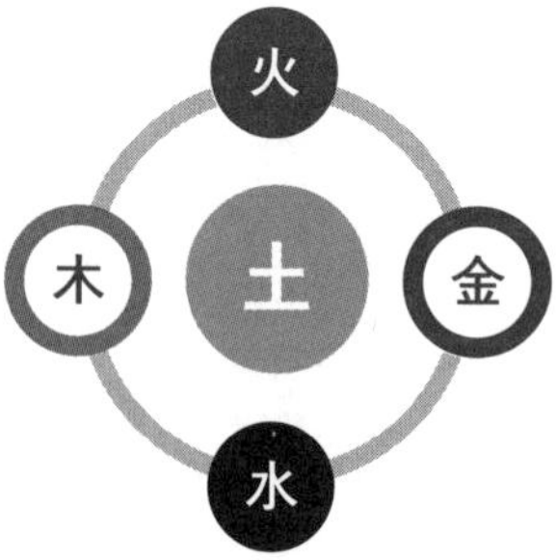

| 그림 1 |

『황제내경』과 송대 성리학을 집성한 주희朱熹, 1130~1200 그리고 사상철학과 관련이 있다고 하는 한석지韓錫地, 1709~1791는 그림 2)와 같이 토

土-비脾·목木-간肝·화火-심心·금金-폐肺·수水-신腎에 배치하고 있다.

| 그림 2 |

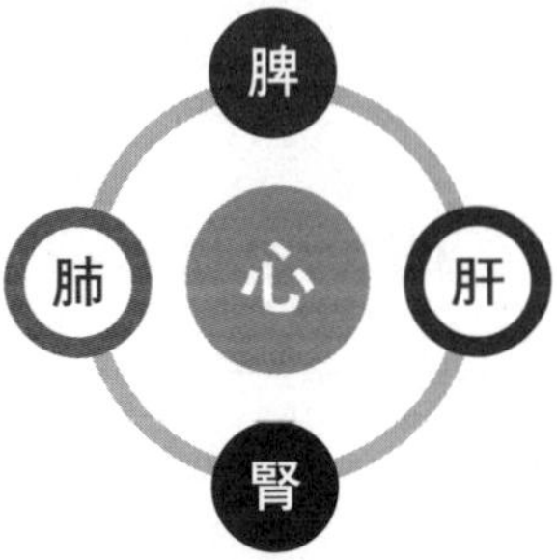

| 그림 3 |

그러나 위의 인용문을 통해 사상철학의 오행五行을 그리면 위의 그림 3)과 같이 되기 때문에 기존 한의학에 이론을 제공하는 『황제내경』과는 전혀 다른 입장이 됨을 알 수 있다.

『황제내경』에서는 비脾를 가운데 토土에, 심心을 화火에, 간肝을 목木에, 폐肺를 금金에 두고 있으나, 사상철학에서는 심心을 가운데 토土에, 비脾를 화火에, 폐를 목에, 간을 금에 두고 있는 것이다.

이것은 사람의 삶에서 비장脾臟이 중심이 되는가? 아니면 마음이 중심이 되는가? 하는 문제로, 현상적인 몸을 중심으로 보면 잘 먹고 잘 소화시키면 건강하다는 주장을 할 수 있기 때문에 비장이 중심 토가 되지만, 사람은 마음이 중심이고 마음의 작용에 근거하여 살아가면 심心이 중심이 되는 것이다.

동무는 『황제내경』에 대하여, "내가 말하기를 『황제내경』 「영추」·「소문」은 황제에게 거짓으로 의탁하여 괴이하고 미혹되어 말할 것이 없으나, 방술가와 호사자의 말이 이와 같을 수 있으니 반드시 깊이 꾸짖을 것은 아니다. 그러나 이 책은 옛 사람의 경험으로 오장육부·경락·침법·병증·수양의 변론이 지식을 계발한 바가 많이 있으며 실재로 이것이 의학가의 격물치지의 종주이고 묘맥이 나오는 것이니, 전적으로 텅비고 허망한 죄만 헤아리고 그 계발한 공을 폐하는 것은 옳지 않는 것이다. 대개 이 책은 역시 옛날 총명하고 슬기롭고 박물한 말과 방사가 수양하는 방법의 연원이니 그 이치를 고찰하지만, 그 말씀을 모두 믿는 것은 옳지 않다. 論曰靈樞素問에 假托黃帝하야 異怪幻惑하니 無足稱道나 方術好事者之言이 容或如是니 不必深責也니라 然이나 此書에 亦是古人之經驗而五臟六腑와 經絡鍼法과 病證修養之辨이 多有所啓發則實是醫家格致之宗主而苗脈之所自出也니 不可全數其虛誕之罪而廢其啓發之功也니라 蓋此書는 亦古之聰慧博物之言과 方士淵源修養之述也니 其理를 有可考而其說을 不可盡信이니라."라고 하여, 공과功過를 알아야 하며, 기본적으로 『황제내경』은 동북아 고대의 성인인 황제黃帝에게 가탁한 것이며, 방술가와 호사자의 말로 의가醫家들의 종주는 되지만, 도학자道學者의 종주는 되지 못함을 논하고 있다.

또한 오행론을 통해서 동무의 철학사상이 반주자학을 전개한 한석지에 연원을 두고 있다는 것이 사실이 아님을 금방 알 수 있다. 한석지는 주자학을 비판하지만 주희의 인체와 관련된 오행론과 『황제내경』에서 의학적으로 정리된 고대 오행론을 그대로 받아들이고 있는 것이다.

동무의 사상철학이 기존의 성리학적 학문적 내용을 넘어선 새로운 경지를 논한다고 하여, 운암의 반주자학적 학문방법론과 단순하게 연결시키는 것은 잘못된 것이다. 사상철학이 반주자학이라고 할 수 있는 부분이 없으며, 오히려 성리학의 학문을 통해 자신의 사상철학을 완성하였기 때문이다.

한석지의 저술인 『명선록』에서는 '온고찬도溫故贊圖'에서부터 '오행류추지도五行類聚之圖', '오행분류지도五行分類之圖, '오행상종지도五行相從之圖'를 그리고, 오행五行·오방五方·오상五常·오륜五倫·오장五臟·오상五象·오실五實·오부五腑·오감五感·오태五態·오사五事·오선五宣·오온五蘊·오후五侯·오휴五休·오구五咎·오기五氣·오복五福·오미五味·오음五音·오색五色·오충五蟲 등 오행을 근거로 하는 자신의 학문을 논하고 있다. 이는 한대 이후의 상수역학에서 주장하는 오행상생상극설五行相生相剋說에 바탕한 것으로 이것은 동무의 철학사상과는 정면으로 배치되고 있기 때문에 사상철학과 한석지의 연결은 학문적으로 불가능한 것이다.

물론 심心을 태극으로 본 것은 전통적인 성리학의 입장으로 소강절邵康節을 비롯하여 주희朱熹도 인간의 마음을 태극으로 규정하고 있다.

다음으로 '폐비간신肺脾肝腎을 네 모퉁이四維에 배치한다'는 것은 『주역』의 학문적 체계를 통해서만 이해될 수 있다. 사상철학의 학문적 연원인 유학에서 네 모퉁이四維라 이름 할 수 있는 그림은 『주역』의 팔괘八卦로 구성된 복희팔괘도伏義八卦圖와 문왕팔괘도文王八卦圖가 있고, 또 수의 이치數理를 통해 역도易道를 표상하는 하도河圖와 낙서洛書 가운데 낙서 밖에 없기 때문이다.

그런데 동무는 하도·낙서에 대해서는 한마디도 언급하지 않았고, 『격치고』「반성잠」에서 복희팔괘도는 자신의 생각과 다름이 있다. 形理

之取象 只是臆見而其象有八, 非眞謂伏羲易象如此也.고 하였으니, 문왕팔괘도로 귀결되는 것이다. 동무는 문왕팔괘도를 통해 사상의학의 철학적 원리를 직접 설명하고 있다.

앞의 「성명론」 역해에서 설명한 것과 같이 『동무유고』 제3권 「성명론」에서 천기天機 유사有四를 직접 문왕팔괘도의 방위와 괘에 배치하여 설명하고 있으며, 『격치고』 「유략」에서는 문왕팔괘도에 인간 본성의 이치가 혼연하다고 하였다.

또 「장부론臟腑論」에서도 "마음은 한 몸의 주재가 되고, 폐비간신肺脾肝腎은 모퉁이에 지고 마음을 등으로 하여心爲一身之主宰, 負隅背心"라고 하여, 오장의 마음은 한 몸을 주재하는 중심이고, 폐비간신은 네 모퉁이에서 마음을 받들고 있다고 하였다.

따라서 『동무유고』 「동무자주」에서는 문왕팔괘도의 팔괘八卦를 통해 「성명론」을 주석하고, 「유략」에서도 직접 언급하고 있기 때문에 사상의학의 철학적 원리를 담고 있는 『동의수세보원』을 문왕팔괘도에 근거하여 이해할 수 있는 것이다.

이와 관련된 논문은 임병학의 「『주역』의 문왕팔괘도에 근거한 『동의수세보원』 「성명론」의 고찰」 『퇴계학과 유교문화』 제55호, 경북대학교 퇴계학연구소, 2014, 「주자의 『역학계몽易學啓蒙』에 근거한 동무의 역학적易學的 사유의 특성-『격치고』를 중심으로」 『한국문화』 제66집, 서울대학교 규장각 한국학연구원, 2014., 「문왕팔괘도에 근거한 애노희락과 사상인 장국의 대소 형성에 관한 고찰 -『동의수세보원』 「사단론」을 중심으로-」 『동서철학연구』 제72호, 한국동서철학회, 2014., 「문왕팔괘도에 근거한 『동의수세보원』 「확충론」의 애노희락과 천인성명 고찰」『민족문화』 제44집, 한국고전번역원, 2014., 「문왕팔괘도에 근거한 「장부론」의 기 흐름과 사상인의 청기淸氣·탁재濁滓에 관한 고찰 – 『동의수세보원』 「장부론」을 중심으로」『정신문화연구』 제38권 제1호(통권 138호), 한국학중앙연구원, 2015., 「사상철학의 마음연구(2) 문왕팔괘도에 근거한 사상인의 마음작용 고찰」『대동문화연구』 제90집, 성균관대학교 대동문화연구원, 2015. 등이 있다.

『주역』의 문왕팔괘도는 다음과 같다.

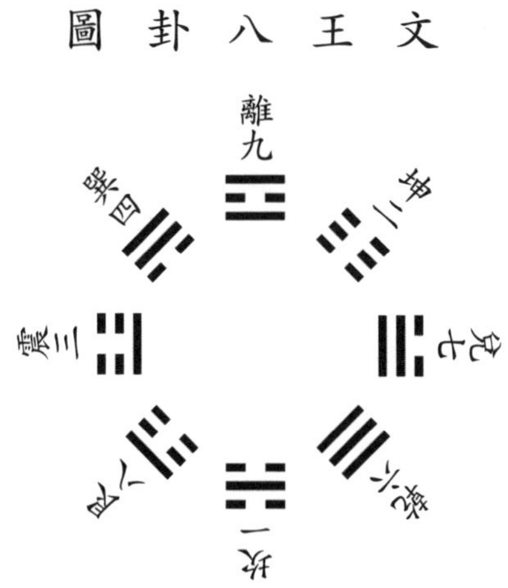

문왕팔괘도를 통해 「성명론」의 천인성명天人性命을 그림으로 그리면 아래와 같다.

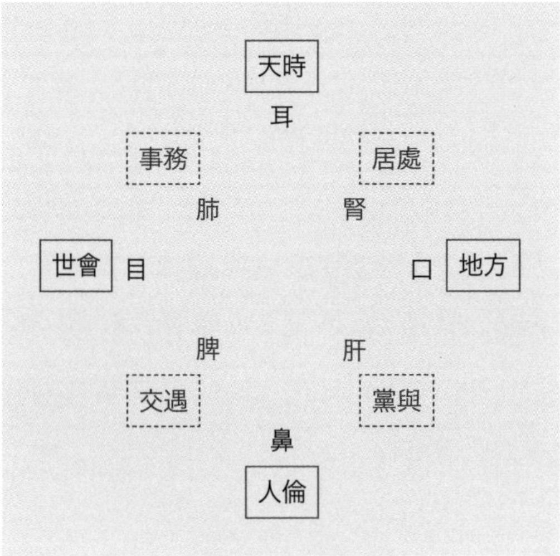

| 문왕팔괘도와 天機·人事 |

천기유사天機有四인 천시·세회·인륜·지방은 「동무자주」에 근거하여 정방正方에 배치되며, 인사유사人事有四인 사무·교우·당여·거처는 폐비간신이 달합입정하기 때문에 「사단론」에 근거하여 네 모퉁이에 배치되는 것이다.

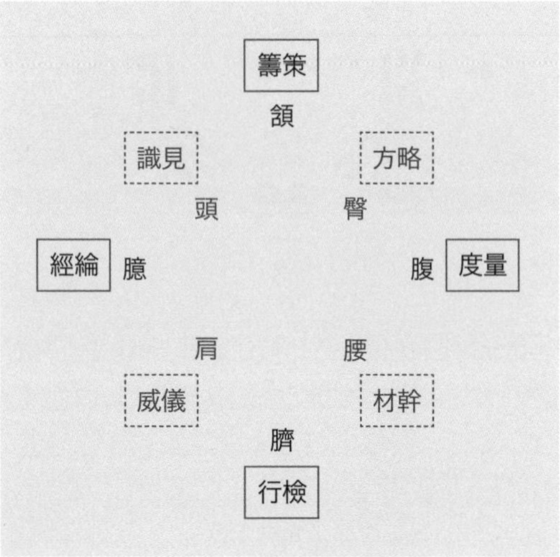

| 문왕팔괘도와 性·命 |

앞의 「성명론」 풀이에서 설명한 바와 같이, 천인성명天人性命의 관계에서 천天과 성性, 인人과 명命이 체용관계이기 때문에 성性인 주책·경륜·행검·도량은 정방에 배치되고, 명命인 식견·위의·재간·방략은 네 모퉁이에 배치되는 것이다.

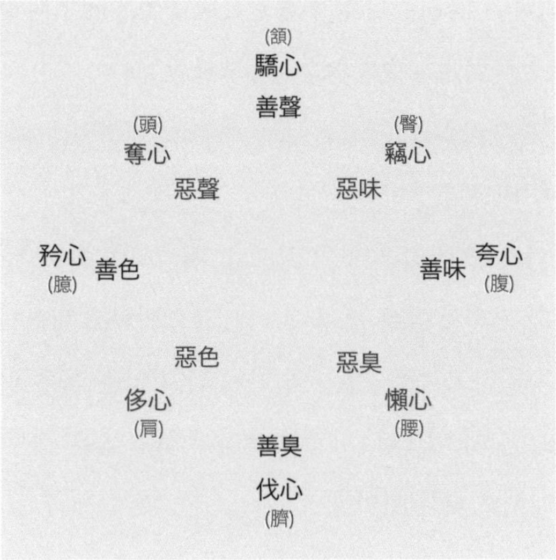

| 문왕팔괘도와 四象心 |

「성명론」에서 논한 이목비구의 호선지심好善之心·폐비간신의 오악지심惡惡之心·함억제복의 사심邪心, 교심·긍심·벌심·과심·두견요둔의 태심怠心, 탈심·치심·나심·절심을 문왕팔괘도에 배치하면 위와 같다. 천인성명의 관계에 따라 호선지심과 사심은 정방에, 오악지심과 태심은 모퉁이에 배치되며, 호선지심과 오악지심이 근원적인 마음이기에 안에 들어 있는 것이다.

◇◇◇◇◇

太少陰陽之臟局短長은 四不同中에 有一大同하니 天理之變化也라

聖人與衆人이 一同也오 鄙薄貪懦之心地淸濁은 四不同中에 有萬不同하니 人欲之闊狹也라 聖人與衆人이 萬殊也니라

태음·소음·태양·소양의 장국이 짧고 긴 것은 네 가지 같지 않은 가운데에 한 가지 크게 같은 것이 있으니, 천리의 변화인 것이다. 성인과 중인이 한 가지로 같은 것이고, 더럽고 천박하고 탐욕하고 게으른 마음의 바탕이 맑고 탁한 것은 네 가지 같지 않은 가운데에 만 가지로 같지 않은 것이 있으니, 사람의 욕심이 넓고 좁은 것이다. 성인과 중인이 만 가지로 다른 것이다.

局판 국은 尸 + 勹 + 口로 현상을 감싸고 있는 세계이다.

理이치 리는 玉 + 里로 구슬을 다스리다.

短짧을 단은 矢 + 豆로 진리가 짧게 펼쳐지다.

長긴 장은 彐 + 衣아래 부분으로 하늘의 뜻이 길게 드러나다.

變변할 변은 糸 + 言 + 糸 + 攵으로 작게 드러나는 하늘의 작용을 다스리다.

化될 화는 亻 + 匕로 사람이 바로 서고 거꾸로 되다.

역해 : 태음太陰·소음少陰·태양太陽·소양少陽의 장국이 짧고 긴 것은 사상인이 서로 다르지만 모두 천리의 변화로 하늘로부터 주어진 것이다. 사상인에 대한 장리臟理는 하늘의 이치가 있어서 그것을 품부 받아서 태소음양인이 형성된 것이다. 이것은 성인과 일반 사람들이 한

가지로 같다는 것이다.

또 비박탐나鄙薄貪懦의 맑고 탁함은 만 가지로 다른 것으로 사람의 욕심이 넓고 좁은 것에 따라 다르기 때문에 성인과 일반 사람이 만 가지로 다른 것이다. 성인은 무욕無慾으로 세상에 진리를 행한 사람이고, 일반 사람의 욕심은 성인에 미치지 못하고 또 사람마다 모두 다른 것이다. 성인이나 일반 사람이 똑같은 사상인의 장리臟理를 품부받고 태어났지만, 욕심의 청탁에 따라 만 가지로 달라지는 것은 사상인의 장국臟局이라 하겠다.

「사단론」의 장리臟理와 장국臟局에 대한 이해는 사상의학의 근본되는 '사상인 변별'에 매우 중요한 의미를 가지고 있다. 제2권 「의원론」에서는 "내의 의약경험은 5천년 뒤에 나와서 앞 사람들이 저술한 것으로 인하여 우연히 사상인의 장부 성리를 얻어서 책 한 권을 지으니 이름하여 『동의수세보원』이라 말한다. 余가 生於醫藥經驗이 五千載後하야 因前人之述하야 偶得四象人臟腑性理하야 著得一書하니 名曰壽世保元이라."라고 하여, 사상인의 장부 성리 즉 장리臟理를 얻음을 밝히고 있다.

또 제4권 「사상인변증론」에서는 "『황제내경』「영추」의 책에서는 태음·태양·소양·소음·음양화평지인의 오행인론이 있어서 대략 외형을 얻었고 장리臟理를 얻지 못하였으니, 대개 태음·태양·소양·소음은 일찍이 옛날부터 보았지만 정밀하게 연구하는 것을 다하지 못한 것이다. 靈樞書中에 有太少陰陽五行人論而略得外形하고 未得臟理하니 蓋太少陰陽人이 早有古昔之見而未盡精究也라."라고 하여, 『황제내경』의 오행인론은 현상적인 몸의 외형을 중심으로 구분한 것이라면, 사상철학의 장리는 깊은 마음에 대한 연구를 통해 얻은 것임을 알 수 있다.

따라서 사상철학에서 장부의 이치臟理와 장부의 형국臟局을 구분해서 이해해야 한다. 사상철학에서 장리臟理와 장국臟局은 사상인의 변별에서 매우 중요함에도 불구하고, 그 동안 구별해서 이해하지 못하였다. 사상인을 변별할 때 그 사람의 장리와 장국이 일치할 수도 있고, 장리와 장국이 다를 수도 있다는 것이다.

장리와 장국이 다른 경우는 두 가지로 설명할 수 있는데, 하나는 장리와 장국이 완전히 다른 경우가 있고, 다른 하나는 품부 받은 장리는 분명하지만 마음의 욕심이나 성장 환경 등에 따라 가면페르소나을 쓰게 되는 것이다. 예를 들면 태음인의 장리를 가지고 태어났지만 태양인화 되어 장국에서는 태음인·태양인을 함께 가지고 있거나, 혹은 소음인의 장리를 가지고 태어났지만 태음인화 되어 장국에서는 소음인·태음인을 함께 가지고 있는 것이다. 물론 소음인이 완전히 태음인화 되는 경우도 장리와 장국이 다르게 되는 것이다.

기존의 연구자들은 이것을 알지 못하고, 장국의 입장에서만 사상인을 보았기에 한 사람을 두고도 보는 사람마다 다르게 판단하고 있는 것이다. 결국 장국을 통해 장리를 읽어야 하는데, 장국을 통해 장국을 보기 때문에 자기가 인식하고 있는 범위에서 변별하게 되는 것이다. 위의 원문에서도 밝혔듯이 장리臟理는 하늘이 품부해 준 것으로 네 가지이지만, 장국臟局는 사람들의 심욕心慾에 따라 만 가지로 드러나기 때문에 장국을 통해서 사상인을 변별하는 것은 많은 한계를 가지고 있다.

따라서 사상인을 변별하기 위해서는 장리와 장국을 분리해서 볼 수 있어야 하고, 그 사람의 장리를 보는 안목이 열려야 가능하다는 것이다. 사람들의 장리를 보는 안목을 얻기 위해서는 첫째로 사상철학의 원전인 『격치고』와 『동의수세보원』을 통해 동무가 논한 사상인의 마음에 대한 통찰적 지혜를 얻어야 하고, 둘째로 자신의 마음을 헤아리고, 다른 사람의 마음 작용을 읽을 수 있는 마음 닦음이 필요하다고 하겠다.

사상인의 장리와 장국은 『주역』의 학문체계와 일치하고 있다. 네 가지로 논의되는 장리는 천도天道의 작용인 사상四象에 근거한 것으로 사람에게 있어서는 마음의 작용이라 하겠고, 다섯 가지로 논의되는 장국臟局은 현상적 세계의 이치인 오행五行과 결부되어 사람에게 있어서는 현상으로 드러나는 해동이나 외형의 모습으로 이해된다.

사상철학을 깊이 이해하기 위해서는 『주역』에서 밝힌 음양陰陽·사상四象·오행五行에 대한 철학적 공부가 선행되어야 하는데, 임병학의 논문 「『주역』의 하도낙서론과 계사상 제9장의 고찰」『동서철학연구』 제78집, 한국동서철학회, 2017.을 참고 바란다.

한편 위의 문장에서 '천리天理'는 송대 성리학에 수행론으로 논한 '존천리存天理 알인욕遏人慾'의 핵심적 개념이기 때문에 성리학을 계승·초월한 것이지, 반주자학이 아님을 알 수 있다. 『격치고』에서는 "측은의 양 끝이 없는 것은 천리와 인욕의 뜻이 아니다.無惻隱之兩端者, 非天理人欲之志也."라고 하여, 천리와 인욕 등 성리학의 용어를 사용하고 있다.

◇◇◇◇◇

太少陰陽之短長變化는 一同之中에 有四偏하니 聖人이 所以希天也오 鄙薄貪懦之淸濁闊狹은 萬殊之中에 有一同하니 衆人이 所以希聖也니라

태음·소음·태양·소양의 짧고 긴 변화는 한 가지로 같은 가운데에 네 가지로 치우친 것이 있으니, 성인이 하늘을 희구하는 까닭이고, 더럽고 천박하고 탐욕하고 게으름이 맑고 탁하고 넓고 좁은 것은 만 가지로 다른 가운데에 한 가지 같은 것이 있으니 중인이 성인을 희구하는 까닭이다.

偏치우칠 편은 亻+扁(戶 + 冊)으로 사람이 자기 집에서만 묶으니 치우치다.
希드물 희는 爻 + 巾으로 진리를 드리우는 것은 드물다.
闊트일 활은 門 + 活(氵 + 舌)로 진리의 문에서 살아가니 확 트이다.
狹좁을 협은 犭 + 夾으로 사람이 짐승의 삶을 사니 좁은 마음이다.

역해 : 성인聖人은 보통 사람과 똑같이 사상인四象人으로 살아가기 때문에 대소大小의 장리를 가지고 있지만, 하늘이 준 장리臟理를 자각하여 세상에 밝히는 존재이기 때문에 대소大小의 치우침에 머물지 않는 것이다. 또 성인은 무욕無慾으로 비박탐나鄙薄貪懦의 욕심을 극복하고 인류에 사랑을 실천하기 때문에 일반 사람들이 성인을 희구하는 것이다.

반면에 일반 사람들은 성인과 똑같은 장리를 품부 받았지만, 욕심에 따라 천차만별로 갈라져 살아가는 것이다.

◇◇◇◇◇

聖人之臟도 四端也오 衆人之臟도 亦四端也니 以聖人一四端之臟으로 處於衆人萬四端之中하니 聖人者는 衆人之所樂也오 聖人之心은 無慾也오 衆人之心은 有慾也니 以聖人一無慾之心으로 處於衆人萬有慾之中하니 衆人者는 聖人之所憂也니라

성인의 장도 사단이고 중인의 장도 또한 사단이니, 성인은 한 가지 사단의 장으로 중인의 만 가지 사단의 가운데에 처하여 있으니, 성인은 중인의 즐거운 것이고, 성인의 마음에는 욕심이 없고 중인의 마음에는 욕심이 있으니, 성인은 하나의 욕심이 없는 마음으로 중인들의 만 가지 욕심이 있는 가운데에 처하여 있으니, 중인은 성인의 근심하는 바이다.

端바를 단은 立 + 山 + 而로 산 아래에 하늘을 세우니 바른 것이다.
處곳 처는 虍 + 夂 + 几로 뒤쳐서 편안하게 기대어 있는 곳이다.
萬일만 만은 艹 + 禺(日 + 禸)로 하늘이 드러나는 모든 것이다.

역해 : 성인이나 일반 사람이나 모두 장리臟理 대소大小의 이치에 따

라 사상인에 속하는 것이다. 요순堯舜과 공자·맹자孟子도 모두 우리와 같은 장리의 대소를 가진 사람이지만 중도中道를 깨우쳐 인류에게 진리를 밝힌 존재이기 때문에 일반 사람들의 즐거운 존재인 것이다. 또 성인은 욕심이 없고, 일반 사람은 욕망으로 살아가기 때문에 일반 사람들은 성인의 근심이 되는 것이다.

여기서 사단四端은 네 가지로 품부된 장리臟理임을 아래의 문장을 통해서 알 수 있다. 일반적으로 『맹자』의 사단지심의 개념으로 사단을 이해하고 있지만, 동무는 하늘이 인간에게 품부해준 장부의 이치가 네 가지로 다른 것을 사단이라고 한 것이다. 사상철학에서 사용하는 용어는 기존의 선진유학에서 사용하는 것을 그대로 가져오지만, 새로운 의미를 부여하고 있음을 이해해야 한다. 대표적으로 '인의예지仁義禮智'도 인간 본성인 사덕四德에 머무르지 않고, 호연지기가 나오는 사장四臟의 기로 논하고, 또 『격치고』에서는 '인자仁者·의자義者·예자禮者·지자智者'로 새롭게 해석하고 있다.

◇◇◇◇◇

然則天下衆人之臟理ㅣ 亦皆聖人之臟理而才能이 亦皆聖人之才能也라 以肺脾肝腎 聖人之才能而自言曰我無才能云者ㅣ 豈才能之罪哉리오 心之罪也니라

그런즉 천하의 모든 사람의 장리 또한 성인의 장리와 같고 재능 또

한 모두 성인의 재능과 같은 것이다. 폐·비·간·신으로써 성인의 재능을 가지고서도 스스로 말하길 '나는 재능이 없다'라고 하는 것은 어찌 재능의 죄이겠는가? 그것은 마음의 죄이다.

然그러할 연은 月 + 犬 + 灬로 陰陽과 太極, 四象이 그러하다.

則곧 즉은 貝 + 刂로 四와 八의 작용을 결단하니 법칙이 된다.

亦또 역은 亠 + 小 + 丿로 하늘의 펼쳐짐을 또 다스리다.

罪허물 죄는 罒 + 非로 四德이 아닌 것이다.

역해 : 『맹자』에서는 불능자不能者와 불위자不爲者를 이야기하여, 우리가 자신의 양심을 버리고 욕심에 따라 행동하는 것은 하지 않는 것이지 하지 못하는 것이 아님을 역설하고 있다.

동무도 성인의 장리臟理와 보통 사람의 장리는 같은 것이고, 또 그 재능이 같은 것으로 '나는 재능이 없다.' '나는 할 수 없다'라고 하는 것은 마음을 그렇게 쓰는 것이지, 재능의 죄가 아님을 강조하고 있다. 인간은 누구나 하늘로부터 품부 받은 양심을 가지고 살아간다는 유학의 가르침에 근본을 두고 있다. 폐비간신의 대소에 대한 장리가 있는 것은 성인이나 보통 사람이 같기 때문에 성인과 보통 사람은 마음의 작용에 의해 이루어지게 되는 것이다.

여기까지가 「사단론」의 서론으로 사상인 장리臟理의 대소에 대하여 선언적으로 정의하고 있다.

◇◇◇◇◇

浩然之氣는 出於肺脾肝腎也오 浩然之理는 出於心也니 仁義禮智四臟之氣를 擴而充之則浩然之氣ㅣ 出於此也오 鄙薄貪懦一心之慾을 明而辨之則浩然之理ㅣ 出於此也니라

호연지기는 폐비간신에서 나오고 호연지리는 마음에서 나오는 것이다. 인의예지 사장의 기운을 넓히고 채우면 호연지기가 여기에서 나오는 것이고, 비박탐나 한 마음의 욕망을 밝게 분별하면 호연지리가 여기에서 나오는 것이다.

浩클 호는 氵 + 告(牛 + 口)로 하늘의 뜻을 고하다.

出날 출은 屮 + 凵으로 하늘을 향해 싹이 나오다.

擴넓힐 확은 扌 + 廣으로 손으로 헤아려서 넓히다.

充찰 충은 亠 + 允으로 하늘의 펼쳐짐이 진실하게 차다.

역해 : 호연지기浩然之氣가 폐비간신에서 나온다는 것은 사상철학에서 유일하게 볼 수 있는 독창적인 주장이다. 이는 사상의학이 인체의 장국身과 마음心을 일체적 입장에서 보고 있기 때문에 가능한 것이다.

인의예지 사장지기가 확충된 호연지기와 인의예지가 드러난 사단지심이 모두 폐비간신에서 나온다고 하였으니, 이것은 마음에 근본을 둔 기氣임을 알 수 있다. 물론 호연지기의 연원인 『맹자』에서도 인

간 본성인 의義와 짝하는 마음의 기임을 밝히고 있다.

또 호연지리浩然之理는 마음心, 太極과 비박탐나 일심一心의 욕망을 밝게 분별하는데서 나온다고 하여, 폐비간신과 연계된 호연지기와는 구분되는 개념으로 사용하고 있다. 호연지리는 사상철학에서만 사용하는 것이다.

동무는 성리학의 이기理氣 문제를 사람의 몸과 마음으로 논하고 있다. 호연지기는 몸의 측면에서 호연지리는 마음의 측면에서 논하여 마음에 근본을 두고, 이기理氣를 통해 몸과 마음을 하나로 융합하고 있는 것이다.

『격치고』에서도 "측은지심은 폐에서 나오며, 사양지심은 비에서 나오고, 수오지심은 간에서 나오며, 시비지심은 신에서 나오니, 그러므로 무릇 사람은 폐비간신이 있어서 수양하지 않으면 그치고, 만약 수양하면 모두 아름다운 덕인 것이다. 惻隱之心 出於肺, 辭讓之心 出於脾, 羞惡之心 出於肝, 是非之心 出於腎, 是故 凡人之有肺脾肝腎者 不修則已 若修之則 皆懿德也."라고 하여, 사단지심이 폐비간신에서 나온다고 하였다.

호연지기의 경전적 근거는 『맹자』에 있다. "감히 묻고자 합니다. 선생님은 어떠한 장점이 있으십니까? 나는 말씀을 알고 나는 나의 호연지기를 잘 기른다. 그 기는 지극히 크고 강하니 바르게 길러서 해치지 않으면 천지의 사이에 가득하는 것이다. 그 기는 의義와 도道에 짝하는 것이니 이것이 없으면 굶주리는 것이다. 敢問夫子는 惡乎長이시니잇고 曰我는 知言하며 我善養吾의 浩然之氣하노라 其爲氣也 至大至剛하니 以直養而無害 則塞于天地之間이니라 其爲氣也 配義與道하니 無是면 餒也니라."

◇◇◇◇◇

聖人之心無慾云者는 非淸淨寂滅如老佛之無慾也라 聖人之心이 深憂天下之不治故로 非但無慾也라 亦未暇及於一己之慾也니 深憂天下之不治而未暇及於一己之慾者ㅣ 必學不厭而敎不倦也니 學不厭而敎不倦者ㅣ 卽聖人之無慾也라 毫有一己之慾則非堯舜之心也오 暫無天下之憂則非孔孟之心也니라

성인의 마음에 욕심이 없다는 것은 청정적멸한 노자나 부처와 같은 욕심 없는 것이 아니다. 성인의 마음은 천하가 다스려지지 않는 것을 깊이 근심하는 것으로 단지 욕심이 없는 게 아니라, 자기 한 몸에 욕심이 미칠 틈이 없는 것이다. 천하가 다스려지지 못하는 것을 깊이 근심하여 자기 한 몸에 욕심이 미칠 틈이 없는 사람은 반드시 배우기를 싫어하지 않고 가르치기를 게을리 하지 않는 것이다. 배우기를 싫어하지 않고 가르치기를 게을리 하지 않는 것은 곧 성인의 욕심이 없다는 것이다. 터럭만큼이라도 자기 몸의 욕심이 있으면, 요순의 마음이 아니고, 잠시라도 천하를 근심하는 마음이 없다면 공자·맹자의 마음이 아닌 것이다.

淨깨끗할 정은 氵 + 爫 + ヨ + 亅으로 물로 깨끗이 하다.

寂고요할 적은 宀 + 叔(上 + 小 + 又)으로 집에서 위의 작은 것을 잡다.

滅멸할 멸은 氵+威없앨 혈, 불꺼질 멸로 하늘의 심판은 물과 불로 이루어지다.

深깊을 심은 氵 + 冖 + 儿 + 木으로 물로 神道에 깊이 들어가다.

역해 : 동무의 학문 연원이 요순堯舜과 공맹孔孟으로 대표되는 유학에 있음을 밝힌 것이다. 성인의 마음은 욕심이 없을 뿐만 아니라 세상이 다스려지지 못하는 것을 깊이 근심하기 때문에 자기 개인의 욕심을 생각할 겨를도 없는 것이다. 세상에서 왜곡되어 논의되고 있는 노자나 불교의 학문적 입장과는 다름을 이야기하고 있다.

또 '배우기를 싫어하지 않고 가르치기를 게을리 하지 않는學不厭而教不倦'은 맹자가 공자의 뜻을 칭송하면서 말한 것으로 성인의 학문 방법에 대하여 밝힌 것이다. 성인의 가르침을 배우는데 싫어하지 않고, 성인의 가르침을 펼치는데 게으르지 않기 때문에 자신의 욕심을 생각할 겨를이 없었던 공자의 삶을 한마디로 정의한 것이다.

이 말씀의 직접적 근거는 『맹자』의 "공자께서 말씀하시기를 성인은 내가 능하지 않거니와 나는 배움을 싫어하지 않고 가르침을 게을리 하지 않는 것이다. 자공이 말하기를 배움을 싫어하지 않는 것은 지성智性이고, 가르침을 게을리 하지 않는 것은 인성仁性이시니, 인仁하고 또 지智하시니 선생님께서는 이미 성인이시구나 하니孔子ㅣ 曰聖則吾不能이어니와 我는 學不厭而教不倦也로다 子貢이 曰學不厭은 智也오 教不倦은 仁也니 仁且智하시니 夫子는 既聖矣신져하니"에 있다.

◇◇◇◇◇

太陽人은 哀性이 遠散而怒情이 促急하니 哀性이 遠散則氣注肺而肺益盛이오 怒情이 促急則氣激肝而肝益削하나니 太陽之臟局이 所以成形於肺大肝小也오

少陽人은 怒性이 宏抱而哀情이 促急하니 怒性이 宏抱則氣注脾而脾益盛이오 哀情이 促急則氣激腎而腎益削하나니 少陽之臟局이 所以成形於脾大腎小也오

太陰人은 喜性이 廣張而樂情이 促急하니 喜性이 廣張則氣注肝而肝益盛이오 樂情이 促急則氣激肺而肺益削하나니 太陰之臟局이 所以成形於肝大肺小也오

少陰人은 樂性이 深確而喜情이 促急하니 樂性이 深確則氣注腎而腎益盛이오 喜情이 促急則氣激脾而脾益削하나니 少陰之臟局이 所以成形於腎大脾小也니라

태양인은 애성이 멀리 흩어지고 노정이 몹시 급하니, 애성이 멀리 흩어지면 기운이 폐에 흘러들어 폐가 더욱 성해지고, 노정이 몹시 급하면 기운이 간에 부딪쳐 흘러서 간이 더욱 깎이니, 태양인의 장국이 폐가 크고 간이 작게 형성된 까닭이다.

소양인은 노성이 크게 감싸고 애정이 몹시 급하니, 노성이 크게 감싸면 기운이 비에 흘러들어 비가 더욱 성해지고, 애정이 몹시 급하면 기운이 신에 부딪쳐 흘러서 신이 더욱 깎이니, 소양인의 장국이 비가

크고 신이 작게 형성된 까닭이다.

태음인은 희성이 널리 베풀고 낙정이 몹시 급하니, 희성이 널리 베풀면 기운이 간에 흘러들어 간이 더욱 성해지고, 낙정이 몹시 급하면 기운이 폐에 부딪쳐 흘러서 폐가 더욱 깎이니, 태음인의 장국이 간이 크고 폐가 작게 형성된 까닭이다.

소음인은 낙성이 깊이 확고하고 희정이 몹시 급하니, 낙정이 깊이 확고하면 기운이 신에 흘러들어 신이 더욱 성해지고, 희정이 몹시 급하니 기운이 비에 부딪쳐 흘러서 비가 더욱 깍이니, 소음인의 장국이 신이 크고 비가 작게 형성된 까닭이다.

散흩어질 산은 艹 + 一 + 月 + 攵으로 21가지로 흩어지다.

注물댈 주는 氵 + 主로 물이 주인이 되다.

激물부딪칠 격은 氵 + 白 + 方 + 攵으로 물이 사방으로 부딪치다.

抱안을 포은 扌 + 包로 손으로 감싸 안다.

確굳을 확은 石 + 冖 + 隹로 돌과 같이 굳다.

역해 : 이 문장은 사상철학과 사상의학의 창의성을 이해할 수 있는 가장 핵심적 내용이다.

「사단론」 첫 문장에서 '태양인은 폐대간소肺大肝小, 태음인은 간대폐소肝大肺小, 소양인은 비대신소脾大腎小, 소음인은 신대비소腎大脾小'로 규정한 장리臟理를 근거로 사상인 장국臟局이 형성된 이유를 논하고 있다. 즉, 사상인의 폐비간신肺脾肝腎 장국의 대소大小가 형성된 까닭이 애노희락哀怒喜樂의 성기性氣와 정기情氣의 작용에 있음을 밝힌 것이다.

태양인은 애성노정哀性怒情에 의해 폐대간소肺大肝小, 소양인은 노성애정怒性哀情에 의해 비대신소脾大腎小, 태음인은 희성락정喜性樂情에 의해 간대폐소肝大肺小, 소음인은 낙성희정樂性喜情에 의해 신대비소腎大脾小의 장국이 형성된다고 하였다.

사상인의 애노희락 성기性氣는 천기유사와 연계되기 때문에 태양인의 애성기哀性氣가 멀리 흩어지는 작용은 천시가 극탕極蕩하는 것에, 소양인의 노성기怒性氣가 크게 감싸는 작용은 세회가 극대極大하는 것에, 태음인의 희성기喜性氣가 널리 베푸는 작용은 인륜이 극광極廣하는 것에, 소음인의 낙성기樂性氣가 깊이 확고한 작용은 지방이 극막極邈하는 것에 근거한 것이다. 또 사상인의 정기情氣는 모두 몹시 급한 작용으로 인사유사와 연계된다.

사상철학에서 사상인 장국의 대소 형성에 대한 이치를 밝히기 위해서는 「확충론擴充論」과 「장부론」 그리고 「성명론」의 내용을 종합적으로 고찰해야 한다. 자세한 내용은 임병학의 「문왕팔괘도에 근거한 애노희락의 기흐름과 사상인의 장국 대소 형성에 관한 고찰」『동서철학연구』 제72호, 한국동서철학회, 2014을 참고하기 바란다.

사상인의 애노희락 성기性氣와 정기情氣를 문왕팔괘도에 배치하면 아래의 그림과 같다.

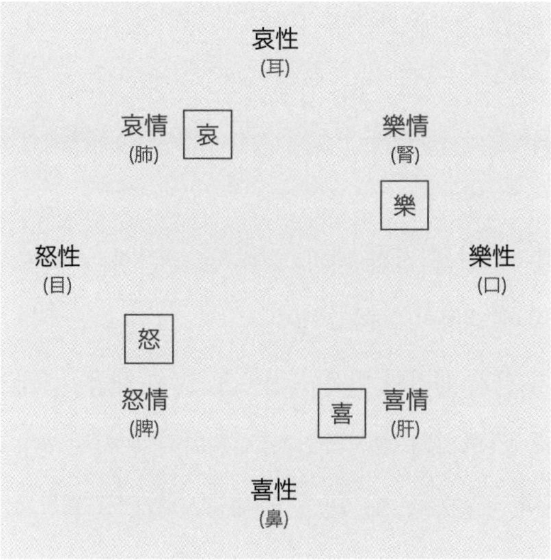

| 문왕팔괘도와 哀怒喜樂 性氣·情氣 |

◇◇◇◇◇

肺氣는 直而伸이오 脾氣는 栗而包오 肝氣는 寬而緩이오 腎氣는 溫而畜이니라

폐의 기운은 곧고 펴지며, 비의 기운은 엄숙하고 감싸며, 간의 기운은 너그럽고 느슨하며, 신의 기운은 온화하고 쌓인다.

直곧을 직은 十 + 目 + 一로 十에서 一까지 곧은 것이다.

伸펼 신은 亻 + 申으로 사람이 펼치다.

栗엄숙할 율은 襾 + 木로 神道를 덮는 엄숙함이다.

寬너그러울 관은 宀 + 卄 + 見으로 집에서 二十을 보는 너그러움이다.

緩느슨할 완은 糸 + 爫 + 一 + 友로 하늘과 친구가 되어 느슨하다.

역해 : 폐비간신을 직접 폐기肺氣·비기脾氣·간기肝氣·신기腎氣라 하고, 그 마음 작용에 대하여 논하고 있다.

폐기·비기·간기·신기의 마음 작용으로 밝힌 내용은 『서경書經』의 '(순임금이) 자식을 가르치되 정직하면서도 온화하게 하며, 너그럽고도 위엄 있게 하며, 帝曰夔, 命汝, 典樂, 敎胄子, 直而溫, 寬而栗'와 「고요모皐陶謨」에서 구덕九德으로 밝힌 '고요가 말하기를 너그럽고도 위엄있게 하여, 유순하면서도 꿋꿋하며, 삼가면서도 공손하며, 다스리면서도 공경하고, 익숙하면서도 굳세며, 곧으면서도 온화하며, 간략하면서도 모나며, 강하면서도 독실하며, 경계가 있으면서도 의가 있으니 그 항상함을 드러냄이 길한 것이다.'에서 인용한 것이다.

폐비간신肺脾肝腎의 기와 사상인 애노희락의 성·정기 관계를 보면, 먼저 폐기의 펼쳐지는 작용伸은 애성기哀性氣의 멀리 흩어지는 원산遠散과, 비기의 감싸는 작용包는 노성기怒性氣의 크게 감싸는 굉포宏抱와, 간기의 느슨한 작용緩은 희성기喜性氣의 널리 베푸는 광장廣張과, 신기의 쌓는 작용은 락성기樂性氣의 깊고 확고한 심확深確과 일치하거나 서로 관계됨을 알 수 있다.

이에 폐기·비기·간기·신기의 마음 작용을 문왕팔괘도에 배치하면 다음과 같다.

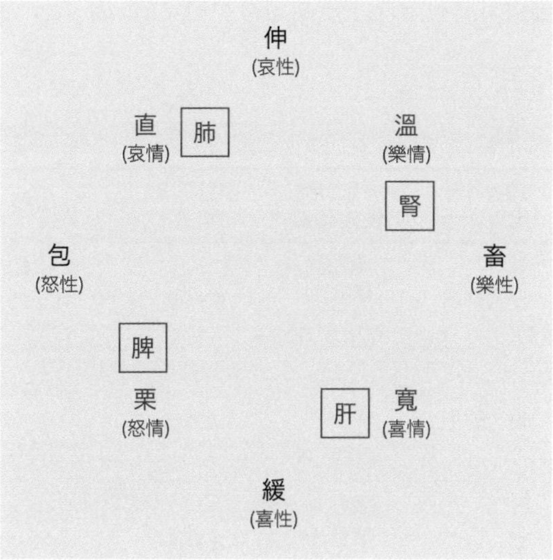

| 애노희락 성·정기와 폐비간신기 |

위의 그림을 통해 폐비간신의 기와 사상인의 마음 작용을 설명하면, 태양인은 애성노정으로 신伸과 율栗은 잘하지만, 폐대간소肺大肝小로 완緩과 관寬을 잘하지 못하며, 태음인은 희성락정으로 완緩과 온溫은 잘하지만, 간대폐소肝大肺小로 신伸과 직直을 잘하지 못하며, 소양인은 애성노정으로 포包와 직直은 잘하지만, 비대신소脾大腎小로 축畜과 온溫을 잘하지 못하며, 소음인은 락성희정樂性喜情으로 축畜과 관寬은 잘하지만, 신대비소腎大脾小로 포包와 율栗을 잘하지 못하는 것이다. 여기서 사상인의 잘함과 잘하지 못함은 「확충론」에서 논한 장국의 대소와 애노희락의 성·정기에 따른 능能과 불능不能에 근거한 것이다. 「확충론」에서 다시 설명하고자 한다.

따라서 폐비간신의 기를 통해 사상인의 마음 작용을 정리하면 아래의 도표가 된다.

사상인	肺脾肝腎 臟局 大小	哀怒喜樂 性氣·情氣	小한 장국 마음	마음 작용
태양인	肺大肝小	哀性氣 遠散(伸) 怒情氣 栗	寬而緩	멀리 확산하지만, 너그럽고 느슨하게 하라.(禮者)
소양인	脾大腎小	怒性氣 宏抱(包) 哀情氣 直	溫而畜	크게 감싸 안지만, 온화하게 쌓아가라.(知者)
태음인	肝大肺小	喜性氣 廣張(緩) 樂情氣 溫	直而伸	느슨하지만, 정직하고 널리 베풀어라.(仁者)
소음인	腎大脾小	樂性氣 深確 喜情氣 寬	栗而抱	쌓아가지만, 엄숙하고 크게 감싸 안아라.(義者)

| 폐비간신의 기와 사상인의 마음 작용 |

폐비간신은 인체의 장부이면서 동시에 기를 통해 마음 작용을 담고 있기 때문에 폐비간신의 기와 마음 작용에 대한 이해는 사상인의 마음 작용과 병리를 밝힐 수 있는 길이 될 수 있다. 이에 대한 연구는 앞으로 진행될 것이다.

◇◇◇◇◇

肺以呼하며 肝以吸하나니 肝肺者는 呼吸氣液之門户也오 脾以納하며

腎以出하나니 **腎脾者**는 **出納水穀之府庫也**니라

폐로써 내쉬고 간으로 들이쉬니 간과 폐라는 것은 기액을 호흡하는 문호이며, 비로써 받아들이고 신으로 내보내니 신과 비라는 것은 수곡을 출납하는 창고이다.

呼숨 내쉴 호는 口 + 乎로 입으로 숨을 내쉬다.

吸숨 들이쉴 흡은 口 + 及으로 입으로 숨을 들이 쉬다.

液진 액은 氵 + 夜(亠 + 亻 + 夂 + 丶)로 밤에 생성되는 물이다.

納들일 납은 糸 + 內로 하늘의 작용을 받아들이다.

역해 : 폐비간신이 생리적 장국으로 인체의 생명을 유지하는 기관임을 논하고 있다. 폐비간신은 인체의 장국으로 호연지기浩然之氣가 나오는 동시에 인체의 생리 작용을 주관하는 기인 것이다.

폐와 간은 숨을 내쉬고 들이 쉬면서 하늘과 소통하는 기액氣液의 문으로 태양인과 태음인 장리의 대소이고, 비와 신은 수곡을 들이고 내놓아 땅과 소통하는 창고로 소양인과 소음이 장리의 대소이기 때문에 태太와 소少의 의미를 생각할 수 있다. 즉, 태양인과 태음인은 태太가 대大와 통하기 때문에 하늘에 생명성을 두고 있다면, 소양인과 소음인은 소少가 소小와 통하여 땅에 생명성을 두고 있다고 하겠다.

태양인과 태음인, 소양인과 소음인은 폐비간신의 대소 관계에서 서로 상대적이지만, 애노희락 성기性氣에서 서로 상대적인 관계이기

때문에 성기의 입장에서 논하고 있음을 알 수 있다.

◇◇◇◇◇

哀氣는 直升이오 怒氣는 橫升이오 喜氣는 放降이오 樂氣는 陷降이니라

애의 기운은 곧게 올라가고, 노의 기운은 옆으로 올라가고, 희의 기운은 놓여서 내려가고, 낙의 기운은 빠져서 내려간다.

哀슬플 애는 衣 + 口로 하늘의 작용 속에 자신을 감싸고 있다.
怒성낼 노는 女 + 又 + 心으로 十一의 이치를 잡고 있는 마음이다.
喜기쁠 희는 十 + 豆 + 口로 땅에서 사람이 하늘을 받들고 있다.
樂즐거울 락은 幺 + 白 + 幺 + 木으로 神道가 작게 작게 드러나다.
橫가로 횡은 木 + 黃으로 木道가 누런 들판에 펼쳐지다.

역해 : 『중용』의 희노애락喜怒哀樂을 사상철학에서는 애노희락哀怒喜樂의 순서로 애기哀氣·노기怒氣·희기喜氣·낙기樂氣로 논하고 있다. 동무는 마음의 작용성을 담고 있는 정情을 말할 때는 선진유학의 입장과 같이 희노애락이라고 하였지만, 사람의 기를 논할 때는 애노희락이라 하여, 사상의학과의 창조적 융합을 완성하고 있다.

애기·노기·희기·낙기의 작용은 종縱과 횡橫으로 구분되는데, 애기와 락기는 종적이기 때문에 '직승直升'과 '함강陷降'이라 하였고, 노기와 희

기는 옆으로 나아가는 횡적이기 때문에 '횡승橫升'과 '방강放降'이라 하였다.

종과 횡으로 구분되는 애노희락 기의 작용을 『주역』 입장에서는 대대적對待的 관계로 규정할 수 있다. 애기와 락기·노기와 희기가 각각 대대적 관계로 정기情氣의 입장이기 때문에 사상인에 결부시키면, 애기는 소양인·락기는 태음인·노기는 태양인·희기는 소음인이 된다. 따라서 위 인용문의 애기·노기·희기·낙기는 애정기哀情氣·노정기怒情氣·희정기喜情氣·락정기樂情氣임을 알 수 있다.

대대적 관계의 의미는 '서로 대응하면서도 서로 끌어당기는 관계' 혹은 '상대가 존재함에 의하여 비로소 자기가 존재한다고 하는 관계', '상호 대립하면서도 상호 의존하는 관계'로 규정될 수 있다. 동양철학에서 이 대대적 관계를 포괄하는 개념이 바로 음양이다.

또 애기·노기·희기·낙기는 「확충론」의 문장을 통해 폐기·비기·간기·신기의 마음 작용과 직접 연결되는 것으로 애기의 곧게 올라감은 폐기의 곧고 펴짐 작용이고, 노기의 옆으로 올라감은 비기의 엄숙하고 감싸는 작용이고, 희기의 놓여서 내려감은 간기의 너그럽고 느슨한 작용이고, 락기의 빠져서 내려감은 신기의 온화하고 쌓여가는 작용이라 하겠다. 애노희락哀怒喜樂 기의 작용은 「장부론」을 통해서도 명확하게 드러난다.

◇◇◇◇◇

哀怒之氣는 上升이오 喜樂之氣는 下降이니 上升之氣ㅣ 過多則下焦ㅣ 傷이오 下降之氣ㅣ 過多則上焦ㅣ 傷이니라

애노의 기운은 위로 올라가고, 희락의 기운은 아래로 내려가니, 위로 올라가는 기운이 과다하면 하초가 상하고, 아래로 내려가는 기운이 과다하면 상초가 상한다.

升오를 승은 丿 + 卄으로 二十을 다스려 올라가다.
降내릴 강은 阝 + 夂 + 一 + 十으로 언덕에서 천천히 내리다.
過지날 과는 辶 + 咼로 삐뚤어진 것이 가고 멈추다.
傷상할 상은 亻 + 人 + 昜으로 성인과 군자가 다치다.

역해 : 애기와 노기는 위로 올라가는 작용으로 과다過多하면 하초下焦가 상하고, 희기와 낙기는 아래로 내려가는 작용으로 과다하면 상초上焦가 상한다고 하였다. 「장부론」에서는 인체人體를 상초·중상초·중하초·하초로 나누고 있는데, 상초와 하초가 기본임을 알 수 있다.

애노哀怒는 태양인·소양인의 성·정기이고, 희락喜樂은 태음인·소음인의 성·정기로 양인은 상승하는 기운이고, 음인은 하강하는 기운이기 때문에 서로 대응되고 있다. 태양인과 태음인이 대응되고, 소양인과 소음인이 대응되기 때문에 성기性氣의 작용을 논하고 있음을 알 수 있

다. 양인은 상승하는 기운을 가지고 있지만 과다하게 상승시키지 않아야 하고, 음인은 하강하는 기운을 가지고 있지만 과다하게 하강시키지 않아야 하는 것이다.

◇◇◇◇◇

哀怒之氣ㅣ 順動則發越而上騰하고 喜樂之氣ㅣ 順動則緩安而下墜하나니 哀怒之氣는 陽也라 順動則順而上升하고 喜樂之氣는 陰也라 順動則順而下降이니라.

애노의 기운이 순동하면 일어나 건너서 위로 올라가고, 희락의 기운이 순동하면 느슨하고 편안하여 아래로 떨어진다. 애노의 기운은 양이니 순동하면 순하게 위로 올라가고, 희락의 기운은 음이니 순동하면 순하게 아래로 내려간다.

動움직일 동은 重 + 力으로 무거운 것을 하늘이 움직이다.

發발할 발은 癶 + 弓 + 殳로 활짝 피어나다.

越넘을 월은 走 + 戉로 달려서 넘어서다.

騰오를 등은 肉 + 卷 + 馬로 말이 뛰어 오르다.

역해 : 애노와 희락을 양음으로 나누어서 논한 것은 사상인에서 양인陽人과 음인陰人으로 나누어지는 이치를 밝힌 것이다. 즉, 양인은 태

양인과 소양인으로 애노哀怒의 성·정기를 기본으로 하고, 음인은 태음인과 소음인으로 희락喜樂의 성·정기를 기본으로 하는 것이다.

애노희락의 기를 '수승화강水昇火降'의 이치로 설명하면, 수승水昇은 양기陽氣인 애노의 작용이고, 화강火降은 음기陰氣인 희락의 작용으로 구분될 수 있다. 사상철학에서 수승화강은 애노의 기운이 순동하여 잘 올라가고, 희락의 기운이 순동하여 잘 내려가는 것으로 이해할 수 있다. 수승화강은 애노희락의 기운 작용으로 설명할 수 있는 것으로 '물의 기운은 위로 올라가고 불의 기운은 아래로 내려온다.'는 것과는 차이가 있다.

또 원불교 『대종경』에서는 "한 제자 수승화강水昇火降되는 이치를 묻자온데 대종사 말씀하시기를 [물의 성질은 아래로 내리는 동시에 그 기운이 서늘하고 맑으며, 불의 성질은 위로 오르는 동시에 그 기운이 덥고 탁하나니, 사람이 만일 번거한 생각을 일어내어 기운이 오르면 머리가 덥고 정신이 탁하여 진액津液이 마르는 것은 불 기운이 오르고 물 기운이 내리는 연고이요, 만일 생각이 잠자고 기운이 평순平順하면 머리가 서늘하고 정신이 명랑하여 맑은 침이 입 속에 도나니 이는 물 기운이 오르고 불 기운이 내리는 연고이니라.]"라고 하여, 생각이 번잡하면 수승화강이 안되고, 생각이 잠자고 기운이 평순하면 수승화강이 된다고 하였다. 즉, 수승화강은 사람의 마음 작용에 의해 일어나는 것으로 단순히 인체의 기운이 오르고 내리는 문제에만 아니라는 것이다.

따라서 애노는 양陽의 기운으로 오르고, 희락은 음陰의 기운으로 내리는 것이 인체에 국한 된 것이 아니라, 사람의 마음 작용이기 때문에 하늘과 사람의 관계로 확장해서 이해할 수 있다. 내 마음이 하늘과 소통이 잘되면 수승화강이 잘되는 것이지만, 하늘의 뜻을 망각하고 무시하면 수승화강이 잘되지 않아 기운이 막히게 되는 것이다.

◇◇◇◇◇

哀怒之氣ㅣ 逆動則爆發而竝於上也오 喜樂之氣ㅣ 逆動則浪發而竝於下也니 上升之氣ㅣ 逆動而竝於上則肝腎이 傷하고 下降之氣ㅣ 逆動而竝於下則脾肺ㅣ 傷이니라

애노의 기운이 역동하면 폭발하여 위로 가서 나란히 하고, 희락의 기운이 역동하면 낭발하여 아래에 가서 나란히 한다. 위로 올라가는 기운이 역동해서 위에 가서 나란히 하면 간과 신이 상하고, 아래로 내려가는 기운이 역동해서 아래에 가서 나란히 하면 비와 폐가 상한다.

爆터질 폭은 火 + 暴으로 불이 사나워진 것이다.
竝은 立 2개로 나란히 서는 것이다.
浪물결 랑은 氵+ 良으로 물이 퍼지는 것이다.

역해 : 애기·노기·희기·낙기와 폐비간신의 관계를 논하고 있다. 애노희락의 기운에서 애노哀怒가 역동하여 폭발하면 하초의 간肝과 신腎

이 상하고, 희락喜樂이 역동하여 낭발하면 상초의 비脾와 폐肺가 상한다고 하였다. 기운의 역동에 있어서도 양인陽人은 폭발暴發로, 음인陰人은 낭발浪發로 구분해서 사용하고 있다. 「사단론」 뒤에서 사상인의 정기情氣를 논할 때 양인은 폭발하고, 음인은 낭발한다고 하여, 이 문장이 사상인의 정기情氣를 논하고 있음을 알 수 있다.

사상인의 정기 작용에서 태양인은 노정기怒情氣가 역동하여 폭발하거나 과다하면 하초의 간肝이 상하게 되고, 소양인은 애정기哀情氣가 역동하여 폭발하거나 과다하면 하초의 신腎이 상하게 되고, 태음인의 락정기樂情氣가 역동하여 낭발하거나 과다하면 상초의 폐肺가 상하게 되고, 소음인의 희정기喜情氣가 역동하여 낭발하거나 과다하면 상초의 비脾가 상하게 되는 것이다.

◇◇◇◇◇

頻起怒而頻伏怒則腰脇이 頻迫而頻蕩也니 腰脇者는 肝之所住着處也니 腰脇이 迫蕩不定則肝其不傷乎아

乍發喜而乍收喜則胸腋이 乍闊而乍狹也니 胸腋者는 脾之所住着處也니 胸腋이 闊狹不定則脾其不傷乎아

忽動哀而忽止哀則脊曲이 忽屈而忽伸也니 脊曲者는 腎之所住着處也니 脊曲이 屈伸不定則腎其不傷乎아

屢得樂而屢失樂則背顀ㅣ 暴揚而暴抑也니 背顀者는 肺之所住着處也니 背顀ㅣ 抑揚不定則肺其不傷乎아

빈번히 화내다가 빈번히 억누르는 노정기의 폭발은 허리와 옆구리가 압박되고 방탕하여 안정되지 못해 간을 상하지 않겠는가!

갑자기 기뻐했다가 갑자기 기쁨을 거두는 희정기의 낭발은 가슴과 겨드랑이가 넓어졌다가 좁아져 안정되지 못해 비를 상하지 않겠는가!

홀연히 슬퍼했다가 홀연히 슬픔을 그치는 애정기의 폭발은 요척이 구부러졌다가 펴져 안정되지 못해 신을 상하지 않겠는가!

여러 번 즐거웠다가 여러 번 즐거움을 잃는 낙정기의 낭발은 등배와 목덜미가 올라갔다가 내려와 안정되지 못해 폐를 상하지 않겠는가!

頻자주 빈은 步 + 頁로 작게 멈춤을 자주하다.

伏엎드릴 복은 亻 + 犬으로 사람이 짐승같이 엎드리다.

乍갑자기 사은 人 + ㅣ + 二로 사람이 갑자기 펼치다.

忽갑자기 홀은 勿 + 心은 마음이 갑자기 말다.

屢자주 루은 尸 + 婁(中 + 一 + 口 + 女)로 죽음을 자주 말하다.

역해 : 인체의 배추背顀·흉액胸腋·요협腰脇·척곡脊曲을 폐비간신과 결부시키고 있다.

여기서 노怒는 애성노정哀性怒情인 태양인의 화냄으로 간肝이 붙어 있는 허리와 옆구리腰脇가 빈번히 압박되고 방탕하게 되기 때문에 폐대간소肺大肝小에서 작은 장국인 간肝이 상하게 되며, 희喜는 낙성희정樂性喜情인 소음인의 기쁨으로 비脾가 붙어있는 가슴과 겨드랑이胸腋가 갑자기 넓어졌다가 좁아지기 때문에 신대비소腎大脾小에서 작은 장국인 비가 상하게 되는 것이다.

또 애哀는 노성애정怒性哀情인 소양인의 슬픔으로 신腎이 붙어 있는 척곡脊曲이 홀연히 구부러졌다가 펴지기 때문에 비대신소脾大腎小에서 작은 장국인 신이 상하게 되는 것이며, 낙樂은 희성락정喜性樂情인 태음인의 즐거움으로 폐肺가 붙어 있는 등배와 목덜미背傾가 몹시 올라갔다가 내려오기 때문에 간대폐소肝大肺小에서 작은 장국인 폐가 상하게 되는 것이다.

애노희락의 정기情氣가 역동하여 폭발낭발하거나 과다하면 요협腰脇·흉액胸腋·척곡脊曲·배추背傾가 비정상적인 작용에 따라 폐비간신이 상하게 되는 것이다. 이는 인체의 겉의 작용을 통해 내부 장기臟器인 폐비간신이 어떠한 상황인지를 파악할 수 있는 논거를 제공하고 있다.

애노희락의 정기情氣가 발동되는 병증의 주착처住着處가 어디인지를 밝히고 있다. 태양인의 노정기는 간의 주착처인 요협으로 드러나게 되고, 소양인의 애정기는 신의 주착처인 척곡에서 드러나게 되고, 태음인의 낙정기는 폐의 주착처인 배추로 드러나게 되고, 소음인의 희정기는 비의 주착처인 흉액으로 드러나게 되는 것이다.

이를 문왕팔괘도에 근거하여 그림으로 나타내면 아래와 같다.

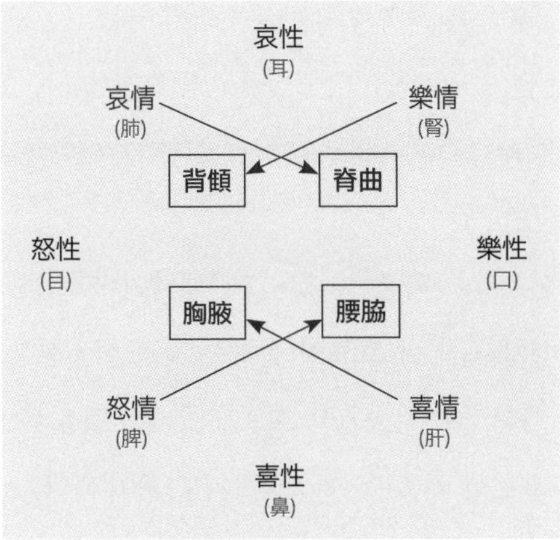

| 애노희락 성·정기와 인체 |

◇◇◇◇◇

太陽人이 有暴怒深哀하니 不可不戒오 少陽人이 有暴哀深怒하니 不可不戒오 太陰人이 有浪樂深喜하니 不可不戒오 少陰人이 有浪喜深樂하니 不可不戒니라

태양인은 사납게 노하고 깊이 슬퍼함이 있으니 경계해야 하며, 소양인은 몹시 슬퍼하고 깊이 화냄이 있으니 경계해야 하며, 태음인은 넘치게 즐거워하고 깊이 기뻐함이 있으니 경계해야 하며, 소음인은 넘치게 기뻐하고 깊이 즐거워함이 있으니 경계해야 한다.

暴사나울 폭은 日 + 共 + 水로 빛과 물을 함께하다.

戒경계할 계는 廾 + 戈로 창을 들고 二十一을 경계하다.

可옳을 가는 丁 + 口로 사람의 뜻과 하나가 되다.

역해 : 「사단론」과 「확충론」 그리고 「태양인내촉소장병론」에서는 애노희락의 성기性氣가 잘 흐르지 못하는 것을 심深·심착深着·집착執着·고착固着이라 하고, 정기情氣가 잘 흐르지 못하는 것을 폭발暴發·폭暴·낭浪·낭발浪發로 표현하고 있다. 애노희락의 기운이 과다過多하여 폐비간신이 상하는 것이 성기의 입장이라면, 애노희락 기운의 폭발과 낭발로 폐비간신이 상하는 것은 정기의 입장에서 논한 것임을 알 수 있다.

또 성기性氣의 심착은 표기表氣를 왜곡하여 표병表病을 일으키고, 정기情氣의 폭발暴發·낭발浪發은 이기裏氣를 왜곡하여 이병裏病을 일으키기 때문에 사상인의 성기와 정기를 함께 경계해야 하는 것이다.

◇◇◇◇◇

皐陶曰都라 在知人하며 在安民하니이다 禹曰吁라 咸若時홀든 惟帝도 其難之러시니 知人則哲이라 能官人이며 安民則惠라 黎民이 懷之하리니 能哲而惠면 何憂乎驩兜며 何遷乎有苗며 何畏乎巧言令色孔壬이리오

고요가 말하기를 모두가 사람을 아는 데 있으며 백성을 편안하게 하는 데 있다. 우임금이 대답하기를 그렇습니다. 그와 같거든 요임

금도 그것을 어렵게 여겼던 것이니 사람을 아는 것은 즉 명철한 것이니, 능히 사람을 관리할 수 있으며, 백성을 편안하게 하면 은혜가 베풀어져 백성이 그리워할 것이니, 능히 명철하고 은혜로우면 어찌 환두를 근심하며 어찌 유묘를 옮길 것이며 어찌 교묘한 말과 좋은 얼굴빛을 하는 공임을 두려워하겠는가!

陶질그릇 도는 阝 + 勹 + 缶로 언덕에서 그릇을 감싸다.

咸다 함은 丿 + 戈 + 一 + 口로 한 사람을 다스리다.

哲밝을 철은 扌 + 斤 + 口로 손으로 심판하여 밝게하다.

惠은혜 혜는 二 + 虫 + 心으로 하늘과 땅의 뜻을 헤아리는 마음이다.

역해 : 이 문장은 모두 『서경』「고요모」에서 인용한 것으로 요임금과 우임금을 통해 지인知人의 어려움을 논하는 동시에 앞에서 말한 성인聖人의 사명에 대하여 밝히고 있다.

유학의 근본은 수기치인修己治人인데, 『서경』에서는 지인知人과 안민安民으로 밝히고 있다. 『논어』에서는 '자기를 닦는 것은 공경으로 하고, 자기를 닦고 다른 사람을 편안하게 하는 것이다.'라고 하여, '수기안인修己安人'으로 밝히고, 『중용』에서는 '수신을 하는 것을 알면 치인하는 것을 알고, 치인하는 것을 알면 천하 다스리는 것을 안다.'고 하여, '수신치인修身治人'으로 논하고 있다.

『대학』에서 격물치지格物致知와 성의정심誠意正心은 수기修己이고, 수신제가修身齊家와 치국평천하治國平天下는 치인治人이며, 『중용』에서 중中·성

性·성誠은 수기이고, 용庸·교敎·구경九經 등은 치인이다. 『맹자』에서 성선설性善說과 사단지심四端之心은 수기이고, 민본주의民本主義와 삶의 이치인 왕도王道는 치인이다.

또한 『서경』의 '사람을 아는 것은 곧 명철한 것이니知人則哲'는 우리가 사용하는 철학哲學이라는 용어의 경전적 근거이다. 근대 일본인 니시 아마네西周가 서양철학의 'philosophy'를 번역하면서 철학으로 이름 지은 것이다. 조선시대에는 '도학道學' 혹은 '이학理學'이라 이름하였다.

일반적으로 philosophy는 Philos사랑과 Sophia지혜로 지혜를 사랑하는 것이라 이해하지만, 『주역』의 입장에서 철학은 '인간의 본성인 명덕明德, 사랑을 지혜롭게 하는 것'으로 해석할 수 있다. 이제까지 우리는 서양의 관념적 사유를 그대로 수용하여 '나의 무지를 알아서 지혜롭게 하는 것이 철학이라' 하였는데, 이것은 사람을 알지 못하는 무지에서 나온 해석이다. 유학에서 인간은 '명덕明德'을 가진 존재로 그 밝은 덕을 밝히는明明德 것이 철학이기 때문에 소크라테스가 '너 자신을 알라'고 한 것과 『서경』에서 '지인즉철知人則哲'이라고 한 것은 같은 뜻으로 이해되는 것이다.

◇◇◇◇◇

三復大禹之訓而欽仰之曰帝堯之喜怒哀樂이 每每中節者는 以其難於知人也오 大禹之喜怒哀樂이 每每中節者는 以其不敢輕易於知人也라 天下喜怒哀樂之暴動浪動者ㅣ 都出於行身不誠而知人不明

也니 知人은 帝堯之所難而大禹之所吁也則其誰沾沾自喜乎아 蓋亦益反其誠而必不可輕易取捨人也니라

우임금의 가르침을 세 번 반복하여 공경하고 우러러보며 말하길 요임금의 희노애락이 매번 절도에 맞는 것은 사람을 아는 것을 어렵게 생각하였기 때문이고, 우 임금의 희노애락이 매번 절도에 맞는 것은 사람들을 아는 데 가볍게 하지 않은 까닭이다. 천하에 희노애락이 사납게 일고 넘쳐 일어나는 것은 모두 행동이 정성스럽지 못하고 사람을 분명히 알지 못하는 데서 나온다. 사람을 아는 것은 요임금도 어려워하는 바이고 우임금도 탄식한 바인데 그 누가 만족하다고 생각해서 기뻐할 수 있겠는가. 그러므로 더욱 그 정성으로 돌아가고 반드시 사람을 취하고 버림을 가볍게 해서는 안 되는 것이다.

禹우임금 우는 丿 + 口 + 内로 하늘의 소리를 다스리다.

欽공경할 흠은 金 + 欠으로 사람의 마음을 공경하다.

輕가벼울 경은 車 + 巠은 수레가 물 흐르듯이 가다.

沾더할 첨은 氵 + 占으로 하늘의 뜻을 점으로 더해주다.

역해 : 요임금의 희노애락喜怒哀樂이 항상 절도에 맞은 것은 사람을 아는 것을 어렵게 생각하였기 때문이고, 우임금이 희노애락이 항상 절도에 맞은 것은 사람을 아는 것을 경솔하게 여기지 않기 때문이라 하였다. 즉, 사람을 알아야 인간의 희노애락을 절도에 맞게 발용할

수 있다는 것이다.

앞에서 애노희락哀怒喜樂의 순서로 논하던 것이 여기에서는 희노애락喜怒哀樂으로 논하고 있다. 희노애락은 마음과 관계되는 정情이라면, 애노희락은 몸과 관계되는 기氣로 구분해서 이해할 수 있다.

동무는 『격치고』에서 지인知人의 문제를 다음과 같이 여러 곳에서 논하고 있다.

"사람을 아는 것은 요임금 같은 연후에야 현인을 좋아하고 근원적으로 길하다. 知人如帝堯然後, 好賢而元吉."

"본성을 능히 하는 것은 하늘을 알고 하늘을 섬기는 것이고, 만물을 능히 하는 것은 사람을 알고 사람을 다스리는 것이다. 何謂能性, 知天事天, 何謂能物, 知人治人."

"하늘을 알은 연후에 희노애락이 발하여 절도에 맞고, 사람을 알은 연후에 희노애락이 발하지 않아도 적중하는 것이니, 하늘을 알고 사람을 아는 것은 성인이 능히 하는 것이다. 知天然後, 喜怒哀樂, 己發而節也, 知人然後, 喜怒哀樂, 未發而中也, 知天知人 聖之所能也."

"고명하면 하늘을 알고 사람을 아는 것이다. 高明則, 知天知人矣."

"사람의 속임을 아는 까닭으로 악을 숨기고, 사람의 재주를 아는 까닭으로 선을 드러내는 것이다. 知人詭詐故 隱惡也, 知人技能故 楊善也."

"사람의 속임을 아는 까닭으로 속임에 거슬리지 않고, 사람의 재능을 아는 까닭으로 불신을 억측하지 않는다. 知人詭詐故 不逆詐也, 知人技能故 不億不信也."

"사람의 진실과 거짓을 알면 의혹되지 않고, 의혹되지 않으면 마음이 바르고, 마음이 바르면 마음이 움직이지 않고, 마음이 움직이지 않으면 세상에 숨어서 중용하고 근심하지 않는다. 知人誠僞則不惑, 不惑則正心, 正心則不動心, 不動心則遯世中庸而無悶."

"사람의 밖을 아는 사람, 사람의 중심을 아는 사람, 사람의 중심을 반 아는 사람 등 지인知人이 또한 층층이 있다. 有知人之外而者, 有知人之中心者, 有知人之半中心者, 知人亦有層層."

"고요가 말하기를 지인知人이라 하고, 우임금이 말하기를 아! 라고 한 것은 모두 사람이 알지 못하면 안 되는 것이니 최고로 어려운 것이다. 皐陶曰知人, 禹曰吁者, 盖人不可不知, 而最難之謂也."

이상의 사상철학에서 지인知人의 철학적 근거를 살펴보면, 먼저 『논어』에서는 "(성인의) 말씀을 알지 못하면 사람을 알지 못하는 것이다. 不知言이면 無以知人也니라."·"지知에 대해 묻는데 공자께서 말하기를 사람을 아는 것이다. 問知한대 子ㅣ 曰知人이니라."라고 하여, 사람을 알기 위해서는 성인의 말씀을 공부해야 함을 강조하고 있다.

또 『중용』에서는 "군자가 수신을 하지 않으면 안 되니 수신을 생각하면 어버이 섬김을 하지 않으면 안 되고, 사친事親을 생각하면 지인을 하지 않으면 안 되고, 지인을 생각하면 지천知天을 하지 않으면 안 되는 것이다. 君子ㅣ 不可以不修身이니 思修身인댄 不可以不事親이오 思事親인댄 不可以不知人이오 思知人인댄 不可以不知天이니라."·"귀신에게 질문하여 의심이 없음은 지천이고, 백세의 성인을 기다려도 의혹되지 않음이 지인인 것이다. 質諸鬼神而無疑는 知天也오 百世以俟聖而而不惑은 知人也니라."라고 하여, 사람을 아는 것은 결국 하늘의 뜻을 아는 것임을 밝히고 있다.

따라서 동무가 「성명론」에서 천기유사天機有四로 시작한 것은 바로 하늘의 작용을 말하지 않고는 사람을 알 수 없었기 때문이며, 사상철학은 '지인론知人論'이라 할 수 있다.

이에 「사단론」을 통해 사람을 아는 것을 생각해 보면, 첫 문장에서 논하고 있는 사상인의 장리臟理를 아는 것이고, 소인지심인 비박탐나의 마음을 아는 것이고, 또 애노희락哀怒喜樂의 성·정기와 폐비간신의 기를 아는 것이며, 만 가지로 다른 사상인의 장국臟局을 아는 것이라 하겠다.

◇◇◇◇◇

雖好善之心이나 偏急而好善則好善이 必不明也오 雖惡惡之心이나 偏急而惡惡則惡惡이 必不周也라 天下事는 宜與好人做也니 不與好人做則喜樂이 必煩也오 天下事는 不宜與不好人做也니 與不好人做則哀怒益煩也니라

비록 선을 좋아하는 마음이라도 치우치고 급하게 선을 좋아하면 선을 좋아함이 반드시 밝지 못할 것이고, 비록 악을 미워하는 마음이라도 치우치고 급하게 악을 미워하면 악을 미워함이 반드시 두루하지 못할 것이다. 천하의 일은 마땅히 좋은 사람과 더불어 해야 하니, 좋은 사람과 더불어 하지 않으면 희락이 반드시 번거로울 것이다. 천하의 일은 마땅히 좋지 못한 사람과 더불어 하면 안 되니 좋지 못한

사람과 더불어 하면 애노가 더욱 번거로울 것이다.

急급할 급은 ⺈ + ⺕ + 心으로 마음을 잡는 것이 급하다.

雖비록 수는 口 + 虫 + 隹로 하늘의 작용을 말하다.

做지을 주는 亻 + 古 + 攵으로 옛 진리를 익혀서 짓다.

益더할 익은 氺 + 皿으로 마음의 그릇에 물이 넘치다.

역해 : 위 문장에서 요임금과 우임금은 사람을 아는 것에 어려워하고, 경솔하게 하지 않아서 희노애락喜怒哀樂이 절도에 맞았지만, 일반 사람은 희노애락이 폭동暴動·낭동浪動하고 정성스럽지 못하여 사람을 알지 못하게 되었다고 하였다.

이 문장과 합해서 보면, 사상인의 희노애락이 절도에 맞으면 호선지심好善之心과 오악지심惡惡之心의 치우치고 급한 것이 없지만, 희노애락이 절도에 맞지 못하여 폭동暴動하거나 낭동浪動하면 호선지심과 오악지심이 치우지고 급하게 된다는 것이다.

천인성명天人性命의 관계를 통해 위 내용을 설명해 보면, 천天과 성性이 체용의 관계이기 때문에 천기天機를 청시후미聽視嗅味하는 이목비구의 호선지심은 희노애락이 절도에 맞으면 함억제복頷臆臍腹의 주책籌策·경륜經綸·행검行檢·도량度量이 널리 통하지만, 희노애락이 절도에 맞지 않아 치우치고 급하면 함억제복의 사심邪心인 교심驕心·긍심矜心·벌심伐心·과심夸心이 작용하게 되는 것이다.

또 인人과 명命이 체용의 관계이기 때문에 인사人事를 달합입정達合立

定하는 폐비간신의 오악지심은 희노애락이 절도에 맞으면 두견요둔頭肩腰臀의 식견識見·위의威儀·재간材幹·방략方略은 바르게 실천되지만, 희노애락이 절도에 맞지 않아 치우치고 급하면 두견요둔의 태심怠心인 탈심奪心·치심侈心·나심懶心·절심竊心이 작용하게 되는 것이다.

한편 세상을 살아가면서 좋은 사람과 더불어 해야 하는데, 그러지 못하면 희락喜樂이 반드시 번거롭게 되어 병이 생기고, 또 좋지 못한 사람과 더불어 하면 안 되는데, 그들과 더불어 하게 되면 애노哀怒가 더욱 번거롭게 되어 병이 생기게 된다.

좋은 사람은 사람의 선한 본성을 근거로 성性인 주책·경륜·행검·도량과 명命인 식견·위의·재간·방략을 실천하는 사상인이고, 좋지 못한 사람은 자신의 선한 본성을 망각하고 욕망을 쫓아서 타락한 이기심인 교심·긍심·벌심·과심과 탐욕심인 탈심·치심·나심·절심으로 살아가는 사상인이다.

◇◇◇◇◇

哀怒ㅣ 相成하며 喜樂이 相資하나니 哀性이 極則怒情이 動하고 怒性이 極則哀情이 動하고 樂性이 極則喜情이 動하고 喜性이 極則樂情이 動이니 太陽人이 哀極不濟則忿怒ㅣ 激外하고 少陽人이 怒極不勝則悲哀ㅣ 動中하고 少陰人이 樂極不成則喜好ㅣ 不定하고 太陰人이 喜極不服則侈樂이 無厭하나니 如此而動者는 無異於以刀로 割臟이라 一次大動이면 十年難復이니 此는 死生壽夭之機關也니 不可不知也니라

애노는 서로 이루고 희락은 서로 돕는다. 애성이 극하면 노정이 일어나고 노성이 극하면 애정이 일어난다. 낙성이 극하면 희정이 일어나고 희성이 극하면 낙정이 일어난다. 태양인은 슬픔이 극하여 제지하지 못하면 분노가 밖으로 격동하고, 소양인은 분노가 극하여 이기지 못하면 비애가 마음 가운데에서 일어나고, 소음인은 즐거움이 극하여 이루지 못하면 기뻐하고 좋아하는 것이 일정하지 못하고, 태음인은 기쁨이 극하여 다스리지 못하면 사치하고 즐거워하는 것이 싫어함이 없다. 이와 같이 동하는 것은 칼로 장을 베는 것과 다름이 없는 것이다. 한 번 크게 동하면 10년 가도 회복하기 어렵다. 이것은 죽고 사는 것과 장수하고 요절하는 것과 관계되는 일이니 알지 못함은 안 되는 것이다.

相서로 상은 木 + 目으로 神道로 서로 보다.
忿성낼 분은 分 + 心으로 마음이 본성과 분리되어 화가 나다.
悲슬플 비는 非 + 心으로 마음이 잘못되니 슬프다.
服감복할 복은 肉 + 反으로 자신의 몸으로 돌아가다.
割나눌 할은 害 + 刂로 칼로 해로움을 심판하다.

역해 : 애기哀氣와 노기怒氣는 서로 이루고, 희기喜氣와 낙기樂氣는 서로 돕는다는 것은 이해가 매우 어렵다. 양인陽人의 성정性情인 애와 노는 서로 소통하여 이루는 작용을 하고, 음인陰人의 성정인 희와 락은 소통하여 서로 돕는 작용을 하여, 양인과 음인을 구분하고 있다. 이 문

제는 사상인의 태심탐욕심을 이해하는데 중요한 것으로 「확충론」의 마지막 문장에서 설명하고자 한다.

다음의 문장은 사상인의 성정性情에서 성기性氣가 지극하면 정기情氣가 움직인다고 하여, 성기와 정기가 체용體用의 관계이고, 모두 작용하는 것이지만 밖으로 크게 드러나는 기운은 정기임을 밝히고 있다. 또 '태양인은 애성노정哀性怒情으로 노怒의 성품이 밖으로 격동하고, 소양인은 노성애정怒性哀情으로 슬픔이 마음 가운데 동하고, 소음인은 낙성희정樂性喜情으로 기쁘고 좋아함이 일정하지 못하고, 태음인은 희성락정喜性樂情으로 사치하고 즐거움이 싫어함이 없다'고 하여, 정기를 중요하게 다루고 있다.

여기까지가 「사단론」의 본론에 해당되는 것으로 사상인의 애노희락의 성기性氣와 정기情氣에 대하여 종합적으로 논하고 있는 것이다.

◇◇◇◇◇

太少陰陽之臟局短長은 陰陽之變化也라 天稟之已定은 固無可論이어니와 天稟已定之外에 又有短長而不全其天稟者則人事之修不修而命之傾也니 不可不愼也니라

태음·소음·태양·소양의 장국이 짧고 긴 것은 음양의 변화라 하늘이 품부하여 이미 정해져 논할 게 없으나, 하늘이 품부하여 이미 정하여 진 것 외에 또한 짧고 긴 것이 있고, 하늘이 품부한 것을 온전히 하지

못한 사람은 곧 사람의 일을 닦고 닦지 않음에 따라 천명이 기우는 것이니, 삼가지 않을 수 없는 것이다.

固굳을 고는 口 + 古로 마음 속에 옛 성인의 말씀을 두다.

定정할 정은 宀 + 正으로 집에서 바르게 정하다.

全온전할 전은 入 + 王으로 왕도를 받아들이다.

愼삼갈 신은 忄 + 眞으로 마음을 참되게 하다.

역해 : 이 문장에서 끝 문장까지는 「사단론」의 결론에 해당된다. 음양陰陽의 변화는 천도天道의 작용으로 사상인의 장국은 하늘에 바탕하고 있는 것이다.

'하늘이 품부하여 이미 정하여진 것'은 장리臟理이고, '이미 정하여진 것 외에 또한 짧고 긴 것'은 장국臟局이다. 사람은 누구나 사상인 가운데 하나의 장리를 가지고 태어나지만 살아가면서 마음 작용이나 환경에 따라 변화가 되는 것이다.

앞에서 설명하였지만 한 사람이 소음인의 장리를 가지고 태어났지만, 마음의 욕심에 의해 타락하거나 사회적 환경에 적응하기 위해 태음인이나 소양인·태양인의 마음 작용과 행동을 하게 되는 것이다. 이렇게 되면 장국에 사상인이 섞여서 나타나게 되는 것이다. 장리는 소음인이지만 장국은 소음인과 태음인, 혹은 소음인과 소양인 혹은 소음인과 태양인의 모습이 드러나게 되는 것이다.

하늘로부터 품부 받은 사상인四象人 장부의 대소大小는 이미 정해진 것으로 장부의 대소의 이치를 온전히 해야 하지만, 온전히 하지 못하는 사람은 자신의 마음을 닦아야 한다. 사람에게는 주어진 천명天命이 있는데, 천명을 자각하는 것은 자신의 마음을 닦아 자기에게 주어진 사명使命을 다할 때 드러나게 되는 것이다. 이것을 망각하고 욕망으로만 살아가면 천명이 기울어지는 것이다.

◇◇◇◇◇

太陽人怒는 以一人之怒而怒千萬人하나니 其怒ㅣ 無術於千萬人則必難堪千萬人也오 少陰人喜는 以一人之喜而喜千萬人하나니 其喜ㅣ 無術於千萬人則必難堪千萬人也오 少陽人哀는 以一人之哀而哀千萬人하나니 其哀ㅣ 無術於千萬人則必難堪千萬人也오 太陰人樂은 以一人之樂而樂千萬人하나니 其樂이 無術於千萬人則必難堪千萬人也니라

태양인의 성냄은 한 사람의 성냄으로써 천만인을 성내게 하니 그 성냄이 천만인을 감당할 재주가 없으면 반드시 천만인을 견디기 어려울 것이고, 소음인의 기쁨은 한 사람의 기쁨으로 천만인을 기쁘게 하니 그 기쁨이 천만인을 감당할 재주가 없으면 반드시 천만인을 견디기 어려울 것이고, 소양인의 슬픔은 한 사람의 슬픔으로 천만인을 슬프게 하니 그 슬픔이 천만인을 감당할 재주가 없으면 반드시 천만인을 견디기 어려울 것이고, 태음인의 즐거움은 한 사람의 즐거움으로 천만인을 즐겁게 하니 그 즐거움이 천만인을 감당할 재주가 없으

면 반드시 천만인을 견디기 어려울 것이다.

術꾀 술은 行 + 朮로 하늘의 작용을 행하다.

堪견딜 감은 土 + 甚으로 심하지만 견디다.

難어려울 난은 廿 + 中 + 天 + 隹로 하늘이 주는 어려움이다.

역해 : 이 문장도 직역을 통해서는 그 의미를 파악하기가 어렵다. 다시 해석해 보면, 애성노정哀性怒情인 태양인의 성냄은 특별한 사람에 대한 성냄이 모든 사람을 성나게 하는데, 그 성냄이 모든 사람에게 행할 수 있는 성냄이 아니면 사람들의 비난을 견디기가 어려울 것이다.

낙성희정樂性喜情인 소음인의 기쁨은 특별한 사람에 대한 기쁨이 모든 사람을 기쁘게 하는데, 그 기쁨이 모든 사람에게 행할 수 있는 기쁨이 아니면 사람들의 비난을 견디기가 어려울 것이다.

노성애정怒性哀情인 소양인의 슬픔은 특별한 사람에 대한 슬픔이 모든 사람을 슬프게 하는데, 그 슬픔이 모든 사람에게 행할 수 있는 슬픔이 아니면 사람들의 비난을 견디기가 어려울 것이다.

희성락정喜性樂情인 태음인의 즐거움은 특별한 사람에 대한 즐거움이 모든 사람을 즐겁게 하는데, 그 즐거움이 모든 사람에게 행할 수 있는 즐거움이 아니면 사람들의 비난을 견디기가 어려울 것이다.

따라서 사상인은 자신과 관계를 맺는 특별한 사람에게만 해당되는 애노희락을 하는 것이 아니라, 자신의 행동이 모든 사람들이 동의할 수 있는 애노희락을 할 때 다른 사람과 더불어 사는 참된 삶이 되는 것이다.

◇◇◇◇◇

太陽少陽人이 但恒戒哀怒之過度而不可强做喜樂하야 虛動不及也니 若强做喜樂而煩數之則喜樂이 不出於眞情而哀怒ㅣ 益偏也오 太陰少陰人이 但恒戒喜樂之過度而不可强做哀怒하야 虛動不及也니 若强做哀怒而煩數之則哀怒ㅣ 不出於眞情而喜樂이 益偏也니라

태양인 소양인은 다만 항상 애노의 과도함을 경계해야 하고 강제로 희락을 만들어 헛되게 동하고 미치지 못하게 해서는 안 되는 것이니, 만약 희락을 강제로 만들려고 번거롭게 하면 희락이 진정에서 나오지 못하고 애노가 더욱 치우치게 된다.

태음인 소음인은 다만 항상 희락의 과도함을 경계해야 하고 강제로 애노를 만들어 헛되게 동하고 미치지 못하게 해서는 안 되는 것이니, 만약 애노를 강제로 만들려고 번거롭게 하면 애노가 진정에서 나오지 못하고 희락이 더욱 치우치게 된다.

但다만 단은 亻 + 旦으로 사람이 아침에는 다만 고요하다.

度법도 도는 广 + 廿 + 又로 큰 집에서 二十을 잡고 있다.

虛빌 허는 虍 + 之로 호랑이가 지나가다.

及미칠 급은 人 + 又로 사람을 잡다.

역해 : 양인陽人은 애노哀怒를 경계해야 하지만 무리하게 희락喜樂을 짓지 말아야하고, 음인陰人은 희락喜樂을 경계해야 하지만 무리하게 애노哀怒를 짓지 말아야 한다.

사상인에서 대大한 장국에 결부된 성기性氣와 촉급한 장국에 결부된 정기情氣 그리고 소少한 장국에 결부된 희노애락, 또 관계가 되지 못하는 장국에 결부된 희노애락을 생각할 수 있다. 예를 들어 태음인은 희성락정喜性樂情이기 때문에 대한 장국은 희성喜性이고, 촉급한 장국은 낙정樂情이고, 소한 장국은 애哀가 되고, 관계되지 않는 장국은 노怒가 된다. 여기서 「확충론」의 문장을 통해 보면, 태음인은 희喜와 낙樂은 잘하지만 애哀는 잘하지 못하는 것을 알 수 있고, 관계되지 않는 노怒는 더욱 못하는 것으로 이해될 수 있다. 다른 사상인도 이것에 대응해서 이해할 수 있다.

◇◇◇◇◇

喜怒哀樂之未發을 謂之中이오 發而皆中節을 謂之和니 喜怒哀樂未發而恒戒者ㅣ 此非漸近於中者乎아 喜怒哀樂已發而自反者ㅣ 此非漸近於節者乎아

희노애락이 아직 발하지 않은 것을 중이라 하고 발하여 모두 절도에 맞도록 가운데 있는 것을 화라고 하니, 희노애락이 아직 발하지 않은 것에서 항상 경계하는 것, 이것이 중에 점점 가까워지는 것이

아니겠는가? 희노애락이 이미 발함에 스스로 반성하는 것, 이것이 절도에 점점 가까워지는 것이 아니겠는가?

謂이를 위는 言 + 胃로 사람이 말하다.

和화합할 화는 禾 + 口로 사람들이 神道를 다스려 화합하다.

恒항상 항은 忄 + 二 + 日로 마음 속에 항상 진리가 있다.

漸점점 점은 氵 + 車 + 斤로 심판을 통해 하늘이 점점 가까워지다.

近가까울 근은 辶 + 斤으로 심판이 가까이에서 가고 멈추다.

역해 : 동무가 논하고 있는 희노애락은 『중용』 제1장의 "희노애락이 아직 발하지 않는 것을 일러 중이라 하고, 발하여 모두 절도에 맞는 것을 일러 화라고 하니, 중이라는 것은 천하의 위대한 근본이고 화라는 것은 천하의 도에 통달한 것이다. 중화에 도달하면 천지가 자리잡고 만물이 길러진다.喜怒哀樂之未發을 謂之中이오 發而皆中節을 謂之和니 中也者는 天下之大本也오 和也者는 天下之達道也니라. 致中和면 天地ㅣ 位焉하며 萬物이 育焉이니라."에 연원을 둔 것이다.

『격치고』 제2권 「반성잠」 '건잠 하절乾箴 下截'에서는 『중용』 제1장을 인용하여 논하고 있는데, 특히 희노애락에 대하여 "희노애락이 아직 발하지 않은 것을 일러 중이라 하고, 발하여 모두 절도에 맞는 것을 일러 화라고 하니, 신독愼獨하고 치지致知하는 것이 천하의 위대한 근본이며, 수신하고 행세行世하는 것이 천하의 통달한 도이다. 왕往하면 반드시 슬픔이 있고, 래來하면 반드시 즐거움이 있고, 임臨하면 반드시 성냄이 있고, 립立하면 반드시 기쁨이 있으니, 희노애락은 인성人性이고, 왕래임립往來臨立은 천명이다. 喜怒哀樂之未發, 謂之中, 發而皆中節, 謂之和. 愼獨而致知者, 天下之大本也. 修身而行世者, 天下之達道也. 往必有哀, 來必有樂, 臨必有怒, 立必有喜, 喜怒哀樂, 人性也. 往來立臨, 天命也."라고 하여, 자신만의 독창적인 사상철학으로 희노애락을 인간 성품이라 하고, '왕래임립往來臨立'은 천명이라 하였다.

천명인 왕래임립의 작용에 의해 인간의 성품인 희노애락이 있게 되는 것이다. 즉, 희노애락은 인성人性의 덕으로 드러나는 성정으로 왕래임립의 사이에서 절도에 맞을 수도 있고 맞지 않을 수도 있기 때문에 인간은 천명으로 주어진 왕래임립의 사이에서 애노희락을 경계하고 삼가고 두려워하여 적중하는 행동을 해야 한다고 하였다.

따라서 「사단론」에서는 『중용』의 희노애락喜怒哀樂를 인용하여 기氣로 논한 애노희락哀怒喜樂의 근거를 밝히고, 이것을 통해 사상철학과 사상의학을 융합하고 있다.

3

확충론

擴充論

'확충擴充'은 『맹자』에서 '자신의 본성을 확충해 나가면 천하 사해도 보존할 수 있고, 그렇지 못하면 부모도 봉양하지 못한다.凡有四端於我者를 知皆擴而充之矣면 若火之始然하며 泉之始達이니 苟能充之면 足以保四海오 苟不充之면 不足以事父母니라.'고 한 '확이충지擴而充之'에서 인용한 것으로, 그 내용은 「성명론」과 「사단론」을 종합하여 사상인의 마음 작용을 논하고 있다.

◇◇◇◇◇

太陽人은 哀性이 遠散而怒情이 促急하나니 哀性이 遠散者는 太陽之耳ㅣ 察於天時而哀衆人之相欺也니 哀性이 非他라 聽也오 怒情이 促急者는 太陽之脾ㅣ 行於交遇而怒別人之侮己也니 怒情이 非他라 怒也니라.

少陽人은 怒性이 宏抱而哀情이 促急하나니 怒性이 宏抱者는 少陽之目이 察於世會而怒衆人之相侮也니 怒性이 非他라 視也오 哀情이 促急者

는 少陽之肺ㅣ 行於事務而哀別人之欺己也니 哀情이 非他라 哀也니라.

太陰人은 喜性이 廣張而樂情이 促急하나니 喜性이 廣張者는 太陰之鼻ㅣ 察於人倫而喜衆人之相助也니 喜性이 非他라 嗅也오 樂情이 促急者는 太陰之腎이 行於居處而樂別人之保己也니 樂情이 非他라 樂也니라.

少陰人은 樂性이 深確而喜情이 促急하나니 樂性이 深確者는 少陰之口ㅣ 察於地方而樂衆人之相保也니 樂性이 非他라 味也오 喜情이 促急者는 少陰之肝이 行於黨與而喜別人之助己也니 喜情이 非他라 喜也니라.

태양인은 애성이 멀리 흩어지고 노정이 몹시 급하니, 애성이 멀리 흩어지는 것은 태양의 이耳가 천시를 살펴서 대중들이 서로 속이는 것을 슬퍼하는 것이니 애성은 다른 것이 아니라 청聽이고, 노정이 몹시 급한 것은 태양의 비脾가 교우를 행하는데 특별한 사람이 자기를 업신여기는 것에 성내는 것이니 노정은 다른 것이 아니라 노怒이다.

소양인은 노성이 크게 포괄하고 애정이 몹시 급하니, 노성이 크게 포괄하는 것은 소양의 목目이 세회를 살펴서 대중들이 서로 모욕하는 것에 성내는 것이니 노성은 다른 것이 아니라 시視이고, 애정이 몹시 급한 것은 소양의 폐肺가 사무를 행하는데 특별한 사람이 자기를 속이는 것을 슬퍼하는 것이니 애정은 다른 것이 아니라 애哀이다.

태음인은 희성이 넓게 퍼지고 락정이 몹시 급하니, 희성이 넓게 퍼지는 것은 태음의 비鼻가 인륜을 살펴서 대중들이 서로 도와주는 것을 기뻐하는 것이니 희성은 다른 것이 아니라 후嗅이고, 락정이 몹시 급한 것은 태음의 신腎이 거처를 행하는 데 특별한 사람이 자기를 보호하는 것을 즐거워하는 것이니 락정은 다른 것이 아니라 락樂이다.

소음인은 락성이 깊고 굳으며 희정이 몹시 급하니, 락성이 깊고 굳은 것은 소음의 구口가 지방을 살펴서 대중이 서로 보호하는 것을 즐거워하는 것이니 락성은 다른 것이 아니라 미味이고, 희정이 몹시 급한 것은 소음의 간肝이 당여를 행하는데 특별한 사람이 자기를 돕는 것을 기뻐하는 것이니 희정은 다른 것이 아니라 희喜이다.

欺속일 기는 其 + 欠으로 사람을 감싸서 속이다.

侮업신여길 모는 亻 + 每로 성인을 업신여기다.

助도울 조는 且 + 力으로 또 힘을 쓰다.

保보호할 보는 亻 + 口 + 木으로 神道를 사람이 보호하다.

別나눌 별은 口 + 勹 + 刂로 심판으로 사람을 나누다.

역해 :「사단론」에서 밝힌 애노희락의 성기性氣와 정기情氣를 바탕으로 사상인의 속임·모욕·도움·보호欺·侮·助·保를 천기유사天機有四인 천시·세회·인륜·지방과 인사유사人事有四인 사무·교우·당여·거처에 연계시켜 논하고 있다.

사상인의 성·정기는「사단론」에서 밝힌 '태양인은 애성이 멀리 흩어지고 노정이 몹시 급하므로 애성노정哀性怒情에 의해 폐대간소肺大肝小의 장국이 되고, 소양인은 노성이 크게 포괄하고 애정이 몹시 급하여 노성애정怒性哀情에 의해 비대신소脾大腎小의 장국이 되고, 태음인은 희성이 넓게 퍼지고 락정이 몹시 급하여 희성락정喜性樂情에 의해 간대폐소

肝大肺小의 장국이 되고, 소음인은 락성이 깊고 굳으며 희정이 몹시 급하여 락성희정樂性喜情에 의해 신대비소腎大脾小의 장국이 형성된다.'에 근거한 것이다.

애노희락의 성·정기와 속임·모욕·도움·보호의 관계를 보면, 태양인의 애성기는 속임·노정기는 모욕에, 소양인의 노성기는 모욕·애정기는 속임에, 태음인의 희성기는 도움·락정기는 보호에, 소음인의 락성기는 보호·희정기는 도움에 각각 연계된다.

또 사상인의 성·정기에 따라, 성기는 천기유사를 청시후미聽視嗅味하는 이목비구에 결부시키고, 정기는 인사유사를 달합입정達合立定하는 폐비간신에 결부되어, 태양인의 이耳는 속임·소양인의 목目은 모욕·태음인의 비鼻는 도움·소음인의 구口는 보호에 결부되며, 태양인의 비脾는 모욕·소양인의 폐肺는 속임·태음인의 신腎은 보호·소음인의 간肝은 도움에 결부된다.

이에 문왕팔괘도에 속임·모욕·도움·보호를 배치하면 다음과 같다.

따라서 애哀는 속임, 노怒는 모욕, 희喜는 도움, 락樂은 보호와 결부되고, 또 애哀는 폐, 노怒는 비, 희喜는 간, 락樂은 신에 배치되기 때문에 속임·모욕·도움·보호는 폐·비·간·신기의 마음 작용으로 설명할 수 있다. 「사단론」에서는 "폐기는 곧고 펴지며, 비기는 엄숙하고 감싸며, 간기는 너그럽고 느슨하며, 신기는 온화하고 쌓인다.肺氣는 直而伸이오 脾氣는 栗而包오 肝氣는 寬而緩이오 腎氣는 溫而畜이니라."라고 하여, 폐·비·간·신기의 마음 작용을 논하고 있기 때문에 속임은 직直·모욕은 율栗·도움은 관寬·

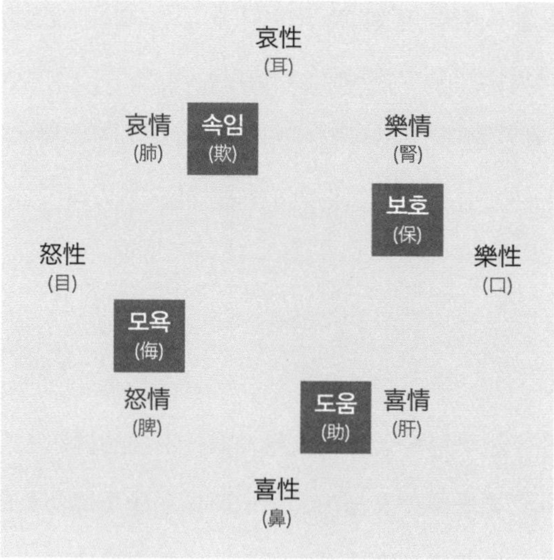

| 애노희락의 성·정기와 속임·모욕·도움·보호 |

보호는 온溫의 의미를 확장한 것이라 하겠다. 따라서 「사단론」에서 논한 사상인의 폐·비·간·신기의 작용과 「확충론」에서 논한 속임·모욕·도움·보호가 일관된 논리 체계로 구성되어 있는 것이다.

특히 위 인용문에서 성기는 대중을 지칭하는 보편적 사람인 '중인衆人'의 속임·모욕·도움·보호로 논하고, 정기는 자기와 직접적 관계를 맺고 있는 특별한 사람인 '별인別人'의 속임·모욕·도움·보호로 논한 것에 유의해야 한다. 여기서 말하고 있는 중인은 뭇사람으로 대중을 지칭하는 보편적 사람이라면, 별인은 다른 사람 혹은 특별한 사람으로 자기와 직접 관계를 맺고 있는 개별적 사람이다.

사상철학에서 성性과 정情은 모두 작용하는 것으로 성은 집단적·보편적인 감정으로 일반적인 사람들의 행위를 통해 드러나는 것이라면, 내가 직접 사람을 만날 때 드러나게 되는 정은 개별적·특수적인 감정으로 나의 특별한 상황에서 나타나는 것으로 규정할 수 있으며, 또 성은 본체를 위주로 하여 인간의 내면의 감정을 나타내는 것이라면, 정은 밖으로 드러나는 작용을 위주로 하는 감정이라 하겠다.

◇◇◇◇◇

太陽之耳는 能廣博於天時而太陽之鼻는 不能廣博於人倫이오
太陰之鼻는 能廣博於人倫而太陰之耳는 不能廣博於天時오
少陽之目은 能廣博於世會而少陽之口는 不能廣博於地方이오
少陰之口는 能廣博於地方而少陰之目은 不能廣博於世會니라.

태양의 이耳는 능히 천시에 넓게 통하고, 태양의 비鼻는 인륜에 넓게 통하지 못하고,

태음의 비鼻는 능히 인륜에 넓게 통하고, 태음의 이耳는 천시에 넓게 통하지 못하고,

소양의 목目은 능히 세회에 넓게 통하고, 소양의 구口는 지방에 넓게 통하지 못하고,

소음의 구口는 능히 지방에 넓게 통하고, 소음의 목目은 세회에 넓게 통하지 못한다.

太클 태는 大 + 丶로 하늘을 품은 하늘이니 크다.

少적을 소 小 + 丿로 작음을 다스리다.

역해 : 사상인의 이목비구에 따라 대大한 장국의 천기유사는 잘하고, 소한 장국의 천기유사는 잘 하지 못함으로 밝히고 있다. 여기서 능能과 불능不能은 '할 수 있다'와 '할 수 없다'이지만, '잘함'과 '잘하지 못함'이 더 맞을 것이다. 왜냐하면 불능한 것을 확충하는 것이 바로 사상인의 인격을 닦는 것이기 때문이다.

「성명론」에서 논한 천인성명天人性命의 관계를 통해 이 문장을 확충해보면, 천天과 성性이 서로 체용의 관계이기 때문에 함억제복의 주책·경륜·행검·도량을 사상인의 잘함과 잘하지 못함으로 설명할 수 있다. 태양의 턱함은 주책을 잘하지만, 태양의 배꼽제은 행검을 잘하지 못하고, 태음의 배꼽은 행검을 잘하지만, 태음의 턱은 주책을 잘하지 못하고, 소양의 가슴억은 경륜을 잘하지만, 소양의 배복는 도량을 잘하지 못하고, 소음의 배는 도량을 잘하지만, 소음의 가슴은 경륜을 잘하지 못하는 것이다.

또 성性에 있는 이기심인 교심·긍심·벌심·과심으로 사상인의 잘함과 잘하지 못함을 설명하면, 태양의 턱에 있는 교심은 아직 병이 되지 않지만, 태양의 배꼽에 벌심이 있으면 병이 되고, 태음의 배꼽에 있는 벌심은 아직 병이 되지 않지만, 태음의 턱에 교심이 있으면 병이 되고, 소양의 가슴에 있는 긍심은 아직 병이 되지 않지만, 소양의 배에 과심이 있으면 병이 되고, 소음의 배에 있는 과심은 아직 병이 되지 않지만, 소음의 가슴에 긍심이 있으면 병이 되는 것이다. 이것은 「확충론」의 마지막 문장에 근거한 것이다.

◇◇◇◇◇

太陽之脾는 能勇統於交遇而太陽之肝은 不能雅立於黨與오

少陰之肝은 能雅立於黨與而少陰之脾는 不能勇統於交遇오

少陽之肺는 能敏達於事務而少陽之腎은 不能恒定於居處오

太陰之腎은 能恒定於居處而太陰之肺는 不能敏達於事務니라.

태양의 비는 능히 교우를 용감하게 통솔하지만 태양의 간은 당여를 아름답게 바로 세우지 못하고,

소음의 간은 능히 당여를 바로 아름답게 세우지만 소음의 비는 교우를 힘있게 통솔하지 못하고,

소양의 폐는 능히 사무에 민첩하게 통달하지만 소양의 신은 거처에 항상 안정하지 못하고,

태음의 신은 능히 거처에 항상 안정하지만 태음의 폐는 사무에 민첩하게 통달하지 못하는 것이다.

勇날쌜 용은 厶 + 男으로 사내가 스스로 하다.

通통할 통은 辶 + 甬으로 길에서 가고 멈추다.

雅바를 아는 牙 + 隹로 하늘 소리를 물다.

敏재빠를 민은 每 + 攵으로 매번 자신을 다그치다.

達통달할 달은 辶+一+立+一+十으로 一에서 十까지를 세워서 달하다.

역해 : 사상인의 폐비간신에 따라 인사유사를 잘하고 잘하지 못함을 논하고 있다. 사상인은 자신의 애노희락 정기와 결부되는 촉급한 장국은 잘하고, 소한 장국은 잘하지 못하는 것이다.

「성명론」에서 논한 천인성명天人性命의 관계를 통해 이 문장을 확충해보면, 인人과 명命이 서로 체용의 관계이기 때문에 두견요둔의 식견·위의·재간·방략을 사상인의 잘함과 잘하지 못함으로 설명할 수 있다. 태양의 어깨비는 위의를 잘하지만, 태양의 허리요는 재간을 잘하지 못하고, 소음의 허리는 재간을 잘하지만, 소음의 어깨는 위의를 잘하지 못하고, 소양의 머리두는 식견을 잘하지만, 소양의 엉덩이둔는 방략을 잘하지 못하고, 태음의 엉덩이는 방략을 잘하지만, 태음의 머리는 식견을 잘하지 못하는 것이다.

또 명命에 있는 탐욕심인 탈심·치심·나심·절심으로 사상인의 잘함과 잘하지 못함을 설명하면, 태양의 어깨에 있는 치심은 아직 병이 되지 않지만, 태양의 엉덩이에 절심이 있으면 병이 되고, 태음의 엉덩이에 있는 절심은 아직 병이 되지 않지만, 태음의 어깨에 치심이 있으면 병이 되고, 소양의 머리에 있는 탈심은 아직 병이 되지 않지만, 소양의 허리에 나심이 있으면 병이 되고, 소음의 허리에 있는 나심은 아직 병이 되지 않지만, 소음의 머리에 탈심이 있으면 병이 되는 것이다. 이것은 「확충론」의 마지막 문장에 근거한 것이다.

위의 두 인용문을 통해 사상인에 있어서 잘함은 애노희락의 성·정기에 결부된 천기유사와 인사유사이고, 잘하지 못함은 소한 장국에 결부된 것임을 알 수 있다. 물론 사상인의 대소 장국에서 대한 장국은 그대로 애성기·노성기·희성기·락성기와 결부되어 잘하는 것이다.

또 위 인용문에서 사상인의 관계를 설명할 수 있는데, 먼저 사상인 장국의 대소에 따라 논한 성기 입장에서는 태양인과 태음인, 소양인과 소음인이 각각 대대적對待的 관계이고, 정기의 입장에서는 태양인의 노정기와 소음인의 희정기, 소양인의 애정기와 태음인의 락정기가 각각 대대적 관계인 것이다. 그리고 폐비간신의 장국에 있어서는 비와 간, 폐와 신이 서로 대대적 관계이다.

사상인의 이러한 대대적 관계는 문왕팔괘도를 통해 보면 분명하게 알 수 있다. 문왕팔괘도의 중앙을 기준으로 서로 마주 보고 있는 대대적 관계는 성기에 따른 장국의 대소 관계임을 알 수 있고, 또 정기에 따른 관계는 촉급한 장국과 소한 장국의 관계임을 알 수 있다.

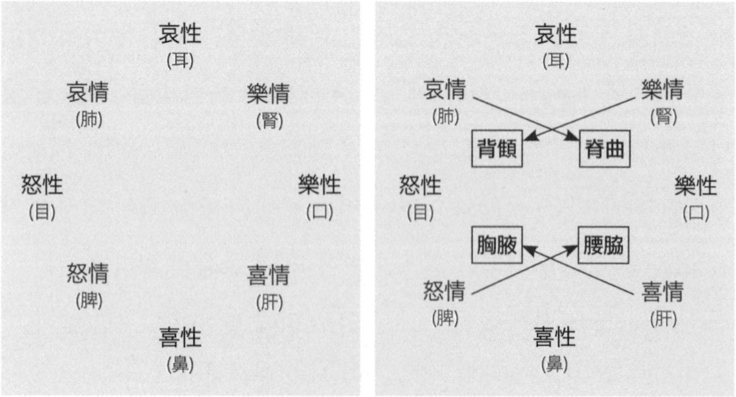

| 문왕팔괘도와 四象人의 哀怒喜樂 |

한편 위 인용문을 또 다른 입장에서 이해할 수 있는 방법을 「장부론」에서 찾을 수 있다. 「장부론」에서는 “그러므로 이耳는 반드시 멀리 들을 것이고 목目은 반드시 크게 볼 것이고 비鼻는 반드시 널리 냄새 맡을 것이고 구口는 반드시 깊이 맛볼 것이니, 이목비구의 작용이 깊고·멀고·넓고·크면 정·신·기·혈이 생겨나고, 얕고·가깝고·좁고·적으면 정·신·기·혈이 소모될 것이다. 폐肺는 반드시 잘 배울 것이고 비脾는 반드시 잘 물을 것이고 간肝은 반드시 잘 생각할 것이고 신腎은 반드시 잘 분별할 것이니, 폐비간신의 작용이 바르고·곧고·적중하고·조화되면 진·액·고·유가 충만하고, 치우치고·기울고·지나치고·미치지 못하면 진·액·고·유가 줄어들 것이다. 是故로 耳必遠聽하며 目必大視하며 鼻必廣嗅하며 口必深味니 耳目鼻口之用이 深遠廣大則精神氣血이 生也오 淺近狹小則精神氣血이 耗也니라. 肺必善學하고 脾必善問하고 肝必善思하고 腎必善辨이니 肺脾肝腎之用이 正直中和則津液膏油ㅣ 充也오 偏倚過不及則津液膏油ㅣ 爍也니라.”라고 하여, 이목비구와 폐비간신의 작용을 논하고 있다.

귀의 들음聽은 멀음과 가까움으로, 눈의 봄視은 큼과 작음으로, 코의 냄새 맡음嗅은 넓음과 좁음으로, 입의 맛봄味은 깊음과 얕음으로 구분하고 있으며, 폐의 배움學은 바름과 치우침으로, 비의 물음問은 적중과 지나침으로, 간의 생각思은 조화와 미치지 못함으로, 신의 분별辨은 곧음과 기울음으로 구분하고 있다.

「장부론」을 근거로 위 인용문을 설명해 보면, 먼저 태양의 귀는 천시를 들음에 멀리하고 태양의 비는 교우를 물음에 적중하지만, 태양의 코는 인륜을 냄새 맡음에 좁고 태양의 간은 당여를 생각함에 미치지 못하며, 반면에 태음의 코는 인륜을 냄새 맡음에 넓고 태음의 신은 거처를 분별함에 곧지만, 태음의 귀는 천시를 들음에 가깝고 태음의 폐는 사무를 배움에 치우치는 것이다.

또 소양의 눈은 세회를 봄에 넓게 하고 소양의 폐는 사무를 배움에 바르지만, 소양의 입은 지방을 맛봄에 얕게 하고 소양의 신은 거처를 분별함에 기우며, 반면에 소음의 입은 지방을 맛봄이 깊고 소음의 간은 당여를 생각함이 조화롭지만, 소음의 눈은 세회를 봄에 좁고 소음의 비는 교우를 물음에 지나치는 것이다.

따라서 사상인의 잘함은 애노희락의 성·정기에 해당되는 천기유사와 인사유사를 멀고·크고·넓고·깊고, 바르고·적중하고·조화롭고·곧게 하는 것이며, 또 잘하지 못함은 사상인의 소한 장국에 해당되는 천기유사와 인사유사를 가깝고·작고·좁고·얕고, 치우지고·지나치고·미치지 못하고·기울게 하는 것이다.

◇◇◇◇◇

太陽之聽이 能廣博於天時故로 太陽之神이 充足於頭腦而歸肺者ㅣ大也오 太陽之嗅ㅣ 不能廣博於人倫故로 太陽之血이 不充足於腰脊而歸肝者ㅣ 小也니라.

太陰之嗅ㅣ 能廣博於人倫故로 太陰之血이 充足於腰脊而歸肝者ㅣ大也오 太陰之聽이 不能廣博於天時故로 太陰之神이 不充足於頭腦而歸肺者ㅣ 小也니라.

少陽之視ㅣ 能廣博於世會故로 少陽之氣ㅣ 充足於背膂而歸脾者ㅣ 大也오 少陽之味不能廣博於地方故로 少陽之精이 不充足於膀胱而歸腎者ㅣ 小也니라.

少陰之味ㅣ 能廣博於地方故로 少陰之精이 充足於膀胱而歸腎者ㅣ 大也오 少陰之視ㅣ 不能廣博於世會故로 少陰之氣ㅣ 不充足於背膂而歸脾者ㅣ 小也니라.

태양의 청聽이 능히 천시에 넓게 통하므로 태양의 신神이 두뇌頭腦를 충족하여 폐肺로 돌아가는 것이 크고, 태양의 후嗅가 인륜에 넓게 통하지 못하므로 태양의 혈血이 요척腰脊을 충족하지 못하여 간肝으로 돌아가는 것이 작다.

태음의 후嗅가 능히 인륜에 넓게 통하므로 태음의 혈이 요척을 충족하여 간으로 돌아가는 것이 크고, 태음의 청聽이 천시에 넓게 통하지 못하므로 태음의 신神이 두뇌를 충족하지 못하여 폐로 돌아가는 것이 작다.

소양의 시視가 능히 세회에 넓게 통하므로 소양의 기氣가 배려背膂를 충족하여 비脾로 돌아가는 것이 크고, 소양의 미味가 지방에 넓게 통하지 못하므로 소양의 정精이 방광膀胱을 충족하지 못하여 신腎으로 돌아가는 것이 작다.

소음의 미味가 능히 지방에 넓게 통하므로 소음의 정이 방광을 충족하여 신腎으로 돌아가는 것이 크고, 소음의 시視가 세회에 넓게 통하지 못하므로 소음의 기氣가 배려를 충족하지 못하여 비脾로 돌아가는 것이 작다.

神귀신 신은 示 + 申으로 하늘의 작용이 펼쳐지다.

血피 혈은 丶 + 皿으로 주님을 그릇에 담기다.

精정수 정은 米 + 靑으로 푸른 쌀이 모이다.

足족할 족은 口 + 止로 사람이 그치다.

歸돌아갈 귀는 阜 + 止 + 彐 + 冖 + 巾으로 자신의 집으로 돌아가다.

역해 : 「사단론」에서 논한 태양인은 애성노정哀性怒情으로 폐대간소肺大肝小이고, 소양인은 노성애정怒性哀情으로 비대신소脾大腎小이고, 태음인은 희성락정喜性樂情으로 간대폐소肝大肺小이고, 소음인은 락성희정樂性喜情으로 신대비소腎大脾小인 것을 확충하고 있다.

「사단론」이 애노희락의 성·정기와 장국의 대소에 대한 기본적인 관계를 밝힌 것이라면, 이 문장은 사상인의 천기유사를 잘함能·잘하지 못함不能과 신기혈정神氣血精을 통해 장국 대소의 문제를 논하고 있다.

따라서 위 인용문을 통해 사상인의 장국 대소가 형성된 원인이 「성명론」에서 밝힌 천기유사를 청시후미하는 이목비구의 널리 통함과 통하지 못함에 근원이 있고, 또 장국의 대소가 신기혈정神氣血精의 기운의 대소 작용임을 알 수 있다. 또 이 문장을 통해서 폐국에 흐르는 기氣는 신神이고, 비국에 흐르는 기는 기氣이고, 간국에 흐르는 기는 혈血이고, 신국에 흐르는 기는 정精임을 알 수 있다.

「사단론」과 「확충론」의 내용을 통해 사상인의 장국 대소 형성에 대하여 설명하면, 먼저 사상인의 장리臟理가 있고, 이 장리에 근거하여 현상적인 장국臟局이 형성되는데, 「사단론」에서는 애노희락 성·정기의 작용에 의해 형성된다고 하고, 「확충론」에서는 천기유사天機有四의 잘함과 잘하지 못함에 따라 신기혈정神氣血精의 기운에 의해서 형성된다고 하였다. 사상인의 장국이 왜 대소大小로 형성되었는가?를 이해하기 위해서는 이 두 측면을 동시에 이해해야 한다.

또 이 문장을 사상인의 속임·모욕·도움·보호에 연계하여 설명하면, 태양인의 청聽은 능히 천시天時를 넓게 하여 대중들이 서로 속이는 것을 잘 인지하기 때문에 신神이 두뇌를 충족하지만, 태양인의 후嗅는 인륜을 넓게 하지 못하여 대중들이 서로 도움을 주는 것을 인지하지 못하기 때문에 혈血이 요척을 충족하지 못하는 것이다. 반면에 태음인의 후嗅는 능히 인륜을 넓게 하여 대중들이 서로 도움을 주는 것을 잘 인지하기 때문에 혈血이 요척을 충족하지만, 태음인의 청聽은 천시를 넓게 하지 못하여 대중들이 서로 속이는 것을 인지하지 못하기 때문에 신神이 두뇌를 충족하지 못하는 것이다.

또 소양인의 시視는 능히 세회를 넓게 하여 대중들이 서로 모욕을 하는 것을 잘 인지하기 때문에 기氣가 배려를 충족하지만, 소양인의 미味는 지방地方을 넓게 하지 못하여 대중들이 서로 보호하는 것을 인지하지 못하기 때문에 정精이 방광을 충족하지 못하는 것이다. 반면에 소음인의 미味는 능히 지방을 넓게 하여 대중들이 서로 보호를 해주는 것을 잘 인지하기 때문에 정精이 방광을 충족하지만, 소음인의 시視는 세회를 넓게 하지 못하여 대중들이 서로 모욕하는 것을 인지하지 못하기 때문에 기氣가 배려를 충족하지 못하는 것이다.

특히 이 문장을 통해서 천기天機를 청시후미聽視嗅味하는 이목비구와 폐비간신의 관계를 통해 사상철학과 『황제내경』을 비롯한 기존의 관념들과 분명한 차이를 알 수 있다.

먼저 『황제내경』에서는 "폐기는 코에 통하니 폐가 조화로우면 코가 능히 향기로운 냄새를 알고, 심기는 혀에 통하니 마음이 조화로우면 혀는 능히 오미를 알고, 간기는 눈에 통하니 간이 조화로우면 눈은 능히 오색을 변별하고, 비기는 입에 통하니 비가 조화로우면 능히 오곡을 알고, 신기는 귀에 통하니 신이 조화로우면 귀는 능히 오음을 듣는 것이다.肺氣通於鼻, 肺和則鼻能知臭香矣. 心氣通於舌, 心和則舌能知五味矣. 肝氣通於目, 肝和則目能辨五色矣. 脾氣通於口, 脾和則口能知五穀矣. 腎氣通於耳, 腎和則耳能聞五音矣."라고 하여, 폐肺는 비鼻·간肝은 목目·비脾는 구口·신腎은 이耳와 통한다고 하였다.

『황제내경』의 이러한 입장을 거의 모든 유학자와 의자醫者들이 수용하여, 동양철학과 한의학에서 그대로 이용하고 있다. 『황제내경』에서 코가 폐와 통한다는 것은 코로 숨을 쉬니 그것이 폐와 통한다는 것이고, 입이 비와 통한다는 것은 입으로 음식을 먹으면 비위로 들어가는 것으로 일차원적 내지 현상적 입장임을 금방 알 수 있다. 이것은 초등학생도 알 수 있는 것으로 즉자적卽自的·초등적 사유로 동무가 논한 것과는 전혀 다른 입장이다.

그런데 북송의 역학자 소옹邵雍, 1011~1077은 『황극경세서』에서 "마음은 눈을 낳고, 담은 귀를 낳고, 비는 코를 낳고, 신은 입을 낳고, 폐는 뼈를 낳고, 간은 살을 낳고, 위는 골수를 낳고, 방광은 피를 낳는다.心

生目, 膽生耳, 脾生鼻, 腎生口, 肺生骨, 肝生肉, 胃生髓, 膀胱生血."라고 하여, 폐는 골骨·비는 비鼻·간은 육肉·신은 구口를 낳는다고 하였다. 『황제내경』과는 다른 입장으로 사람의 내부 장기臟器인 폐비간신이 근본이 되어 이목비구가 생성된다는 것과 이목비구와 폐비간신의 새로운 관계를 논하고 있다.

송대 성리학을 집성한 주희朱熹, 1130~1200는 『황제내경』의 주장을 그대로 따르면서, 다만 철학적 입장에서 마음心은 태극太極으로 규정하고, 폐기는 비鼻·간기는 목目·비기는 구口·신기는 이耳와 통한다고 하였다. 주희의 이러한 견해는 이후 유학자들에 그대로 영향을 미치게 되어, 『황제내경』의 현상적 사유를 넘어서지 못한 것으로 생각된다.

한편 조선후기 기철학자인 최한기崔漢綺, 1803~1879는 『황제내경』의 이목비구와 폐비간신의 관계는 죽은 사람을 조사해서 나온 것으로 살아 있는 사람에게는 맞지 않는다고 문제를 제기하였고, 이어서 『신기통』에서 "형질의 눈이 있으면 반드시 신기의 눈이 있고, 형질의 귀가 있으면 반드시 신기의 귀가 있고, 형질의 코와 입이 있으면 반드시 신기의 코와 입이 있다. 有形質之目, 則必有神氣之目. 有形質之耳, 則必有神氣之耳, 有形質之鼻口, 則必有神氣之鼻口."라고 하여, 이목비구가 단순히 형상만 가진 존재가 아니라 신기神氣가 있는 존재임을 논하고 있다.

동무는 위 인용문에서는 물론이고, 『동의수세보원』 전편에서 이耳는 폐·목目은 비脾·비鼻는 간·구口는 신과 각각 기氣가 통하는 것으로 논하고 있다. 머리에 있는 이목비구耳目鼻口는 위에서 아래로 순서이고, 몸에 있는 폐비간신도 위에서 아래로 순서이다. 인체가 소우주로 진리를 그대로 담지하고 있기 때문에 이목비구와 폐비간신을 위에서 아래의 순서대로 배열하면 되는 것이다.

이러한 논의는 사람에 대한 깊은 통찰과 기氣를 알지 못하면 밝힐 수 없는 것으로 생각된다. 사상의학이 『황제내경』 등의 의학사상과는 근본적으로 다른 입장이라는 것과 철학에 바탕한 의학임을 분명하게 증명하는 것이다. 이것은 명상이나 좌선법을 통해 인체의 기흐름을 경험할 수 있는 실재로 필자의 경우도 머릿속의 관념으로만 설명하는 것이 아니다. 사람의 몸 자체가 기氣의 덩어리이기 때문에 어떠한 입장에서 보느냐에 따라 구분될 수 있지만, 동무의 이러한 논의는 깊은 내면의 기 흐름이라는 것은 분명하다고 하겠다.

◇◇◇◇◇

太陽之怒ㅣ 能勇統於交遇故로 交遇ㅣ 不侮也오 太陽之喜ㅣ 不能雅立於黨與故로 黨與ㅣ 侮也니 是故로 太陽之暴怒ㅣ 不在於交遇而必在於黨與也니라.

少陰之喜ㅣ 能雅立於黨與故로 黨與ㅣ 助也오 少陰之怒ㅣ 不能勇統於交遇故로 交遇ㅣ 不助也니 是故로 少陰之浪喜ㅣ 不在於黨與而必在於交遇也니라.

少陽之哀ㅣ 能敏達於事務故로 事務ㅣ 不欺也오 少陽之樂이 不能恒定於居處故로 居處ㅣ 欺也니 是故로 少陽之暴哀ㅣ 不在於事務而必在於居處也니라.

太陰之樂이 能恒定於居處故로 居處ㅣ 保也오 太陰之哀ㅣ 不能敏達於事務故로 事務ㅣ 不保也니 是故로 太陰之浪樂이 不在於居處而必在於事務也니라.

태양의 노怒는 능히 교우에 용감하게 통솔하므로 교우가 모욕하는 것이 아니라, 태양의 희喜가 당여에 단아하게 세우지 못하므로 당여가 모욕하는 것이다. 그러므로 태양의 심한 성냄은 교우에 있는 것이 아니라 반드시 당여에 있는 것이다.

소음의 희喜는 능히 당여에 단아하게 세우므로 당여가 돕는 것이고, 소음의 노怒는 교우를 용감하게 통솔하지 못하므로 교우가 도와주지 않는 것이다. 그러므로 소음의 심한 기쁨은 당여에 있는 것이 아니라 반드시 교우에 있는 것이다.

소양의 애哀는 능히 사무에 민첩하고 통달하므로 사무가 속이는 것이 아니라, 소양의 락樂이 항상 거처에 안정하지 못하므로, 거처가 속이는 것이다. 그러므로 소양의 심한 슬픔은 사무에 있는 것이 아니라 반드시 거처에 있는 것이다.

태음의 락樂은 능히 항상 거처에 안정하므로 거처가 보호하는 것이고, 태음의 애哀가 사무에 민첩하고 통달하지 못하므로 사무가 보호하지 못하는 것이다. 그러므로 태음의 심한 즐거움은 거처에 있는 것이 아니라 반드시 사무에 있는 것이다.

是이 시는 日 + 正으로 빛이 바르니 옳은 것이다.

在있을 재는 一 + 亻 + 土로 사람이 하나에 있다.

必반드시 필은 心 + 丿로 마음은 반드시 다스려야 한다.

역해 : 사상인의 정기 입장에서 인사유사人事有四의 잘함·잘하지 못함과 모욕·도움·속임·보호를 논하고 있다.

태양인은 당여를 단아하게 세우지 못하기 때문에 당여가 모욕하고 당여에서 성냄이 폭발하며, 소음인은 교우를 용감하게 통솔하지 못하기 때문에 교우가 돕지 않고 교우에서 기쁨이 낭발하며, 소양인은 거처를 항상 안정되게 하지 못하기 때문에 거처가 보호하지 않고 거처에서 슬픔이 폭발하며, 태음인은 사무를 민첩하게 통달하지 못하기 때문에 사무가 속이고 사무에서 즐거움이 낭발되는 것이다. 사상인의 폭발과 낭발은 소小한 장국의 마음 작용을 확충하지 못함에서 온다는 것이다.

또 모욕侮·도움助·속임欺·보호保를 「사단론」의 심욕心慾과 연계해서 설명하면, 태양인은 예禮를 버리고 방종하기 때문에 당여가 업신여기고, 소음인은 의義를 버리고 투일하기 때문에 교우가 돕지 않으며, 소양인은 지知를 버리고 사사로이 꾸미기 때문에 거처가 보호하지 않으며, 태음인은 인仁을 버리고 욕심이 지극하기 때문에 사무가 속이는 것이다. 즉, 모든 마음 작용은 자기로부터 오는 것이지, 외부에서 오는 것이 아니기 때문에 자기 반성을 통해 잘하지 못하는 부분을 확충하는 노력이 필요한 것이다.

◇◇◇◇◇

太陽之交遇는 可以怒로 治之而黨與는 不可以怒로 治之也니 若遷怒於黨與則無益於黨與而肝傷也니라.

少陰之黨與는 可以喜로 治之而交遇는 不可以喜로 治之也니 若遷喜於交遇則無益於交遇而脾傷也니라.

少陽之事務는 可以哀로 治之而居處는 不可以哀로 治之也니 若遷哀於居處則無益於居處而腎傷也니라.

太陰之居處는 可以樂으로 治之而事務는 不可以樂으로 治之也니 若遷樂於事務則無益於事務而肺傷也니라.

태양의 교우는 노怒로써 다스리지만 당여는 성냄으로써 다스리지 못하니, 만약 당여에 성냄을 옮기면 당여에 더함이 없고 간이 상하는 것이다.

소음의 당여는 희喜로써 다스리지만 교우는 기쁨으로써 다스리지 못하니, 만약 교우에 기쁨을 옮기면 교우에 더함이 없고 비가 상하는 것이다.

소양의 사무는 애哀로써 다스리지만 거처는 슬픔으로써 다스리지 못하니, 만약 거처에 슬픔을 옮기면 거처에 더함이 없고 신이 상하는 것이다.

태음의 거처는 락樂으로써 다스리지만 사무는 즐거움으로써 다스리지 못하니, 만약 사무에 즐거움을 옮기면 사무에 더함이 없고 폐가 상하는 것이다.

治다스릴 치는 氵 + 台로 하늘의 뜻이 크게 드러나다.

若같을 약은 艹 + 右로 오른쪽과 왼쪽은 서로 같다.

遷옮길 천은 辶 + 襾 + 大 + 巳로 가고 멈추면서 하늘이 옮겨가다.

역해 : 사상인의 인사유사人事有四와 폐비간신의 마음 작용이 한 걸음 더 나아가고 있다.

태양인은 노정기와 결부된 교우는 능히 용감하게 통솔하지만, 소한 장국인 간肝의 희정기는 당여를 바로 세우지 못하기 때문에 간이 상하고, 소음인은 희정기와 결부된 당여는 능히 바로 세우지만, 소한 장국인 비脾의 노정기는 교우를 용감하게 통솔하지 못하기 때문에 비가 상하고, 소양인은 애정기와 결부된 사무는 민첩하게 통달하지만, 소한 장국인 신腎의 락정기는 거처를 항상 안정시키지 못하기 때문에 신이 상하고, 태음인은 락정기와 결부된 거처에 항상 안정시키지만, 소한 장국인 폐肺의 애정기는 사무를 민첩하게 통달하지 못하기 때문에 폐가 상하는 것이다.

사상인이 인사유사人事有四의 마음 작용을 잘함과 잘하지 못함을 통해 애노희락 정기가 폐비간신을 직접 상하게 하는 것이다. 이는 마음 작용이 병이 되는 이치를 논한 것으로 사상의학의 근본적 문제이다. 구체적인 마음 작용과 병의 관계는 더 깊은 연구가 필요하다고 하겠다.

◇◇◇◇◇

太陽之性氣는 恒欲進而不欲退하고 少陽之性氣는 恒欲擧而不欲措하고 太陰之性氣는 恒欲靜而不欲動하고 少陰之性氣는 恒欲處而不欲出이니라.

태양의 성기는 항상 나아가려고 하고 물러서려고 하지 않으며, 소양의 성기는 항상 들려고 하고 놓으려고 하지 않으며, 태음의 성기는 항상 고요하려고 하고 움직이려고 하지 않으며, 소음의 성기는 항상 거처하려 하고 나가려고 하지 않는다.

退물러날 퇴는 辶 + 艮으로 가고 멈추어 물러나다.
措둘 조는 扌 + 昔으로 손으로 옛 성인의 뜻에 두다.

역해 : 사상인 애노희락의 성기性氣에 대한 마음 작용을 논하고 있다. 「사단론」에서 논한 애노희락의 성性과 정情이 성기와 정기임을 알 수 있다.

태양인은 애성노정으로 멀리 흩어지는 애성기의 작용이 항상 나아가려고 하고 물러서지 않으려는 마음으로 드러나고, 소양인은 노성애정으로 크게 감싸는 노성기의 작용이 항상 들려고 하고 내려놓지 않으려는 마음으로 드러나고, 태음인은 희성락정으로 널리 베푸는 희성기의 작용이 항상 고요하려고 하고 움직이려 하지 않으려는 마음으로 드러나고, 소음인은 락성희정으로 깊고 확고한 락성기의 작용이 항상 거처하려고 하고 나아가려 하지 않은 것으로 드러나는 것이다.

성기의 입장에서는 태양인과 태음인, 소양인과 소음인이 대대적인 관계이기 때문에 태양인은 희성기의 고요하려는 마음이 부족하고, 태음인은 애성기의 나아가려는 마음이 부족하고, 소양인은 락성기의 거처하려는 마음이 부족하고, 소음인은 노성기의 들려고 하는 마음이 부족하다고 하겠다.

또 사상인의 성기는 이목비구와 연계되기 때문에 이목비구의 마음작용인 호선지심好善之心을 통해 설명해 보면, 태양인의 애성기는 나아가려고 하기 때문에 귀의 선성善聲을 잘 듣지만 코의 선취善臭는 잘 맡지 못하고, 태음인의 희성기는 고요하려고 하기 때문에 코의 선취善臭는 잘 맡지만 귀의 선성은 잘 듣지 못하고, 소양인의 노성기는 들려고 하기 때문에 눈의 선색善色은 잘 보지만 입의 선미善味는 잘 맛보지 못하고, 소음인의 락성기는 입의 선미는 잘 맛보지만 눈의 선색은 잘 보지 못하는 것이다.

◇◇◇◇◇

太陽之進이 量可而進也니 自反其材而不莊이면 不能進也니라.

少陽之擧ㅣ 量可而擧也니 自反其力而不固면 不能擧也니라.

太陰之靜이 量可而靜也니 自反其知而不周면 不能靜也니라.

少陰之處ㅣ 量可而處也니 自反其謀而不弘이면 不能處也니라.

태양의 나아감이 옳음을 헤아려서 나아가니, 스스로 그 재주에 돌이켜서 장성하지 않으면 나아갈 수 없는 것이다.

소양의 듦이 옳음을 헤아려서 드는 것이니, 스스로 그 힘에 돌이켜서 굳지 않으면 들 수 없는 것이다.

태음의 고요함이 옳음을 헤아려서 고요한 것이니, 스스로 그 지혜에 돌이켜서 두루하지 않으면 고요할 수 없는 것이다.

소음의 처세가 옳음을 헤아려서 처세하는 것이니, 스스로 그 도모함에 돌이켜서 넓지 않으면 처할 수 없는 것이다.

莊성할 장은 艹 + 壯으로 풀이 씩씩하게 자라다.

周두루 주는 冂 + 土 + 口로 하늘 아래에서 두루 살아가다.

弘넓을 홍은 弓 + 厶로 나를 활과 같이 당겨서 넓게 하다.

謀꾀할 모는 言 + 某로 말씀으로 도모하다.

역해 : 사상인 성기의 마음 작용을 어떻게 해야 하는지 논하고 있다. 태양인은 옳음을 헤아려서 나아가야 하고, 자신의 재주가 장성하지 않으면 나아가지 않아야 하며, 소양인은 옳음을 헤아려서 들고, 자신의 힘이 굳지 않으면 들지 않아야 하며, 태음인은 옳음을 헤아려서 고요하고, 자신의 지혜를 두루하지 않으면 고요하지 않아야 하며, 소음인은 옳음을 헤아려서 처세하고, 자신의 꾀가 넓지 않으면 처하

지 않아야 한다.

사상인은 공통적으로 '옳음可'을 헤아릴 수 있는 마음을 가져야 하고, 각각에 있어서 태양인은 장莊·소양인은 고固·태음인은 주周·소음인은 홍弘을 실천해야 하는 것이다. '장莊'은 풀이 골고루 무성한 모습으로 민초백성을 헤아리면서 장성하게 나아가는 것이고, '고固'는 내 마음속에口 옛 성현의 말씀을 담고 있거나, 고古, 진리의 말씀의 가치가 자기 심신에 확고한 것이고, '주周'는 하늘의 뜻이 드러나는 곳冂에서 토土, 十一의 진리를 말하는 것이고, '홍弘'은 넓게 자신의 몸厶에 하늘의 작용弓을 받아들이는 것이다. 즉, 장莊·고固·주周·홍弘은 모두 하늘의 뜻을 사상인이 어떻게 수용하는가? 내지 성인의 말씀을 어떻게 받아들이는가?의 문제로 귀결된다.

따라서 태양인은 일반 사람들의 마음을 헤아려서 무성하게 할 수 있는 재주가 필요하고, 소양인은 옛 성인의 말씀을 견고하게 담아서 들 수 있는 힘이 필요하고, 태음인은 하늘의 뜻을 두루 두루 펼 수 있는 지혜가 필요하고, 소음인은 하늘의 작용을 받아들여 넓게 꾀를 쓰는 것이 필요하다고 하겠다.

만약 태양인이 그 재능이 장성하지 못한데 나아가면 파괴적이고, 소양인이 그 힘이 견고하지 못한데 거동하면 낭비적이고, 태음인이 그 지혜가 두루하지 못한데 고요하면 허무적이고, 소음인이 그 꾀가 넓지 못한데 처세하면 이중적이게 된다. 즉, 태양인은 일방적으로 나아가려고만 하고, 소양인은 고루하게 들려고만 하고, 태음인은 무식하게 고요하려고만 하고, 소음인은 이중적으로 처세하려고만 하여 자기 욕심만 행하는 아집과 독선을 드러내고, 이것이 병의 원인이 되는 것이다.

사상인 성기性氣의 왜곡과 심착心着에 따른 마음의 병을 치유하기 위해서는 위에서 설명한 옳음을 헤아리는 마음을 근본으로 태양인은 장莊·소양인은 고固·태음인은 주周·소음인은 홍弘에 대한 인식을 가지고 살아가야 한다.

이에 문왕팔괘도를 통해 사상인의 성기性氣와 마음 작용을 그리면 아래와 같다.

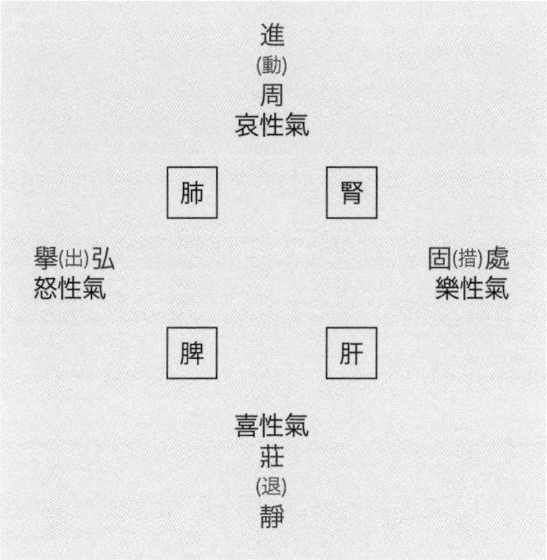

| 사상인 성기의 마음 작용 |

위의 그림을 통해 사상인 성기性氣의 입장에서 확충해야 하는 마음을 보충 설명하면, 태양인은 물러나 조용히 있는 마음과 다른 사람을 장대하게 하는 재능을 확충해야 하고, 태음인은 나아가 움직이는

지혜와 하늘의 뜻을 두루하여 베푸는 마음을 확충해야 하고, 소양인은 가만히 두고 거처하는 힘과 땅의 이로움을 견고히 하는 마음을 확충해야 하고, 소음인은 들어서 나아가는 꾀와 세상의 모임을 넓게 하는 마음을 확충해야 한다.

◇◇◇◇◇

太陽之情氣는 恒欲爲雄而不欲爲雌하고 少陰之情氣는 恒欲爲雌而不欲爲雄하고 少陽之情氣는 恒欲外勝而不欲內守하고 太陰之情氣는 恒欲內守而不欲外勝이니라.

태양의 정기는 항상 수컷이 되고자 하고 암컷이 되고자 하지 않으며, 소음의 정기는 항상 암컷이 되고자 하고 수컷이 되고자 하지 않으며, 소양의 정기는 항상 밖으로 이기고자 하고 안으로 지키고자 하지 않으며, 태음의 정기는 항상 안으로 지키고자 하고 밖으로 이기고자 하지 않는다.

雄수컷 웅은 十 + 厶 + 隹로 나를 하늘의 새에 두다.

雌암컷 자는 止 + 匕 + 隹로 나를 거꾸로 그쳐서 두다.

外바깥 외는 ㇒ + 丶 + 卜으로 하늘을 감싸고 사용하다.

內안 내는 入 + 冂으로 하늘의 경계로 들어가다.

역해 : 사상인 애노희락의 정기情氣에 대한 마음 작용을 논하고 있다. 사상인의 정기는 태양인과 소음인, 태음인과 소양인이 대대적 관계이기 때문에 상대적으로 밝히고 있다.

태양인의 노정기怒情氣는 항상 수컷이 되고자 하고 암컷이 되고자 하지 않으며, 소음인의 희정기喜情氣는 항상 암컷이 되고자 하고 수컷이 되고자 하지 않으며, 소양인의 애정기哀情氣는 항상 밖으로 이기고자 하고 안으로 지키고자 하지 않으며, 태음인의 락정기樂情氣는 항상 안으로 지키고자 하고 밖으로 이기고자 하지 않는 것이다.

사상인의 정기는 폐비간신과 연계되기 때문에 폐비간신의 마음 작용인 오악지심惡惡之心을 통해 설명해 보면, 태양인의 노정기는 항상 수컷이 되고자 하기 때문에 비脾의 악색惡色을 싫어함은 잘하지만 간肝의 악취惡臭를 싫어함은 잘하지 못하고, 반면에 소음인의 희정기는 항상 암컷이 되고자 하기 때문에 간의 악취를 싫어함은 잘하지만 비의 악색을 싫어함은 잘하지 못하는 것이다.

또 소양인의 애정기는 항상 밖으로 이기고자 하기 때문에 폐肺의 악성惡聲을 싫어함은 잘하지만 신腎의 악미惡味를 싫어함은 잘하지 못하고, 반면에 태음인의 락정기는 항상 안으로 지키고자 하기 때문에 신의 악미를 싫어함은 잘하지만 폐의 악성을 싫어함은 잘하지 못하는 것이다.

◇◇◇◇◇

太陽之人이 雖好爲雄이나 亦或宜雌니 若全好爲雄則放縱之心이 必過也니라.

少陰之人이 雖好爲雌나 亦或宜雄이니 若全好爲雌則偸逸之心이 必過也니라.

少陽之人이 雖好外勝이나 亦宜內守니 若全好外勝則偏私之心이 必過也니라.

太陰之人이 雖好內守나 亦宜外勝이니 若全好內守則物欲之心이 必過也니라.

태양인이 비록 수컷이 되기를 좋아하나 또 어떤 때는 암컷이 마땅하니, 만약 온전히 수컷이 되기만 좋아하면 방종하는 마음이 반드시 지나치게 되는 것이다.

소음인이 비록 암컷이 되기를 좋아하나 또 어떤 때는 수컷이 마땅하니 만약 온전히 암컷이 되기만 좋아하면 게으른 마음이 반드시 지나치게 되는 것이다.

소양인이 비록 밖으로 이기는 것을 좋아하나 또 안으로 지키는 것이 마땅하니, 만약 온전히 밖으로 이기는 것만 좋아하면 편협하고 사사로운 마음이 반드시 지나치게 되는 것이다.

태음인이 비록 안으로 지키는 것을 좋아하나 또 밖으로 이기는 것이 마땅하니 만약 온전히 안으로 지키기만 좋아하면 물질을 탐내는 마음이 반드시 지나치게 되는 것이다.

宜마땅할 의는 宀 + 且로 하늘 아래에 또 있음이다.

縱늘어질 종은 糸 + 從으로 하늘의 뜻이 늘어진다.

偷훔칠 투는 亻+ 入 + 一 + 月 + 巜으로 사람이 天地의 마음을 훔치다.

逸숨을 일은 辶 + 免 + 丶로 하늘을 숨기고 달아나다.

역해 : 사상인 정기情氣의 마음 작용과 소인의 마음에 대하여 논하고 있다. 사상인의 정기가 폭발·낭발하여 소인지심이 드러나면, 항상 하고자 하는 것을 전적으로 하거나, 하고자 하지 않는 것을 전혀 하지 않게 되는 것이다.

「사단론」에서는 사상인의 소인지심에 대하여 '예를 버리고 방종하는 사람을 더러운 사람이라 하고, 의를 버리고 안일한 것만 구하는 사람을 게으른 사람이라 하고, 지를 버리고 사사로운 일을 꾸미는 사람을 천박한 사람이라 하고, 인을 버리고 욕심이 극한 사람을 탐욕스러운 사람이라.'고 하여, 방종放縱·투일偷逸·식사飾私·극욕極欲으로 밝히고 있다.

또 사상인의 정기는 폐비간신과 함억제복에 배치되기 때문에 함억제복의 탐욕심인 탈심奪心·치심侈心·나심懶心·절심竊心을 함께 생각할 수 있다. 「사단론」의 욕심과 함억제복의 탐욕심을 그 의미에 따라 결부시키면, 절심은 극욕·나심은 투일·치심은 방종·탈심은 식사에 각각 배치되는 것이다.

이것을 바탕으로 사상인의 정기와 마음 작용을 설명하면, 태양인의 노정기怒情氣가 항상 수컷이 되고자 하고 암컷이 되고자 하지 않으면 방종지심치심이 생기는데, 방종지심이 지나치면 절심이 되고, 소음인의 희정기喜情氣가 항상 암컷이 되고자 하고 수컷이 되고자 하지 않으면 투일지심나심이 생기는데, 투일지심이 지나치면 탈심이 되고, 소양인의 애정기哀情氣가 항상 밖으로 이기고자 하고 안으로 지키고자 하지 않으면 편사지심탈심이 생기는데, 편사지심이 지나치면 나심이 되고, 태음인의 락정기樂情氣가 항상 안으로 지키고자 하고 밖으로 이기고자 하지 않으면 물욕지심절심이 생기는데, 물욕지심이 지나치면 치심이 되는 것이다. 이를 도표로 만들면 다음과 같다.

사상인	「사단론」 소인지심	「성명론」 태심(怠心)	「확충론」	
			1차	지나친 마음
태양인	방종	치심	방종(치심)	절심
태음인	극욕	절심	물욕(절심)	치심
소양인	식사	탈심	편사(탈심)	나심
소음인	투일	나심	투일(나심)	탈심

| 사상인의 태심 |

위의 도표를 통해 사상인이 경계해야 할 마음 작용을 설명해 보면, 태양인은 1차적으로는 아무 거리낌 없이 멋대로 행동하는 방종放縱을 하지 말아야 하지만 궁극적으로는 다른 사람의 마음을 훔치는 절

심을 경계해야 하며, 태음인은 1차적으로는 물질에 욕심을 부리는 극욕極欲을 부리지 말아야 하지만 궁극적으로는 자기는 최고이고 다른 사람을 천하게 여기는 치심侈心을 경계해야 하며, 소양인은 1차적으로 치우치고 사사로이 꾸미는 식사飾私를 하지 말아야 하지만 궁극적으로는 남에게 의지하여 나는 할 수 없다는 나심懶心을 경계해야 하며, 소음인은 1차적으로 남에게 훔쳐서 편안한 투일偷逸을 부리지 말아야 하지만 궁극적으로는 다른 사람의 도덕적 삶을 파괴하는 탈심奪心을 경계해야 한다.

여기서 사상인의 탐욕심이 다르게 나타남을 알 수 있다. 같은 치심侈心이라도 태양인은 자기 행동을 멋대로 하는 마음이라면, 태음인은 자기는 최고이고 다른 사람을 천하게 여겨서 사람을 도구화수단화 시키는 마음이다. 절심에 있어서도 태음인은 물질을 훔치는 욕심이라면, 태양인은 하늘의 뜻을 왜곡시켜 다른 사람의 마음을 훔치는 것이다. 나심에 있어서도 소음인은 자신의 삶을 유지하기 위해 기대고 의지하는 마음이라면, 소양인은 자기 자신을 포기한 상태에서 의지하고 있는 마음이다. 탈심에 있어서도 소양인은 사사로이 진리를 꾸미거나 만들어서 다른 사람의 생각을 빼앗는 마음이라면, 소음은 자기의 이익을 위해 다른 사람의 도덕적 삶을 파괴하면서 빼앗는 마음이다.

◇◇◇◇◇

太陽人이 雖至愚나 其性이 便便然猶延納也오 雖至不肖나 人之善

惡을 亦知之也니라.

少陽人이 雖至愚나 其性이 恢恢然猶式度也오 雖至不肖나 人之知愚를 亦知之也니라.

太陰人이 雖至愚나 其性이 卓卓然猶敎誘也오 雖至不肖나 人之勤惰를 亦知之也니라.

少陰人이 雖至愚나 其性이 坦坦然猶撫循也오 雖至不肖나 人之能否를 亦知之也니라.

태양인이 비록 지극히 어리석으나 그 성품이 편편연하여 오히려 끌어들이고, 비록 지극히 어리석으나 사람의 선과 악을 또한 아는 것이다.

소양인이 비록 지극히 어리석으나 그 성품이 회회연하여 오히려 법도에 맞게 하고, 비록 지극히 어리석으나 사람의 지혜와 아둔함을 또한 아는 것이다.

태음인이 비록 지극히 어리석으나 그 성품이 탁탁연하여 오히려 가르쳐 인도하고, 비록 지극히 어리석으나 사람의 부지런함과 게으름을 또한 아는 것이다.

소음인이 비록 지극히 어리석으나 그 성품이 탄탄연하여 오히려 어루만져 따르게 하고, 비록 지극히 어리석으나 사람의 할 수 있음과 하지 못함을 또한 아는 것이다.

便말 잘할 편은 亻 + 更으로 사람이 다시 말하다.

恢넓을 회는 忄 + 灰로 마음을 태워서 넓게 하다.

卓높을 탁은 卜 + 日 + 十으로 하늘을 높이 받들다.

坦평평할 탄은 土 + 旦으로 아침에 해가 평평하게 비치다.

誘꾈 유는 言 + 秀로 말씀이 빼어나다.

역해 :「확충론」에서는 사상인의 장·단점에 대하여 철저하게 분석하면서 마음 작용을 논하고 있다. 앞의 문장이 사상인의 성기性氣와 정기情氣를 구분해서 그 마음 작용에 대해 논하고 있다면, 이 문장은 성기와 정기를 종합해서 마음 작용을 밝히고 있다.

앞의「성명론」의 문장에서 '우愚'는 함억제복으로 논하여 성기性氣의 입장이고, 불초不肖는 두견요둔으로 논하여 정기情氣의 입장임을 알 수 있다. 따라서 이 문장의 앞부분은 성기의 마음 작용이고, 뒷부분은 정기의 마음 작용인 것이다.

먼저 문장의 앞에서 논한 내용을 설명해 보면, 태양인의 애성기哀性氣는 분명한 말 솜씨로 유창하게 말하여 사람을 잘 끌어들이고, 소양인의 노성기怒性氣는 광대하게 포용하여 사람들을 법도에 맞게 하고, 태음인의 희성기喜性氣는 높고 뛰어나서 사람들을 잘 가르쳐 인도하고, 소음인의 락성기樂性氣는 넓고 탄탄하여 사람들을 잘 어루만져 따르게 하는 것이다. 태양인의 편편연은 멀리 흩어지는 원산遠散을, 소양인의 회회연은 크게 포용하는 굉포宏抱를, 태음인의 탁탁연은 널리 베푸는 광장廣張을, 소음인의 탄탄연은 깊고 확고한 심확深確을 각각 표현한 것이다.

다음으로 정기情氣의 마음 작용을 설명하면, 태양인의 노정기怒情氣는 사람들의 선과 악을 잘 알고, 소양인의 애정기哀情氣는 사람들의 지혜로움과 어리석음을 잘 알고, 태음인의 락정기樂情氣는 사람들의 부지런함과 게으름을 잘 알고, 소음인의 희정기喜情氣는 사람들의 할 수 있음과 할 수 없음을 잘 아는 것이다.

위의 내용을 문왕팔괘도의 그림에 배치하면 다음과 같다.

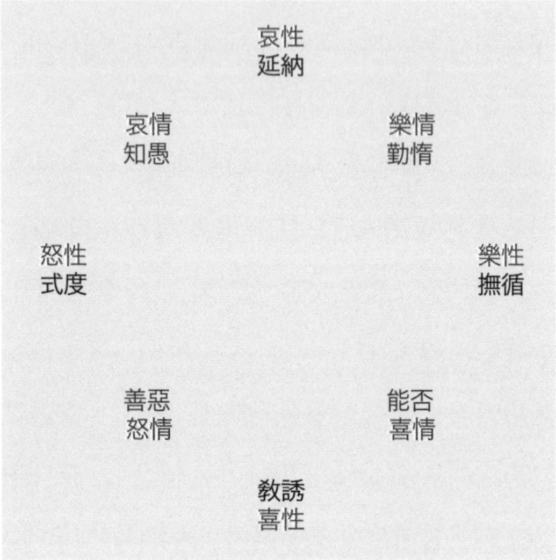

| 사상인의 성·정기와 마음 작용 |

「확충론」에서 밝힌 천기유사天機有四와 인사유사人事有四의 잘함과 잘하지 못함을 통해 사상인의 마음 작용을 설명하면, 성기性氣의 입장에서 태양인은 끌어서 받아들임은 잘하지만 가르쳐 인도하는 것은 잘하지 못하며, 반대로 태음인은 가르쳐 인도하는 것은 잘하지만, 끌어

서 받아들임은 잘하지 못하며, 소양인은 법도를 잘 따르지만 달래어 따르게 하는 것은 잘 하지 못하며, 소음인은 달래어 따르게 하는 것은 잘하지만 법도를 따르는 것은 잘하지 못하는 것이다.

정기情氣의 입장에서 태양인은 그 사람이 선한지 악한지는 잘 알지만, 그 사람이 일을 할 수 있는지 없는지는 잘 알지 못하며, 소음인은 그 사람이 일을 할 수 있는지 없는지는 잘 알지만, 그 사람이 선한지 악한지는 잘 알지 못하며, 태음인은 그 사람이 부지런한지 게으른지는 잘 알지만, 그 사람이 지혜로운지 어리석은지는 잘 알지 못하며, 소양인은 그 사람이 지혜로운지 어리석은지는 잘 알지만, 그 사람이 부지런한지 게으른지는 잘 알지 못하는 것이다.

반면에 심욕心慾으로 살아가는 사상인을 생각해 보면, 태음인 소인은 유창한 말 솜씨로편편연 가르쳐 인도하고, 태양인 소인은 높고 뛰어남으로탁탁연 끌어서 받아들이고, 소양인 소인은 넓고 탄탄함으로탄탄연 법도를 따르게 하고, 소음인 소인은 광대하게 포용함으로회회연 어루만져 따르게 하는 것이다. 태음인이 편편연하고·태양인이 탁탁연하고·소양인이 탄탄연하고·소음인이 회회연하는 것은 자신이 잘하지 못하는 것을 거짓으로 확충하여 행동하는 모양이라 하겠다.

또 심욕에 빠진 사상인의 정기를 설명하면, 태양인은 다른 사람의 선과 악은 잘 알지만, 자신의 마음과 행동이 선한지 악한지는 알지 못하여 악을 선으로 생각하고 할 수 없는 일을 하게 되며, 소음인은 다른 사람이 그 일을 할 수 있는지 없는지는 잘 알지만, 자기의 일은 욕심에 빼앗겨서 선한 일인지 악한 일인지 알지 못하고 똥고집을 부려서 해서는 되지 않을 일이나 할 수 없는 일을 끝까지 하려고 한다.

소양인은 다른 사람이 지혜로운지 어리석은지는 잘 알지만, 자신의 어리석음을 알지 못하여 게으른 마음과 행동을 통해 자기 멋대로 사람을 판단하고 진리를 왜곡하며, 태음인은 다른 사람의 부지런함과 게으름은 잘 알지만, 지혜가 없어져 자신의 게으름은 알지 못하고 일이 이루어지지 않으면 세상과 다른 사람을 원망하게 되는 것이다.

◇◇◇◇◇

太陽人은 謹於交遇故로 恒有交遇生疎人慮患之怒心하나니 此心은 出於秉彛之敬心也라 莫非至善而輕於黨與故로 每爲親熟黨與人所陷而偏怒ㅣ 傷臟하나니 以其擇交之心이 不廣故也니라.

태양인은 교우에서 삼가는 까닭으로 항상 생소인과 교우를 맺을 때 생각하고 근심하는 성냄의 마음이 있다. 이 마음은 떳떳하고 공경한 마음에서 나오는 것으로 지극한 선이 아닌 것이 없고, 당여에서 경솔하게 하는 까닭으로 매번 친숙한 당여인으로부터 모함을 받게 되고, 치우친 성냄이 장을 상하게 하니, 그것은 분별해서 사귀려는 마음이 넓지 못한 까닭이다.

謹삼갈 근은 言 + 廿 + 中 + 一 + 土로 말을 조심하고 조심하다.

疎친하지 않을 소는 厶 + 止 + 柬로 스스로 묶음에 그쳐져 있다.

患근심 환은 中 + 口 + 心으로 나의 가운데 있는 마음이다.

擇가릴 택은 扌 + 罒 + 幸으로 손으로 행복을 헤아리다.

역해 : 태양인의 노정기怒情氣는 교우를 잘하고, 당여는 잘하지 못하기 때문에 생소한 교우인과는 심사숙고해서 잘 사귀는데, 당여를 가볍게 여겨서 친숙한 당여인에게 모함을 당하게 되고, 이는 가려서 사귀는 마음이 넓지 못하여 노정怒情이 폭발하고, 간肝이 상하는 것이다.

◇◇◇◇◇

少陰人은 謹於黨與故로 恒有黨與親熟人擇交之喜心하나니 此心은 出於秉彝之敬心也라 莫非至善而輕於交遇故로 每爲生疎交遇人所誣而偏喜ㅣ 傷臟하나니 以其慮患之心이 不周故也니라.

소음인은 당여에서 삼가는 까닭으로 항상 친숙한 사람과 당여를 맺을 때 가려서 사귀는 기쁜 마음이 있다. 이 마음은 떳떳하고 공경한 마음에서 나오는 것으로 지극한 선이 아닌 것이 없고, 교우에서 경솔하게 하는 까닭으로 매번 생소한 교우인으로부터 속임을 받게 되고, 치우친 기쁨이 장을 상하게 하니, 그것은 깊이 생각하고 근심하는 마음이 두루하지 못한 까닭이다.

秉잡을 병은 丿 + ㅋ + 木으로 神道를 잡아서 다스리다.

彝떳떳할 이는 彐 + 米 + 分 + 廾으로 쌀을 나누는 것이 떳떳하다.

敬공경할 경은 艹 + 句 + 攵으로 사람을 감싸서 다그치다.

誣속일 무는 言 + 巫로 말만하는 무당은 속임이다.

역해 : 소음인의 희정기喜情氣는 당여를 잘하고, 교우는 잘하지 못하기 때문에 친숙한 당여인과는 가려서 잘 사귀는데, 교우를 가볍게 여겨서 생소한 교우인에게 속임을 당하게 되고, 이는 깊이 생각하고 근심하는 마음이 두루하지 못하여 희정喜情이 낭발하고, 비脾가 상하는 것이다.

◇◇◇◇◇

少陽人은 重於事務故로 恒有出外興事務之哀心하나니 此心은 出於秉彝之敬心也라 莫非至善而不謹於居處故로 每爲主內做居處人所陷而偏哀ㅣ 傷臟하나니 以其重外而輕內故也니라.

소양인은 사무를 중시하는 까닭으로 항상 밖으로 나아가서 일어나는 사무의 슬픈 마음이 있다. 이 마음은 떳떳하고 공경한 마음에서 나오는 것으로 지극한 선이 아닌 것이 없고, 거처에서 삼가지 않는 까닭으로 매번 안으로 짓는 것을 주로 하는 거처인으로부터 모함을 받게 되고, 치우친 슬픔이 장을 상하게 하니, 그것은 밖을 중시하고 안을 가볍게 하는 까닭이다.

興일어날 흥은 ⺕ 2개 + 同 + 一 + 八로 같은 것을 잡아서 하나로 일어나다.

莫없을 막은 艹 + 日 + 大로 풀숲에는 빛이 없다.

陷빠질 함은 阝 + ⺈ + 臼로 절구 같은 웅덩이에 빠지다.

역해 : 소양인의 애정기哀情氣는 사무를 잘하고, 거처는 잘하지 못하기 때문에 밖으로 나아가서 일어나는 사무는 중요시 하는데, 거처를 삼가지 않아 안을 위주로 짓는 거처인에게 모함을 당하게 되고, 이는 밖을 중시하고 안을 가볍게 하기 때문으로 애정哀情이 폭발하고, 신腎이 상하는 것이다.

◇◇◇◇◇

太陰人은 重於居處故로 恒有主內做居處之樂心하나니 此心은 出於秉彝之敬心也라 莫非至善而不謹於事務故로 每爲出外興事務人所誣而偏樂이 傷臟하나니 以其重內而輕外故也니라.

태음인은 거처를 중시하는 까닭으로 항상 안을 위주로 짓는 거처의 즐거운 마음이 있다. 이 마음은 떳떳하고 공경한 마음에서 나오는 것으로 지극한 선이 아닌 것이 없고, 사무에서 삼가지 않는 까닭으로 매번 밖으로 나아가서 일어나는 사무인으로부터 속임을 받게 되고, 치우친 즐거움이 장을 상하게 하니, 그것은 안을 중시하고 밖을 가볍게 하는 까닭이다.

所바 소는 戶 + 斤으로 심판을 받은 문이다.

重무거울 중은 丿 + 一 + 里로 하늘을 다스리니 무겁다.

역해 : 태음인의 락정기樂情氣는 거처를 잘하고, 사무는 잘하지 못하기 때문에 안을 위주로 짓는 거처는 중요시 하는데, 사무를 삼가지 않아 밖으로 나아가서 일어나는 사무인에게 속임을 당하게 되고, 이는 안을 중시하고 밖을 가볍게 하기 때문으로 락정樂情이 낭발하고, 폐肺가 상하는 것이다.

위의 네 문장은 앞에서 밝힌 애노희락의 정기가 낭발하여 폐비간신이 상한다는 것을 상세하게 논하고 있다. 태양인은 친숙한 당여인에게 모함을 받게 되어 노정기怒情氣가 폭발하여 간肝이 상하고, 소음인은 생소한 교우인에게 속임을 당해 희정기喜情氣가 낭발하여 비脾가 상하고, 소양인은 안을 위주로 짓는 거처인에게 모함을 받게 되어 애정기哀情氣가 폭발하여 신腎이 상하고, 태음인은 밖으로 나가서 흥하는 사무인에게 속임을 당해 락정기樂情氣가 폭발하여 폐肺가 상하는 것이다.

◇◇◇◇◇

太陰之頷에 宜戒驕心이니 太陰之頷에 若無驕心이면 絶世之籌策이 必在此也니라.

少陰之臆에 宜戒矜心이니 少陰之臆에 若無矜心이면 絶世之經綸이 必在此也니라.

太陽之臍에 宜戒伐心이니 太陽之臍에 若無伐心이면 絶世之行檢이 必在此也니라.

少陽之腹에 宜戒夸心이니 少陽之腹에 若無夸心이면 絶世之度量이 必在此也니라.

태음의 함턱에 마땅히 교심을 경계하여야 할 것이니, 태음의 턱에 만약 교심이 없으면 세상에 뛰어난 주책이 반드시 여기에 있을 것이다.

소음의 억가슴에 마땅히 긍심을 경계하여야 할 것이니, 소음의 가슴에 만약 긍심이 없으면 세상에 뛰어난 경륜이 반드시 여기에 있을 것이다.

태양의 제배꼽에 마땅히 벌심을 경계하여야 할 것이니, 태양의 배꼽에 만약 벌심이 없으면 세상에 뛰어난 행검이 반드시 여기에 있을 것이다.

소양의 복배에 마땅히 과심을 경계하여야 할 것이니, 소양의 배에 만약 과심이 없으면 세상에 뛰어난 도량이 반드시 여기에 있을 것이다.

絶끊을 절은 糸 + 色으로 실로 색을 끊다.

世세상 세는 一 + 卄으로 二十一이다.

역해 : 「확충론」의 마지막 문장에서 「성명론」에서 밝힌 사심邪心, 이기심과 태심怠心, 탐욕심을 사상인에 결부시켜 논하고 있다. 「성명론」에서는 사상인에 대한 논의가 전혀 없을 뿐만 아니라 사상심四象心, 호선지심·

오악지심·사심·태심과 사상인의 관계를 논하지 않고 있다. 그래서 사상인의 마음 작용에 대한 연구에는 「성명론」에서 논한 사상심에 대한 언급이 없고, 이 부분을 인용하여 설명하고 있다.

사상철학의 마음에 대한 연구에서 사상심이 가장 핵심적인 문제임에도 불구하고, 연구가 진행되고 있지 않다. 그것은 사상철학의 마음 연구를 밝힐 수 있는 도구를 가지지 못했기 때문이다. 이제 동무가 직접 「성명론」를 주해하면서 언급한 『주역』의 문왕팔괘도를 통해 사상철학의 마음에 대한 연구가 시작되었다. 아래의 문장에서 자세히 설명하고자 한다.

◇◇◇◇◇

少陰之頭에 宜戒奪心이니 少陰之頭에 若無奪心이면 大人之識見이 必在此也니라.

太陰之肩에 宜戒侈心이니 太陰之肩에 若無侈心이면 大人之威儀ㅣ 必在此也니라.

少陽之腰에 宜戒懶心이니 少陽之腰에 若無懶心이면 大人之材幹이 必在此也니라.

太陽之臀에 宜戒竊心이니 太陽之臀에 若無竊心이면 大人之方略이 必在此也니라.

소음의 두머리에 마땅히 탈심을 경계하여야 할 것이니, 소음의 머리에 만약 탈심이 없으면 대인의 식견이 반드시 여기에 있을 것이다.

태음의 견어깨에 마땅히 치심을 경계하여야 할 것이니, 태음의 어깨에 만약 치심이 없으면 대인의 위의가 반드시 여기에 있을 것이다.

소양의 요허리에 마땅히 나심을 경계하여야 할 것이니, 소양의 허리에 만약 나심이 없으면 대인의 재간이 반드시 여기에 있을 것이다.

태양의 둔엉덩이에 마땅히 절심을 경계하여야 할 것이니, 태양의 엉덩이에 만약 절심이 없으면 대인의 방략이 반드시 여기에 있을 것이다.

역해 : 「성명론」에서는 사상인에 대한 언급이 없이 사상심四象心에 대해서만 논하였고, 「사단론」에서 처음으로 애노희락의 성性과 정情에 근거하여 폐비간신의 장국 대소가 형성됨으로 태양인·태음인·소양인·소음인이 있게 된다고 하였다. 따라서 사상인의 마음 작용을 고찰하기 위해서는 「사단론」에서 논한 사상인의 애노희락의 성과 정을 기준으로 해야 한다.

물론 「확충론」에서는 「성명론」서 논한 사상심 가운데 사심이기심, 驕心·矜心·伐心·夸心과 태심탐욕심, 奪心·侈心·懶心·竊心을 四象人에 직접 연계하여 논하고 있어 사상인의 사상심에 대한 실마리를 얻을 수 있으나, 「확충론」은 말 그대로 확충하는 입장에서 말한 것으로 기본적인 사상인의 마음 작용은 「사단론」의 내용에 바탕해야 하는 것이다.

앞의 「사단론」에서 논한 문왕팔괘도와 사상인의 마음에 대한 그림을 통해 설명하고자 한다.

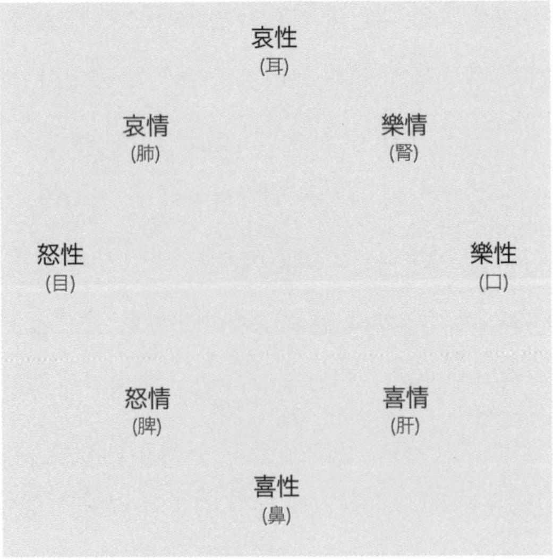

| 문왕팔괘도와 애노희락의 배치 |

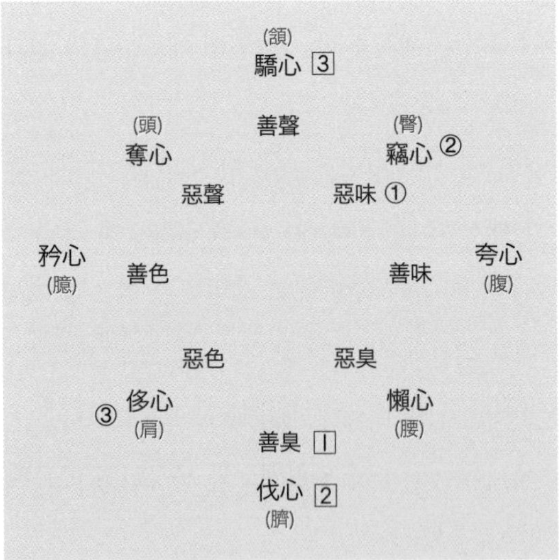

| 문왕팔괘도와 사상심의 배치 |

위의 ‘문왕팔괘도와 애노희락의 배치’ 그림을 기본으로 ‘문왕팔괘도와 사상심의 배치’ 그림을 보면, 태양인은 애성노정이기 때문에 호선·오악지심에서는 선성善聲, 耳과 악색惡色, 脾에 해당되고, 사심·태심에서는 교심驕心, 頷과 치심侈心, 肩에 배치되며, 소양인은 노성애정이기 때문에 호선·오악지심에서는 선색善色, 目과 악성惡聲, 肺에 해당되고, 사심·태심에서는 긍심矜心, 臆과 탈심奪心, 頭에 배치된다.

또 태음인은 희성낙정이기 때문에 호선·오악지심에서는 선취善臭, 鼻와 악미惡味, 腎에 해당되고, 사심·태심에서는 벌심伐心, 臍과 절심竊心, 臀에 배치되며, 소음인은 낙성희정이기 때문에 호선·오악지심에서는 선미善味, 口와 악취惡臭, 肝에 해당되고, 사심·태심에서는 과심夸心, 腹과 나심懶心, 腰에 배치된다.

그런데 사상인의 사심에 있어서 태음인은 교심·소음인은 긍심·태양인은 벌심·소양인은 과심을 경계해야 한다고 하여, 사상인의 애성·노성·희성·락성에 배치된 사심이 아니면, 또 태심에 있어서 소음인은 탈심·태음인은 치심·소양인은 나심·태양인은 절심을 경계해야 한다고 하여, 사상인의 애정·노정·희정·락정에 배치된 태심이 아님을 알 수 있다.

「확충론」에서 논한 사상인의 사심이기심과 태심탐욕심은 각 사상인의 대한性氣 장국과 촉급한情氣 장국이 아니고, 소한 장국과 평平한 장국에 배치된 것이다. 태음인을 예로 들면 희성낙정이기 때문에 희성에 배치되는 대한 간국肝局이나 낙정에 배치되는 촉급한 신국腎局이 아니고, 소한 폐국肺局에 배치된 교심驕心과 평한 비국脾局에 배치된 치심侈心을 논하고 있다.

따라서 위 인용문에서는 사상인의 소한 장국과 평한 장국에 배치된 함억제복의 교심·긍심·벌심·과심과 두견요둔의 탈심·치심·나심·절심을 경계해야 세상에 뛰어난 성性과 대인의 명命이 있게 됨을 밝히고 있다. 사심은 세상을 속이는 마음이기 때문에 그것이 없으면 세상에 뛰어난 주책·경륜·행검·도량이 있게 되고, 태심은 사람을 속이는 마음이기 때문에 그것을 경계하면 대인의 식견·위의·재간·방략이 있게 되는 것이다.

따라서 「사단론」과 「확충론」에서 논한 사심과 태심의 층차를 구분해야 하는데, 「사단론」에서 논한 사상인의 욕심은 애노희락의 성·정기情氣와 결부되기 때문에 스스로 살기 위한 생리적 욕심이라면, 「확충론」에서 논한 것은 이것이 지나친 병리적 욕심으로 이해할 수 있다. 즉, 사상인의 애노희락의 성·정과 결부되는 대한 장국과 촉급한 장국에 배치되는 사심·태심은 생리적 욕심이라면, 소한 장국과 평한 장국에 배치된 사심·태심은 병리적 욕심이다.

철학에서는 인간의 욕심을 긍정과 부정이라는 두 측면에서 많은 논의들이 있어 왔지만, 이처럼 분명하게 생리적 욕심과 병리적 욕심으로 구분해서 논하고 있음은 사상철학에서 찾을 수 있다. 인간의 욕심邪心·怠心을 생리적 욕심과 병리적 욕심으로 구분하고 있음은 사상철학의 창의적인 인간 해석인 것이다.

한편 「성명론」의 천인성명天人性命의 관계에서 천天과 성性, 인人과 명命이 서로 체용의 관계이기 때문에 호선지심과 사심이기심, 오악지심과 태심탐욕심이 서로 체용의 관계임을 알 수 있다. 따라서 함억제복의 사심은 호선지심의 왜곡이며, 두견요둔의 태심은 오악지심의 왜곡인 것이다.

이에 앞의 설명을 근거로 호선지심과 오악지심이 사상인의 심층 내면의 1차적 마음 작용이라면, 「사단론」에서 논한 사상인의 기본적인 성과 정에 배치된 사심·태심은 2차적 마음 작용이며, 마지막으로 「확충론」에서 밝힌 사심·태심은 3차적 마음 작용으로 추론할 수 있다. 1차적 작용은 드러나는 작용이 아니라 이면의 기본적인 작용이며, 2차적 작용과 3차적 작용은 드러나는 작용이지만, 그 정도에 있어서는 3차적 작용이 더 분명하다고 하겠다. 이러한 3단계의 마음 작용은 논리적인 구분으로 실제에 있어서는 동시적 작용임을 생각해야한다.

구체적인 예로 태음인의 사상심에 대해 설명해 보면, 태음인은 희성낙정에 따른 간대폐소이기 때문에 희성大한 肝局에 배치된 호선취好善臭와 락정에 배치된 오악미惡惡味를 잘하고, 소한 폐국에 배치된 호선성好善聲과 오악성惡惡聲을 잘하지 못함이 1차적 마음작용이며, 희성낙정에 배치되는 생리적 욕심인 벌심과 절심이 2차적 마음작용이며, 「확충론」에서 논한 병리적 욕심인 교심과 치심이 3차적 마음작용이다.

태음인의 마음 작용을 위의 '문왕팔괘도와 사상심의 배치' 그림을 통해 설명하면, 태음인은 희성낙정이기에 희성喜性에 배치된 호선취好善臭 ①를 잘하는데 희성이 절도에 맞지 않으면 호선취가 치우치고 급하게 되어 생리적 벌심伐心 ②이 작용하게 되고, 다시 희성의 집착에 의해 절도에 맞지 않으면 더욱 치우치고 급하게 되어 병리적 사심인 교심(驕心 [3])이 작용하게 되는 것이다.

또 락정樂情에 배치된 오악미惡惡味 ①를 잘하는데 낙정이 절도에 맞지 않으면 오악미가 치우지고 급하게 되어 생리적 절심竊心 ②이 작용하게 되고, 다시 낙정이 낭발됨으로써 인仁을 버리고 욕심을 극도로 부리게 되어 병리적 치심侈心 ③이 작용하게 되는 것이다.

애노희락의 성·정기의 왜곡에 대하여, 「태양인내촉소장병론太陽人內觸小·病論」에서 '태양인의 애심哀心, 哀性이 깊이 집착하면 표기表氣가 상하고, 노심怒心, 怒情이 폭발하면 리기裏氣가 상하는 까닭으로'라고 하여, 성기는 집착으로, 정기는 폭발哀怒·낭발喜樂로 표현하고 있다.

문왕팔괘도를 통한 사상인과 사상심의 연구는 기본적인 방법론으로 앞으로 연구와 상담을 통해 확인하고 확장되어야할 것이다. 사상심에 대한 연구는 사상철학의 근본임을 분명하게 인지하는 것이 필요하다.

사상철학의 마음 연구는 임병학의 「사상철학의 마음 연구(1) 『동의수세보원』「성명론」의 사상심四象心에 대한 고찰」한국학중앙연구원, 『장서각』, 2015·「사상철학의 마음 연구(2) 문왕팔괘도에 근거한 사상인의 마음작용 고찰」성균관대학교 동아시아 학술원, 『대동문화연구』, 2015·「사상철학의 마음 연구(3) 「장부론」의 기 흐름에 근거한 사상인의 표기表氣·리기裏氣와 사상심의 상관성 고찰」성균관대학교 동아시아 학술원, 『대동문화연구』, 2015·「이제마 사상철학에 있어서 마음공부」동양철학연구회, 『동양철학연구』, 2015를 참고 바란다.

4

장부론
臟腑論

「장부론」은 「성명론」·「사단론」·「확충론」에서 논한 사상의학의 철학적 원리를 인체에 직접적으로 적용하여 인간의 생리적 기氣를 밝혀, 사상철학이 의학으로 성립될 수 있는 기초적인 내용을 제공하고 있다. 「장부론」이 인체의 사상적四象的 구조와 생리적 기淸氣·濁滓를 논하고 있지만, 『동의수세보원』 제1권은 사상의학의 철학적 원리를 중심으로 논하고 있기 때문에 「장부론」을 철학적 사고에 의한 인간의 이해를 중심으로 설명하고자 한다.

한의학에서는 「장부론」을 연구하는데 있어서 인간 존재에 대한 철학적 규정을 바탕으로 해야 한다고 논하면서도, 장부의 생리적 기능과 기존의 한의학漢醫學과 비교하는데 그치고 있다.

◇◇◇◇◇

肺部位는 在顀下背上하고 胃脘部位는 在頷下胸上故로 背上胸上以上은 謂之上焦오

脾部位는 在膂하고 胃部位는 在膈故로 膂膈之間을 謂之中上焦오

肝部位는 在腰하고 小腸部位는 在臍故로 腰臍之間을 謂之中下焦오

腎部位는 在腰脊下하고 大腸部位는 在臍腹下故로 脊下臍下以下를 謂之下焦라.

폐의 부위는 목덜미顀 아래, 등 위에 있고 위완의 부위는 턱 아래, 가슴 위에 있으므로 등 위와 가슴 위 이상을 상초라 하고,

비의 부위는 등에 있고 위의 부위는 흉격에 있으므로 등과 흉격의 사이를 중상초라 하고,

간의 부위는 허리에 있고 소장의 부위는 배꼽에 있으므로 허리와 배꼽 사이를 중하초라 하고,

신의 부위는 허리 아래에 있고 대장의 부위는 배꼽 아래에 있으므로 허리 아래와 배꼽 아래 이하를 하초라 한다.

顀목덜미 추는 隹 + 頁로 머리 아래 부분이다.

背등 배는 北 + 肉으로 북쪽으로 맞대고 있는 살이다.

胸가슴 흉은 肉 + 勹 + 凶으로 하늘을 감싸고 있는 살이다.

膂등골뼈 려는 旅 + 肉으로 나그네의 살이다.

膈흉격 격은 肉 + 鬲으로 막는 살이다.

역해 : 폐비간신과 위완·위·소장·대장을 중심으로 인체에 직접 결부시켜 상초·중상초·중하초·하초로 구분하고 있다. 여기서 폐비간신의 사장四臟이 개별적인 장기臟器을 넘어서 장국臟局으로 인체의 부위가 됨을 알 수 있다.

동무는 사람의 몸을 상초·중상초·중하초·하초로 구분하면서, 머리는 포함시키지 않고 있다. 사람이 소우주小宇宙로 천원지방天圓地方의 이치를 그대로 담고 있기 때문에 둥근 머리는 천원天圓을, 네모난 몸은 지방地方을 상징하고 있다. 그래서 「성명론」에서 사람의 머리에 있는 이목비구耳目鼻口는 천기유사天機有四를 청시후미하여 하늘과 소통하고, 몸에 있는 폐비간신肺脾肝腎은 인사유사人事有四를 달합입정하여 땅과 소통하고 있음을 논한 것이다. 인사人事는 지도地道에 포함되기 때문이다.

또 이 문장을 통해서 '수승화강水昇火降'의 이치를 분명하게 알 수 있다. 머리가 하늘이고, 몸이 땅의 뜻을 대행하고 있기 때문에 수승화강은 마음 작용에 있어서 하늘과 땅사람의 소통을 의미하며, 몸에 있어서는 머리와 몸의 소통이라 하겠다. 사람은 하늘과 소통을 근본으로 하기 때문에 수승화강의 본래적 의미는 하늘과 사람의 소통으로 입에는 침이 고이고 하단전에는 열이 나는 것이다. 사상철학을 배우는 사람은 정좌靜坐의 수행을 통해 확인할 수 있다.

◇◇◇◇◇

水穀이 自胃脘而入于胃하고 自胃而入于小腸하고 自小腸而入于大腸하고 自大腸而出于肛門者로대

水穀之都數ㅣ 停畜於胃而薰蒸爲熱氣하고 消導於小腸而平淡爲凉氣니 熱氣之輕淸者ㅣ 上升於胃脘而爲溫氣하고 凉氣之質重者ㅣ 下降於大腸而爲寒氣니라.

수곡이 위완으로부터 위에 들어가고 위로부터 소장에 들어가고 소장으로부터 대장으로 들어가고 대장으로부터 항문으로 나가는데, 수곡의 모든 수가 위에 머물러 쌓여서 훈증하여 열기가 되고 소장에서 소화되고 인도되어 평담하게 되어서 량기가 된다. 열기의 가볍고 맑은 것은 위완에 올라가 온기가 되고, 량기의 탁하고 무거운 것은 대장에 내려가 한기가 된다.

穀곡식 곡은 士 + 冖 + 一 + 禾 + 殳로 벼로 대표되는 곡식이다.

肛항문 항은 肉 + 工으로 하늘과 땅을 연결시키는 살이다.

停머무를 정은 亻 + 亭으로 사람이 정자에 머무르다.

薰향풀 훈은 艹 + 二 + 黑으로 약초를 검게 태우다.

蒸찔 증은 艹 + 烝으로 풀에 김이 오르다.

역해 : 인체의 부腑를 위완·위·소장·대장의 네 가지로 나누고, 그 각

각에서 수곡의 열기·온기·량기·한기가 생성됨을 논하고 있다.

수곡의 온기는 폐·위완의 상초에 흐르는 기이고, 열기는 비·위의 중상초에 흐르는 기이고, 량기는 간·소장의 중하초에 흐르는 기이고, 한기는 신·대장의 하초에 흐르는 기로 밝히고 있다.

애노희락과 폐비간신에서 애哀와 폐肺·노怒와 비脾·희喜와 간肝·락樂과 신腎이 결부되며, 수곡의 온기는 상초인 폐당肺黨에 해당되기 때문에 폐기와 결부되고, 같은 논리로 열기는 비기脾氣·량기는 간기肝氣·한기는 신기腎氣와 각각 결부됨을 알 수 있다.

「사단론」의 폐기·비기·간기·신기와 애기·노기·희기·락기를 「장부론」에서 논한 수곡의 온기·열기·량기·한기의 관계 속에서 설명하면, 먼저 폐기와 애기가 곧게 펴져 올라가는 것은 열기에서 가볍고 맑은 것이 위로 올라가 수곡의 온기가 된 것과 같으며, 비기와 노기가 엄숙하게 감싸서 옆으로 오르는 것은 수곡의 열기가 옆으로 확산되어 감싸는 것과 같은 것이다.

또 간기와 희기가 너그럽고 느슨하게 옆으로 내려가는 것은 수곡의 량기가 소장에서 소화되고 인도되어 이루지는 것과 같으며, 신기와 락기가 온화하게 쌓여 빠져서 내려가는 것은 수곡의 량기에서 무겁고 탁한 것이 내려가서 한기가 되는 것과 같은 것이다.

따라서 사상철학에서 논한 폐기·비기·간기·신기와 애기·노기·희기·락기, 그리고 수곡의 온기·열기·량기·한기가 하나의 일관된 체계로 되어 있음을 통해 동무가 얼마나 철두철미하게 기氣철학을 논하고 있는지 알 수 있다.

또한 사상인의 애노희락과 장국 대소의 관계를 통해 온기·열기·량기·한기를 설명하면, 먼저 태음인太陰人은 희성락정喜性樂情이니 량기와 한기가 기본 작용이 되며, 장국은 간대폐소肝大肺小니 량기가 크고 온기가 작은 것으로 이해할 수 있다.

이러한 논리로 소음인少陰人은 낙성희정樂性喜情이니 한기와 량기가 기본 작용이 되며, 장국은 신대비소腎大脾小니 한기가 크고 열기가 작은 것이다. 또 소양인少陽人은 노성애정怒性哀情이니 열기와 온기가 기본 작용이 되며, 장국은 비대신소脾大腎小니 열기가 크고 한기가 작은 것이다. 마지막으로 태양인太陽人은 애성노정哀性怒情이니 온기와 열기가 기본 작용이 되며, 장국은 폐대간소肺大肝小니 온기가 크고 량기가 작음을 알 수 있다. 이를 통해 사상인의 약성藥性이 태음인은 온기·소음인은 열기·소양인은 한기·태양인은 량기를 북돋우는 것임을 짐작할 수 있다.

◇◇◇◇◇

胃脘이 通於口鼻故로 水穀之氣ㅣ 上升也오

大腸이 通於肛門故로 水穀之氣ㅣ 下降也오

胃之體ㅣ 廣大而包容故로 水穀之氣ㅣ 停畜也오

小腸之體ㅣ 狹窄而屈曲故로 水穀之氣ㅣ 消導也니라.

위완은 입·코와 통하여 수곡지기가 상승하며, 대장은 항문과 통하여 수곡지기가 하강하며, 위는 그 체가 광대하여 포용하니 수곡지기가 머물러 쌓이며, 소장은 그 체가 좁고 굴곡하니 수곡지기가 소화되고 인도된다.

脘밥통 완은 肉 + 完으로 몸을 온전하게 하다.

胃밥통 위는 田 + 肉으로 밭의 곡식을 담다.

容포용할 용은 宀 + 谷으로 사람의 골짜기를 감싸다.

窄좁을 착은 穴 + 乍로 갑자기 구멍으로 들어가다.

消사라질 소는 氵 + 小 + 月로 달이 물로 사라지다.

역해 : 위완·위·소장·대장의 사부의 형상과 작용이 불가분의 관계임을 밝히고 있다.

◇◇◇◇◇

水穀溫氣ㅣ 自胃脘而化津하야 入于舌下하야 爲津海니 津海者는 津之所舍也라 津海之清氣ㅣ 出于耳而爲神하고 入于頭腦而爲膩海니 膩海者는 神之所舍也라 膩海之膩汁清者ㅣ 內歸于肺하고 濁滓ㅣ 外歸于皮毛故로 胃脘與舌耳頭腦皮毛는 皆肺之黨也니라.

수곡의 온기가 위완으로부터 진津으로 변화하여 혀의 아래舌下로 들어가 진해가 되니, 진해는 진이 머무는 곳이다. 진해의 청기가 이에서 나와 신神이 되고 두뇌에 들어가 니해가 되니, 니해는 신이 머무는 곳이다. 니해의 니즙이 맑은 것은 안으로 폐에 돌아가고, 흐린 찌꺼기濁滓는 밖으로 피부와 털皮毛에 돌아감으로 위완·설·이·두뇌·피모는 모두 폐의 무리肺黨다.

溫따뜻할 온은 氵+ 囚 + 皿으로 진리로 사람을 가두다.

舍머무를 사는 人 + 干 + 口로 十一의 진리에 머무르다.

腦뇌 뇌는 肉 + 巛 + 丶 + 口 + 十으로 十을 감싸는 살이다.

津기름 진은 氵+ 彐 + 二 + ㅣ으로 진리로 음양을 잡다.

膩기름 니는 肉 + 貳(弋 + 二 + 貝)로 음양의 작용을 잡다.

역해 : 수곡 온기의 기 흐름이 위완에서 시작하여 설하舌下, 津海 → 이耳 → 두뇌頭腦, 膩海 → 폐의 순서로 진행됨을 알 수 있다.

또 마지막 폐의 작용에 대하여 "폐는 사무를 단련하고 통달하는 애哀의 힘으로 니해의 맑은 즙을 빨아내어 폐에 들어가 폐의 근원을 더해주고, 안으로는 진해를 옹호하여 수곡의 온기를 고동시킴으로써 그 진을 엉겨 모이게 한다.肺는 以鍊達事務之哀力으로 吸得膩海之淸汁하야 入于肺하야 以滋肺元而內以擁護津海하야 鼓動其氣하야 凝聚其津하고"라고 하여, 폐에서 다시 진해를 담고 있는 설하로 돌아간다고 하였다.

따라서 수곡의 온기는 문왕팔괘도에서 이耳와 폐肺가 배치된 이괘☲의 남방과 손괘☴의 동남방에 위치하며, 위완에서 시작하여 설하津海 → 이 → 두뇌膩海 → 폐 → 설하로 순환하는 기 흐름도가 그려지게 된

다. 223쪽 그림 1–❶

◇◇◇◇◇

水穀熱氣ㅣ 自胃而化膏하야 入于膻間兩乳하야 爲膏海니 膏海者는 膏之所舍也라 膏海之淸氣ㅣ 出于目而爲氣하고 入于背膂而爲膜海니 膜海者는 氣之所舍也라 膜海之膜汁淸者ㅣ 內歸于脾하고 濁滓ㅣ 外歸于筋故로 胃與兩乳目背膂筋은 皆脾之黨也니라.

수곡의 열기가 위로부터 고膏로 변화하여 두 젖兩乳 사이로 들어가 고해膏海가 되니, 고해는 고가 머무는 곳이다. 고해의 청기가 목目에서 나와 기氣가 되고 배려에 들어가 막해가 되니, 막해는 기가 머무는 곳이다. 막해의 막즙이 맑은 것은 안으로 비脾에 들어가고, 탁재는 밖으로 근육筋에 돌아감으로 위·양유·목·배려·근은 모두 비의 무리脾黨다.

熱더울 열은 土 + 儿 + 土 + 丸 + 灬로 불로 데우다.

膏기름 고는 高 + 肉으로 높이 있는 살이다.

膻어깨 단은 肉 + 亶(亠 + 回 + 且)으로 하늘의 뜻이 돌아가는 살이다.

膜막 막은 肉 + 莫(艹 + 日 + 大)로 하늘이 아래에 있다.

筋힘줄 근은 竹 + 肉 + 力으로 하늘의 뜻을 헤아리는데 힘을 쓰다.

역해 : 수곡 열기의 기 흐름은 위에서 시작하여 양유兩乳, 膏海 → 목目

→ 배려背膂, 膜海 → 비脾의 순서로 진행됨을 알 수 있다.

또 마지막 비의 작용에 대하여 "비는 교우를 단련하고 통달하는 노怒의 힘으로 막해의 맑은 즙을 빨아내어 비에 들어가 비의 근원을 더해주고, 안으로는 고해를 옹호하여 수곡의 열기를 고동시킴으로써 그 고를 엉겨 모이게 한다. 脾는 以鍊達交遇之怒力으로 吸得膜海之淸汁하야 入于脾하야 以滋脾元而內以擁護膏海하야 鼓動其氣하야 凝聚其膏하고"라고 하여, 비에서 다시 고해를 담고 있는 양유로 돌아간다고 하였다.

따라서 수곡의 열기는 문왕팔괘도에서 목目과 비脾가 배치된 진괘☳의 동방과 간괘☶의 동북방에 위치하며, 위에서 시작하여 양유膏海 → 목 → 배려膜海 → 비 → 양유로 순환하는 기 흐름도가 그려지게 된다. 223쪽 그림 1-❷

◇◇◇◇◇

水穀涼氣ㅣ 自小腸而化油하야 入于臍하야 爲油海니 油海者는 油之所舍也라 油海之淸氣ㅣ 出于鼻而爲血하고 入于腰脊而爲血海니 血海者는 血之所舍也라 血海之血汁淸者ㅣ 內歸于肝하고 濁滓ㅣ 外歸于肉故로 小腸與臍鼻腰脊肉은 皆肝之黨也니라.

수곡의 량기가 소장으로부터 유油로 변화하여 배꼽臍에 들어가 유해가 되니, 유해는 유가 머무는 곳이다. 유해의 청기가 비鼻로 나와 혈이 되고 요척에 들어가 혈해가 되니, 혈해는 혈이 머무는 곳이다.

혈해의 혈즙이 맑은 것은 안으로 간肝에 들어가고, 탁재는 밖으로 살肉에 돌아감으로 소장·제·비·요척·육은 모두 간의 무리肝黨다.

油기름 유는 氵 + 由로 하늘이 말미암다.

脊등성마루 척은 人 + 二 2개 + 肉으로 살을 두 개로 나누다.

滓찌꺼기 재는 氵 + 宰(宀 + 立 + 十)로 十을 세워서 덮다.

역해 : 수곡 량기의 기 흐름은 소장에서 시작하여 제臍, 油海 → 비鼻 → 요척腰脊, 血海 → 간肝의 순서로 진행됨을 알 수 있다.

또 마지막 간의 작용에 대하여 "간은 당여를 단련하고 통달하는 희喜의 힘으로 혈해의 맑은 즙을 빨아내어 간에 들어가 간의 근원을 더해주고, 안으로는 유해를 옹호하여 수곡의 량기를 고동시킴으로써 그 유를 엉겨 모이게 한다. 肝은 以鍊達黨與之喜力으로 吸得血海之淸汁하야 入于肝하야 以滋肝元而內以擁護油海하야 鼓動其氣하야 凝聚其油하고"라고 하여, 간에서 다시 유해를 담고 있는 제臍로 돌아간다고 하였다.

따라서 수곡의 량기는 문왕팔괘도에서 비鼻와 간肝이 배치된 감괘☵의 북방과 건괘☰의 서북방에 위치하며, 소장에서 시작하여 제油海 → 비 → 요척血海 → 간 → 제로 순환하는 기 흐름도가 그려지게 된다. 223쪽 그림 1–❸

◇◇◇◇◇

水穀寒氣ㅣ 自大腸而化液하야 入于前陰毛際之内하야 爲液海니 液海者는 液之所舍也라 液海之清氣ㅣ 出于口而爲精하고 入于膀胱而爲精海니 精海者는 精之所舍也라 精海之精汁清者ㅣ 内歸于腎하고 濁滓ㅣ 外歸于骨故로 大腸與前陰口膀胱骨은 皆腎之黨也니라.

수곡의 한기가 대장으로부터 액液으로 변화하여 전음前陰의 털사이 속으로 들어가서 액해가 되니, 액해란 것은 액이 머무는 곳이다. 액해의 청기가 구口로 나와 정精이 되고 방광에 들어가 정해가 되니, 정해는 정이 머무는 곳이다. 정해의 정즙이 맑은 것은 안으로 신腎에 들어가고, 탁재는 밖으로 뼈骨에 돌아감으로 대장·전음·구·방광·골은 모두 신의 무리腎黨다.

寒찰 한은 宀 + 井 + 一 + 八 + 冫으로 우물의 시원한 물이다.

際사이 제는 阝 + 祭로 언덕에서 제사 지내는 사이이다.

膀방광 방은 肉 + 立 + 方으로 사방을 세우는 살이다.

胱오줌통 광은 肉 + 光으로 빛을 발하는 살이다.

역해 : 수곡 한기의 기 흐름은 대장에서 시작하여 전음前陰, 液海 → 구口 → 방광膀胱, 精海 → 신腎의 순서로 진행됨을 알 수 있다.

또 마지막 신의 작용에 대하여 "신은 거처를 단련하고 통달하는 락

樂의 힘으로 정해의 맑은 즙을 빨아내어 신에 들어가 신의 근원을 더해주고, 안으로는 액해를 옹호하여 수곡의 한기를 고동시킴으로써 그 액을 엉겨 모이게 한다. 腎은 以鍊達居處之樂力으로 吸得精海之淸汁하야 入于腎하야 以滋腎元而內以擁護液海하야 鼓動其氣하야 凝聚其液이니라."라고 하여, 신에서 다시 액해를 담고 있는 전음으로 돌아간다고 하였다.

따라서 수곡의 한기는 문왕팔괘도에서 구口와 신腎이 배치된 태괘☱의 서방과 곤괘☷의 서남방에 위치하며, 대장에서 시작하여 전음液海 → 구 → 방광精海 → 신 → 전음으로 순환하는 기 흐름도가 그려지게 된다. 아래 그림 1-❹

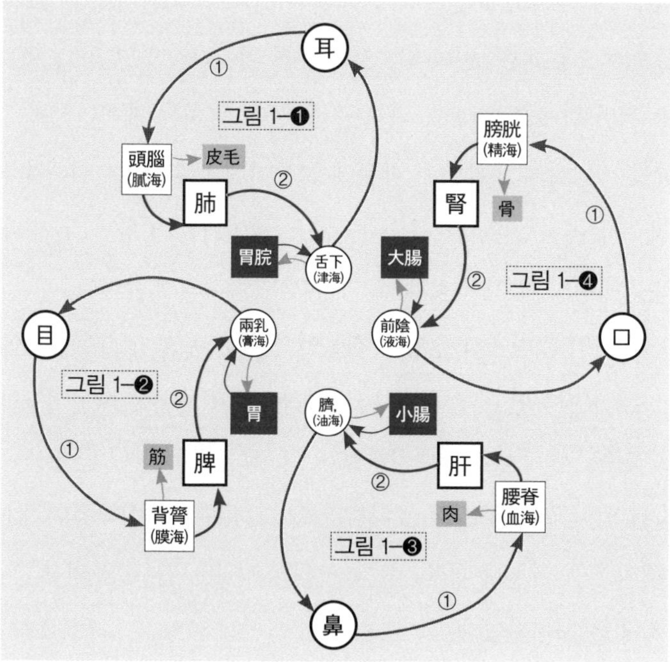

| 사상인의 기흐름도 |

위의 그림에 대하여 설명하면, 먼저 앞에서 설명한 것과 같이 기본적으로 이목비구와 설하頷·양유臆·제·전음腹은 네 정방에 배치되고, 폐비간신과 두뇌頭·배려肩·요척腰·방광臀은 네 모퉁이維方에 배치된다.

네 정방에 배치되는 이목비구와 설하·양유·제·전음는 서로 체용의 관계로 이목비구가 천기를 청시후미하는 근원적인 존재이기 때문에 가장 밖에서 모든 것을 포괄하는 의미를 가지고 있으며, 설하·양유·제·전음은 인체의 전면에 위치하여 몸을 앞으로 구부릴 때 한 곳으로 보이는 굴신작용에 따라 가운데로 모았다.

네 모퉁이에 배치되는 폐비간신과 두뇌·배려·요척·방광의 위치는 「장부론」에서 논하고 있는 수곡의 온기·열기·량기·한기의 기 흐름 순서를 기본으로 하여, 안과 밖으로 구분한 것이다.

또 위완·위·소장·대장과 피모·근·육·골의 배치는 폐비간신과 같이 현상적 생명성의 주체이기 때문에 모퉁이에 배치하였으며, 설하·양유·제·전음에서 위완·위·소장·대장으로 돌아가는 방향과 두뇌·배려·요척·방광에서 피모·근·육·골로 가는 것은 탁재의 흐름이다.

또한 위의 그림에서 정방은 하늘에 근원을 두고 있다는 의미에서 원○으로 표시하였고, 그 작용은 음양작용이기 때문에 이목비구와 설하頷·양유臆·제·전음腹을 배치하였다. 또 모퉁이는 땅에 근원을 두고 있다는 의미에서 방□으로 표시하였고, 그 작용은 사상작용이기 때문에 폐비간신, 두뇌頭·배려肩·요척腰·방광臀, 위완·위·소장·대장, 피모·근·육·골을 배치하였다.

한편 위의 그림은 사상철학의 기 흐름을 종합하는 것으로 『황제내경』에서 밝히고 있는 12경락經絡이나 기경팔맥奇經八脈과는 전혀 다른 차원의 기 흐름이다.

동무는 「의원론」에서는 "삼음과 삼양이라는 것은 증상의 같고 다름을 변별한 것이니, 그 이치는 복배표리腹背表裡에 있지만 반드시 그 경락의 변화를 연구할 필요는 없는 것이다.三陰三陽者는 辨證之同異也니 其理는 在於腹背表裏而不必究其經絡之變也니라."라고 하여, 『황제내경』 이래 한의학에서 복배표리로 논하고 있는 경략의 변화를 반드시 연구할 필요가 없다고 하였다. 이것은 자신이 밝힌 수곡의 온기·열기·량기·한기의 기 흐름과는 차원이 다른 것으로 이미 사람들이 알고 있기 때문에 연구할 필요가 없다고 한 것이다.

동무가 「장부론」에서 밝힌 폐비간신의 당黨에 흐르는 기는 깊은 내면의 기라면, 『황제내경』에서 밝힌 경락은 인체의 얕은 기인 것이다. 동무가 깊은 수련을 하지 않았다면, 이러한 기에 대한 논의는 불가능했을 것이다. 그는 인체의 기를 알았기 때문에 「확충론」에서는 신기혈정神氣血精을 논하고, 「장부론」에서는 신령혼백神靈魂魄을 밝히고 있다.

◇◇◇◇◇

耳는 以廣博天時之聽力으로 提出津海之淸氣하야 充滿於上焦하야 爲神而注之頭腦하야 爲膩하야 積累爲膩海하고

目은 以廣博世會之視力으로 提出膏海之淸氣하야 充滿於中上焦하야 爲氣而注之背膂하야 爲膜하야 積累爲膜海하고

鼻는 以廣博人倫之嗅力으로 提出油海之清氣하야 充滿於中下焦하야 爲血而注之腰脊하야 爲凝血하야 積累爲血海하고

口는 以廣博地方之味力으로 提出液海之清氣하야 充滿於下焦하야 爲精而注之膀胱하야 爲凝精하야 積累爲精海니라.

이耳는 천시를 널리 듣는 힘으로 진해의 맑은 기운을 끌어내어 상초에 가득 차게 하여 신神이 되게 하고, 두뇌에 쏟아 넣어서 니膩가 되게 하는 것이니, 이것이 쌓이고 쌓여서 니해가 된다.

목目은 세회를 널리 보는 힘으로 고해의 맑은 기운을 끌어내어 중상초에 가득 차게 하여 기氣가 되게 하고, 배려에 쏟아 넣어서 막膜이 되게 하는 것이니, 이것이 쌓이고 쌓여서 막해가 된다.

비鼻는 인륜을 널리 냄새 맡는 힘으로 유해의 맑은 기운을 끌어내어 중하초에 가득 차게 하여 혈血이 되게 하고, 허리에 쏟아 넣어서 혈이 엉기게 하는 것이니, 이것이 쌓이고 쌓여서 혈해가 된다.

구口는 지방을 널리 맛보는 힘으로 액해의 맑은 기운을 끌어내어 하초에 가득 차게 하여 정精이 되게 하고, 방광에 쏟아 넣어서 정이 엉기게 하는 것이니 이것이 쌓이고 쌓여서 정해가 된다.

提끌 제는 扌 + 是로 손으로 옳은 것을 끌다.

滿찰 만은 氵 + 廾 + 兩으로 하늘의 뜻이 二十으로 차다.

累묶을 루는 田 + 糸로 마음 밭을 실로 묶다.

역해 : 천기유사를 널리 하는 이목비구의 청시후미聽視嗅味하는 힘에 의해 진해·고해·유해·액해에서 청기를 끌어내고, 이것을 사초에 가득 차게 하여 신기혈정神氣血精을 생성하고, 신기혈정이 두뇌·배려·요척·방광으로 주입되어 니해·막해·혈해·정해의 사해四海가 됨을 논하고 있다. 사람의 생명성은 천기유사를 어떻게 수용하느냐에 따라 갈라짐을 논한 것이다.

사상인과 니해·막해·혈해·정해의 관계를 이해하기 위해서는 「확충론」에서 논한 사상인의 이목비구의 잘함能과 잘하지 못함不能을 근거로 해야 한다.

「확충론」에서 논한 사상인의 이목비구性氣를 중심으로 장국臟局의 대소에 따라 대는 잘함·소는 잘하지 못함으로 논하고 있기 때문에, 이를 근거로 설명해 보면, 태양인은 니膩는 잘 되게 하지만 혈血은 잘 엉기게 하지 못하고, 태음인은 혈은 잘 엉기게 하지만 니는 잘 되지 못하고, 소양인은 막膜은 잘 되게 하지만 정精은 잘 엉기게 하지 못하고, 소음인은 정은 잘 엉기게 하지만 막은 잘 되게 하지 못하는 것이다.

따라서 태양인은 폐대간소로 니해는 크지만 혈해는 작고, 태음인은 간대폐소로 혈해는 크지만 니해는 작고, 소양인은 비대신소로 막해는 크지만 정해는 작고, 소음인은 신대비소로 정해는 크지만 막해는 작다고 하겠다.

◇◇◇◇◇

肺는 以鍊達事務之哀力으로 吸得膩海之清汁하야 入于肺하야 以滋肺元而內以擁護津海하야 鼓動其氣하야 凝聚其津하고

脾는 以鍊達交遇之怒力으로 吸得膜海之清汁하야 入于脾하야 以滋脾元而內以擁護膏海하야 鼓動其氣하야 凝聚其膏하고

肝은 以鍊達黨與之喜力으로 吸得血海之清汁하야 入于肝하야 以滋肝元而內以擁護油海하야 鼓動其氣하야 凝聚其油하고

腎은 以鍊達居處之樂力으로 吸得精海之清汁하야 入于腎하야 以滋腎元而內以擁護液海하야 鼓動其氣하야 凝聚其液이니라.

폐는 사무를 단련하고 통달하는 애哀의 힘으로 니해의 맑은 즙을 빨아내어 폐에 들어가 폐의 근원을 더해주고, 안으로는 진해를 옹호하여 수곡의 온기를 고동시킴으로써 그 진津을 엉겨 모이게 한다.

비는 교우를 단련하고 통달하는 노怒의 힘으로 막해의 맑은 즙을 빨아내어 비에 들어가 비의 근원을 더해주고, 안으로는 고해를 옹호하여 수곡의 열기를 고동시킴으로써 그 고膏를 엉겨 모이게 한다.

간은 당여를 단련하고 통달하는 희喜의 힘으로 혈해의 맑은 즙을 빨아내어 간에 들어가 간의 근원을 더해주고, 안으로는 유해를 옹호하여 수곡의 량기를 고동시킴으로써 그 유油를 엉겨 모이게 한다.

신은 거처를 단련하고 통달하는 락樂의 힘으로 정해의 맑은 즙을 빨아내어 신에 들어가 신의 근원을 더해주고, 안으로는 액해를 옹호

하여 수곡의 한기를 고동시킴으로써 그 액을 엉겨 모이게 한다.

鍊불릴 련은 金 + 柬 + 八로 금을 여덟로 묶다.

滋붙을 자는 氵 + 八 + 一 + 幺 2개로 물이 작게 작게 붙다.

凝엉길 응은 冫 + 疑로 의심이 엉겨 붙다.

聚모일 취는 取 + 丿 + 氺로 물을 다스려 모으다.

역해 : 인사유사人事有四를 단련하고 통달하는 폐비간신의 애노희락하는 힘이 니해·막해·혈해·정해의 청즙을 빨아내어 폐비간신의 근원을 더해 주고, 진해·고해·유해·액해가 엉겨 모이게 됨을 논하고 있다.

사상인과 진해·고해·유해·액해의 관계를 이해하기 위해서는 「확충론」에서 논한 사상인의 폐비간신情氣을 중심으로, 촉급한 장국은 잘하고, 소한 장국은 잘하지 못한다는 것을 근거로 설명해야 한다. 태양인은 고해는 잘 엉겨 모으지만 유해는 잘 엉겨 모으지 못하고, 태음인은 액해는 잘 엉겨 모으지만 진해는 잘 엉겨 모으지 못하고, 소양인은 진해는 잘 엉겨 모으지만 액해는 잘 엉겨 모으지 못하고, 소음인은 유해는 잘 엉겨 모으지만 고해는 잘 엉겨 모으지 못하는 것이다.

또한 위의 두 문장에서 사상인의 이목비구는 설하·양유·제·전음에 있는 진고유액해를 제출提出한다고 하고, 폐비간신이 두뇌·배려·요척·방광에 있는 니막혈정해를 흡득吸得한다고 하여, 문왕팔괘도에 배치하면 다음과 같다.

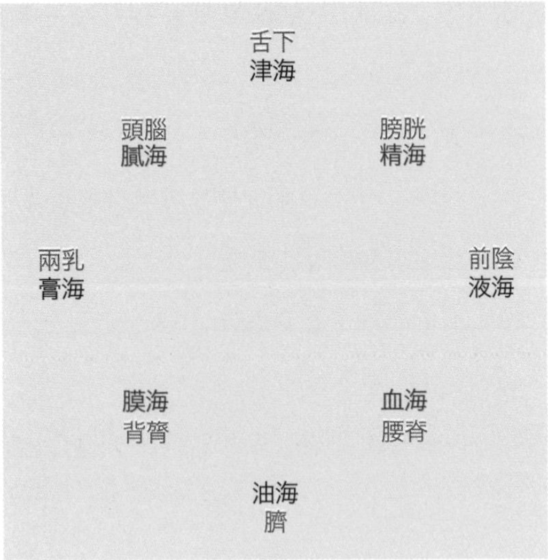

| 진고유액과 니막혈정 배치 |

위의 그림을 통해 사상인의 진고유액津膏油液과 니막혈정膩膜血精을 종합해서 설명하면, 태양인은 애성노정으로 진해津海와 막해膜海는 잘 생성되지만, 폐대간소로 유해油海와 혈해血海는 잘 생성되지 않으며, 태음인은 희성락정으로 유해油海와 정해精海는 잘 생성되지만 간대폐소로 진해津海와 니해膩海는 잘 생성되지 않는 것이다.

또 소양인은 노성애정으로 고해膏海와 니해膩海는 잘 생성되지만, 비대신소로 액해液海와 정해精海는 잘 생성되지 않으며, 소음인은 락성희정으로 정해精海와 혈해血海는 잘 생성되지만, 신대비소로 고해膏海와 막해膜海는 잘 생성되지 않는 것이다. 따라서 사상인의 마음 공부는 잘 생성되지 않는 진고유액과 니막혈정을 생성시키게 하는 것임을 알 수 있다.

◇◇◇◇◇

津海之濁滓則胃脘이 以上升之力으로 取其濁滓而以補益胃脘하고
膏海之濁滓則胃ㅣ 以停畜之力으로 取其濁滓而以補益胃하고
油海之濁滓則小腸이 以消導之力으로 取其濁滓而以補益小腸하고
液海之濁滓則大腸이 以下降之力으로 取其濁滓而以補益大腸이니라.

진해의 탁한 찌꺼기는 위완이 위로 올라가는 힘으로 그 탁한 찌꺼기를 취하여 위완을 보익해주고,
고해의 탁한 찌꺼기는 위가 머물러 쌓는 힘으로 그 탁한 찌꺼기를 취하여 위를 보익해주고,
유해의 탁한 찌꺼기는 소장이 소화시켜 내려 보내는 힘으로 그 탁한 찌꺼기를 취하여 소장을 보익해주고,
액해의 탁한 찌꺼기는 대장이 아래로 내려 보내는 힘으로 그 탁한 찌꺼기를 취하여 대장을 보익해준다.

取취할 취는 耳 + 又로 귀를 잡아 취하다.
補기울 보는 示 + 甫로 하늘이 크게 하다.

역해 : 진해·고해·유해·액해의 탁재가 위완·위·소장·대장을 보익한

다고 하였다. 즉, 설하·양유·제·전음의 탁재를 위완·위·소장·대장이 스스로 취해서 자기를 보익함을 알 수 있다.

설하·양유·제·전음에 있는 진해·고해·유해·액해의 청기는 이목비구의 근본이 되고, 탁재는 위완·위·소장·대장을 보익한다는 것은 천인성명의 사상적 구조에서 이목비구天와 함억제복舌下·兩乳·臍·前陰, 性의 체용 관계와 일치하고 있다.

또한 사상인의 이목비구를 중심으로 천기 유사의 잘함과 잘하지 못함을 논한 「확충론」을 근거로 사상인의 탁재에 대하여 설명하면, 태양인은 진해는 잘 끌어내지만 유해는 잘 끌어내지 못하기 때문에 위완은 잘 보익하지만 소장은 잘 보익하지 못하고, 반면에 태음인은 유해는 잘 끌어내지만 진해는 잘 끌어내지 못하기 때문에 소장은 잘 보익하지만 위완은 잘 보익하지 못하는 것이다.

소양인은 고해는 잘 끌어내지만 액해는 잘 끌어내지 못하기 때문에 위는 잘 보익하지만 대장은 잘 보익하지 못하고, 반면에 소음인은 액해는 잘 끌어내지만 고해는 잘 끌어내지 못하기 때문에 대장은 잘 보익하지만 위는 잘 보익하지 못하는 것이다.

◇◇◇◇◇

膩海之濁滓則頭ㅣ 以直伸之力으로 鍛鍊之而成皮毛하고

膜海之濁滓則手ㅣ 以能收之力으로 鍛鍊之而成筋하고

血海之濁滓則腰ㅣ 以寬放之力으로 鍛鍊之而成肉하고

精海之濁滓則足ㅣ 以屈强之力으로 鍛鍊之而成骨이니라.

니해의 탁한 찌꺼기는 머리가 곧게 펴는 힘으로 단련하여 피부와 털을 이루게 하고,

막해의 탁한 찌꺼기는 손이 능히 거두는 힘으로 단련하여 힘줄筋을 이루게 하고,

혈해의 탁한 찌꺼기는 허리가 너그럽게 놓아주는 힘으로 단련하여 살肉을 이루게 하고,

정해의 탁한 찌꺼기는 발이 구부리는 강한 힘으로 단련하여 뼈骨를 이루게 한다.

鍛쇠불릴 단은 金 + 段으로 쇠를 단련하다.

收거둘 수는 丩 + 攵로 다스려서 거두어들이다.

역해 : 인체를 구성하는 피부와 터럭·힘줄·살·뼈가 니해·막해·혈해·정해의 탁재에 의해서 이루어짐을 논하고 있다.

두뇌·배려·요척·방광에 있는 니해·막해·혈해·정해의 청즙은 폐비간신의 근본이 되고, 탁재는 두수요족에 의해 피모·근·육·골이 된다는 것은 「성명론」의 천인성명의 사상적 구조에서 폐비간신人과 두견요둔命의 체용관계와 일치하고 있다.

또한 사상인의 폐비간신을 중심으로 인사 유사의 잘함과 잘하지 못함을 논한 「확충론」을 근거로 사상인의 탁재를 설명해 보면, 먼저

태양인은 막해는 잘 빨아내지만 혈해는 잘 빨아내지 못하기 때문에 손이 능히 거두는 힘은 잘 단련하지만 허리가 너그럽게 놓아주는 힘은 잘 단련하지 못하고, 반대로 소음인은 혈해는 잘 빨아내지만 막해는 잘 빨아내지 못하기 때문에 허리가 너그럽게 놓아주는 힘은 잘 단련하지만 손이 능히 거두는 힘은 잘 단련하지 못하는 것이다.

소양인은 니해는 잘 빨아내지만 정해는 잘 빨아내지 못하기 때문에 머리가 곧게 펴는 힘은 잘 단련하지만 발이 구부리는 강한 힘은 잘 단련하지 못하고, 반대로 태음인은 정해는 잘 빨아내지만 니해는 잘 빨아내지 못하기 때문에 발이 구부리는 강한 힘은 잘 단련하지만 머리가 곧게 펴는 힘은 잘 단련하지 못하는 것이다.

여기서 인체를 구성하는 피모皮毛·근筋·육肉·골骨과 사상인의 직접적인 상관성을 설명해 보면, 피부와 터럭·힘줄·살·뼈는 현상적으로 드러나는 것이기 때문에 그것으로 사상인의 외형을 이해할 수도 있지만, 실제적으로는 그 사람의 생활 습관이나 운동 등 다양한 요인에 의해서 다르게 나타날 수 있다.

예를 들면, 태음인은 발이 구부리는 강한 힘은 잘 단련하지만 머리가 곧게 펴는 힘은 잘 단련하지 못하기 때문에 뼈는 잘 이루지만 피부와 털은 잘 이루지 못한다고 할 수 있다. 이를 근거로 뼈가 튼튼하고 대머리의 모습을 가진 사람을 태음인으로 규정할 수 있지만, 전적으로 그렇다고는 할 수 없는 것이다.

한편 두수요족頭手腰足은 「성명론」의 두견요둔頭肩腰臀을 인체로 펼친 것이다. 그리고 두수요족의 작용을 직신直伸·능수能收·관방寬放·굴강屈

強으로 논한 것은 두 가지 의미를 가지고 있다.

먼저는 『격치고』의 사심신물事心身物 사상에서 신사단身四端의 신수방굴伸收放屈을 그대로 인용하여, 그 작용을 논한 것이다. 『격치고』의 신사단身四端을 『동의수세보원』의 천인성명天人性命에서는 명命에 결부시키고 있다.

다음은 니막혈정해의 탁재가 폐비간신肺脾肝腎 기氣와 연결되는 것이다. 「사단론」에서 논한 '폐기는 곧고 펴지며, 비기는 엄숙하고 감싸며, 간기는 너그럽고 느슨하며, 신기는 온화하고 쌓인다.'와 연계되어, 두頭는 폐기·수手는 비기·요腰는 간기·족足은 신기의 작용임을 알 수 있다.

위에서 설명한 진고유액과 니막혈정의 탁재를 문왕팔괘도에 배치하면 다음과 같다.

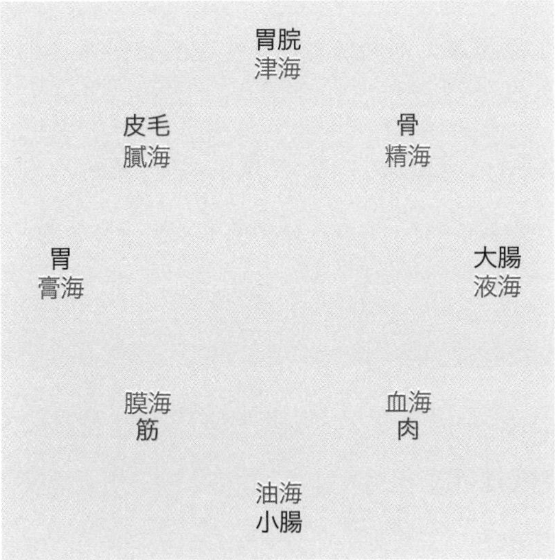

| 진고유액과 니막혈정의 탁재 배치 |

위의 그림을 통해 사상인의 탁재에 대해서 설명하면, 먼저 태음인은 뼈와 소장이 좋고 피부·털과 위완이 좋지 않으며, 소음인은 살과 대장이 좋고 힘줄과 위가 좋지 않으며, 소양인은 피부·털과 위가 좋고 뼈와 대장이 좋지 않으며, 태양인은 힘줄과 위완이 좋고 살과 소장이 좋지 않음을 알 수 있다.

이러한 사실은「사상인변증론」에서 태음인은 땀을 잘 흘려야 하고, 소음인은 소화를 잘 시켜야 하고, 소양인은 대변을 잘 보아야 하고, 태양인은 소변을 잘 보아야 건강하다는 것과 일치하고 있다.

◇◇◇◇◇

是故로 耳必遠聽하며 目必大視하며 鼻必廣嗅하며 口必深味니 耳目鼻口之用이 深遠廣大則精神氣血이 生也오 淺近狹小則精神氣血이 耗也니라.

肺必善學하고 脾必善問하고 肝必善思하고 腎必善辨이니 肺脾肝腎之用이 正直中和則津液膏油ㅣ 充也오 偏倚過不及則津液膏油ㅣ 爍也니라.

이러한 까닭으로 귀는 반드시 멀리 듣고, 눈은 반드시 크게 보고, 코는 반드시 넓게 냄새 맡고, 입은 반드시 깊이 맛보니 이목비구의 작용은 심원광대하면 정신기혈이 생기고, 천근협소하면 정기기혈이 없어지는 것이다.

폐는 반드시 학學을 잘하고, 비는 반드시 문問을 잘하고 간은 반드시 사思를 잘하고 신은 반드시 변辨을 잘하니, 폐비간신의 작용이 정직중화하면 신액고유가 차는 것이고, 편기과불급하면 진액고유가 태워지는 것이다.

淺얕을 천은 氵 + 戔으로 물이 적어서 얕다.

耗줄 모는 耒 + 毛로 神道의 다스림이 줄어들다.

學배울 학은 彐 2개 + 爻 + 冖 + 子로 자식이 양손으로 진리를 배우는 것이다.

問물을 문은 門 + 口로 사람이 道義의 門으로 들어가다.

辨분별할 변은 立 2개 + 十 2개 + 刂로 심판을 통해 분별하다.

爍꺼질 삭은 火 + 樂으로 불로 즐거움을 태우다.

역해 : 이목비구의 청시후미하는 작용이 깊고·멀고·넓고·크면 인체의 정신기혈이 생성하지만, 만일 너무 가깝고·낮고·좁고·적으면 인체의 정신기혈이 소모됨을 밝히고 있다.

이목비구가 청시후미하는 작용은 『사단론』에서 논한 사상인 성기性氣의 작용과 그대로 직결되어 있다. 애성기哀性氣의 멀리 흩어지는遠散 작용은 멀리 듣는 것이고, 노성기怒性氣가 크게 감싸는宏抱 작용은 크게 보는 것이고, 희성기喜性氣가 넓게 베푸는廣張 것은 넓게 냄새 맡는 것이고, 락성기樂性氣의 깊고 확고한深確 작용은 깊게 맛보는 것이다.

또 폐비간신의 학문사변學問思辨이 바르고·곧고·적중하고·조화되면 진해·고해·유해·액해가 충만하고, 치우치고·기울고·지나치고·미치지 못하면 진해·고해·유해·액해가 사라지는 것이다. 폐비간신의 인人事과 학문사변의 심사단心四端을 결부시킴으로써 폐비간신의 작용이 인격적 작용임을 알 수 있다.

천인성명天人性命에서 인人인 폐비간신을 사심신물事心身物의 심사단心四端인 학문사변에 연계시키고 있다.

학문사변의 경전적 근거는 『중용』에서 논한 것으로 실천적 행위를 의미하는 '독행篤行'을 제외한 박학博學·심문審問·신사愼思·명변明辨의 의미임을 알 수 있다.

"널리 배우며, 깊이 물으며, 삼가 생각하며, 밝게 분별하며, 독실하게 행하는 것이다. 배우지 않을지언정 배우면 능하지 않음을 두지 말 것이며, 묻지 않을지언정 물으면 알지 못함을 두지 말 것이며, 생각하지 않을지언정 생각하면 얻지 못함을 두지 말 것이며, 분별하지 않을지언정 분별하면 밝지 못함을 두지 말 것이며, 행하지 않을지언정 행하면 독실하지 않음을 두지 말 것이다. 博學之하며 審問之하며 愼思之하며 明辨之하며 篤行之니라. 有弗學이언뎡 學之인댄 弗能을 弗措也하며 有弗問이언뎡 問之인댄 弗知를 弗措也하며 有弗思언뎡 思之인댄 弗得을 弗措也하며 有弗辨이언뎡 辨之인댄 弗明을 弗措也하며 有弗行이언뎡 行之인댄 弗篤을 弗措也하야. 『중용』 제20장."

◇◇◇◇◇

臟海여이 藏神하고 膜海여이 藏靈하고 血海여이 藏魂하고 精海여이 藏魄이니라.

니해에 신神을 간직하고 막해에 영靈을 간직하고 혈해에 혼魂을 간직하고 정해에 백魄을 간직하는 것이다.

靈신령 령은 雨 + 口 3개 + 巫로 하늘의 뜻을 세상에 전하는 무당이다.

魂넋 혼은 云 + 鬼로 귀신을 말하다.

魄넋 백은 白 + 鬼로 귀신의 몸둥이다.

역해 : 니막혈정해가 신령혼백神靈魂魄을 감추고 있다. 니막혈정해도 무엇인지 모르는데, 신령혼백까지 말씀하니, 참으로 깊은 수행을 통하지 않고는 알 수 없는 세계이다.

신령혼백의 경전적 근거를 중심으로 설명하고자 한다.

먼저 『주역』에서는 신神에 대하여 "음양으로 헤아릴 수 없는 것을 신神이라고 한다.陰陽不測之謂ㅣ 神이라."·"신神이라는 것은 만물을 묘합해서 말씀이 된 것이다.神也者는 妙萬物而爲言者也니"라고 하여, 음陰과 양陽이 합덕일체화되어 존재하는 만물의 오묘함을 말한 것으로 정의하고 있다.

이 신의 작용에 대하여 "신은 방위가 없고 역은 본체가 없다.神无方而易无體하니라."·"역은 사유가 없으며 함도 없어서 고요하여 움직이지 않다가 감응하면 드디어 천하의 연고에 통하는 것이니 천하의 지극한 신神이 아니면 그 누가 이것과 능히 함께 하겠는가?易은 无思也하며 无爲也하야 寂然不動이라가 感而遂通天下之故하나니 非天下之至神이면 其孰能與於此리오."·"신으로써 옴을 알고神以知來코"라고 하여, 방위가 없지만 래來를 알아서 모든 작용을 주재한다고 하였다.

다음으로 령靈은 『주역』에서 "너의 신령스러운 거북을 버리고 턱을 늘어뜨리고 나를 보니 흉하다. 舍爾靈龜하고 觀我朶頤하니 凶하니라."라고 하여, 하늘의 작용이 신령神靈함을 논하고 있다. 『서경』에서는 "오직 천지는 만물의 부모이고, 오직 사람은 만물의 령靈이다. 惟天地萬物父母 惟人萬物之靈."이라 하여, 사람만이 령을 가진 존재임을 밝히고 있다.

또 『주역』에서는 혼魂에 대하여 "우러러 천문을 보고 구부려 지리를 살피는 것이라. 이러한 까닭으로 어둠과 밝음의 연고를 알며, 시작에 근원하여 마침으로 돌아가는 것이라. 고로 죽음과 삶의 말씀을 알며, 정수한 기운은 물이 되고 흐르는 혼은 변화가 되는 것이라. 이러한 까닭으로 귀신의 뜻과 상태를 아는 것이다. 仰以觀於天文하고 俯以察於地理라 是故로 知幽明之故하며 原始反終이라 故로 知死生之說하며 精氣爲物이오 游魂爲變이라 是故로 知鬼神之情狀하나니라."라고 하여, 혼魂이 흘러 다녀 변화가 일어난다고 하였다.

『예기』에서는 혼魂과 백魄에 대하여 "혼의 기운은 하늘로 돌아가고, 형체의 백魄은 땅에 돌아가는 것이므로 제사는 음양의 뜻에서 구하는 것이다. 魂氣歸于天, 形魄歸于地, 故祭, 求諸陰陽之義也."·"공자가 말씀하시기를 기氣라는 것은 신神의 성한 것이고, 백魄이라는 것은 귀鬼의 성한 것으로 귀와 신을 합한 것이 가르침의 지극한 것이다. 子曰, 氣也者, 神之盛也, 魄也者, 鬼之盛也. 合鬼與神, 教之至也."라고 하여, 기氣는 혼기魂氣이고, 백魄은 형백形魄으로 귀신鬼神의 성대한 것임을 알 수 있다. 귀신은 음기陰氣와 양기陽氣의 양능인데, 이 음양의 기가 성대해진 것이 혼백이라 하겠다.

◇◇◇◇◇

津海여이 藏意하고 膏海여이 藏慮하고 油海여이 藏操하고 液海여이 藏志니라.

진해에는 의意를 간직하고 고해에는 사慮를 간직하고 유해에는 조操을 간직하고 액해에는 지志를 간직하는 것이다.

역해 :『격치고』의 사상四象인 사심신물事心身物에서 물사단物四端인 '의려조지意慮操志'와 진고유액해를 논하고 있다. 여기서『격치고』의 사심신물 사상과『동의수세보원』의 천인성명과의 관계를 정리해 보면 다음과 같다.

사상철학을 온전히 담고 있는『격치고』의 사심신물은『주역』의 사상원리에 근거하고 있으며, 사事와 심心이 본체적 입장이라면, 물物과 신身은 현상적 입장이기 때문에 사심신물은 본체와 작용이 일체화되어 드러나는 사상으로 사事와 심心·물物과 신身이 체용관계이며, 사事와 물物·심心과 신身도 체용관계이다. 또 사상의학을 집성한『동의수세보원』의 천인성명은 사상의학의 철학적 원리를 직접 논한 것으로 천天과 인人·성性과 명命이 체용관계이며, 천天과 성性이 서로 짝을 이루고, 인人과 명命이 짝을 이루는 체용관계이다.

또한『격치고』에서는 사심신물을 다시 사사단事四端, 貌言視聽·심사단心四端, 學問思辨·신사단身四端, 屈放收伸·물사단物四端, 意慮膽志으로 논하고 있으며, 『동의수세보원』에서는 천인성명을 천天, 耳目鼻口·인人, 肺脾肝腎·성性, 頷臆臍腹·명命, 頭肩腰臀으로 논하고, 인간의 구체적인 마음작용으로 적용하여 호선지심好善之心·오악지심惡惡之心·사심邪心, 이기심·태심怠心, 탐욕심으로 논하고 있다.

그런데 「성명론」에서는 물사단인 지담려의志膽慮意를 성性인 함억제복과 결부시키고, 「장부론」에서는 심사단心四端인 변사문학辯思問學은 폐비간신에, 신사단身四端인 굴방수신屈放收伸은 두수요족頭手腰足, 頭肩腰臀에 직접 결부시키고 있다. 또 사사단事四端인 모언시청貌言視聽은 이목비구에 결부됨을 「독행편」에서 직접 밝히고 있다.

따라서 사심신물과 천인성명을 일관된 논리로 이해할 수 있다. 자세한 내용은 「『격치고』의 사심신물事心身物과 『동의수세보원』의 천인성명과의 상관성 고찰」『퇴계학과 유교문화』 제58집, 경북대학교 퇴계연구소, 2015.을 참고 바랍니다.

심사단心四端의 경전적 근거는 앞에서 설명하였고, 사사단事四端과 물사단物四端 그리고 신사단身四端의 근거는 다음과 같다.

사사단의 '모언시청'은 『서경』 홍범편의 "두번째는 오사五事이니 첫째는 모貌이고, 둘째는 언言이고, 셋째는 시視이고, 넷째는 청聽이고, 다섯째는 사思이다. 모는 공손이고, 언은 좇음이고, 시는 밝음이고, 청은 총명이고, 사는 밝음이다. 二五事는 一曰貌오 二曰言이오 三曰視오 四曰聽이오 五曰思니라 貌曰恭이오 言曰從이오 視曰明이오 聽曰聰이오 思曰睿니라."에서 마지막 본체적 의미를 가진 '사思'를 제외한 것이다.

다음 물사단의 '지담려의'와 신사단의 '굴방수신'은 『주역』의 "택산

함괘澤山咸卦, ䷞ 구사효에서 말하기를 그리워하여 왕래하면 벗이 너의 생각을 좇을 것이라 하니, 공자께서 말씀하시기를 천하가 무엇을 생각하고 무엇을 염려하겠는가? 천하는 같은 데로 돌아가지만 다른 길로 가며, 하나에 이르지만 백가지로 염려하니, 천하가 무엇을 생각하고 무엇을 염려하겠는가? 해가 가면 달이 오고 달이 가면 해가 오니, 일월이 서로 밀어내어 밝음이 생기며, 추위가 가면 더위가 오고 더위가 가면 추위가 오니, 한서가 서로 밀어내어 해가 생기니, 가는 것은 굴屈이고 오는 것은 신信 = 伸이니, 굴신이 서로 감응하여 이로움이 생기는 것이다. 易曰憧憧往來면 朋從爾思라 하니 子曰天下何思何慮리오 天下同歸而殊塗하며 一致而百慮니 天下何思何慮리오. 日往則月來하고 月往則日來하야 日月相推而明生焉하며 寒往則暑來하고 暑往則寒來하야 寒暑相推而歲成焉하니 往者는 屈也오 來者는 信也니 屈信相感而利生焉하니라."에 근거한 것이라 하겠다.

물사단의 지담려의에서 '지志'와 '의意'는 선진유학 경전의 여러 곳에서 언급되고 있으나, '려慮'는 『대학』에서 대표적으로 "편안한 이후에 능히 생각하며, 생각한 이후에 능히 자득하는 것이다. 安而后에 能慮하며 慮而后에 能得이니라"에서 찾을 수 있으며, '담膽'은 『예기』에서 "복숭아는 담다듬는다한다고 말한다. 桃曰膽之"라고 하여, '뜻'이나 '생각'과는 다른 의미로 사용하고 있다.

또 심사단의 굴방수신에서 '굴신'은 위에서 고찰한 바와 같으며, '방'은 『서경』에서 "비록 놓은 마음을 거두었으나 지키기가 오직 어렵다. 將由惡終 雖收放心 閑之惟艱."라고 하는 등 '방출하다'·'(마음을) 놓다. 放其心而不知求, 『맹자』'라는 의미이며, '수收'는 『孟子』에서 "그 밭과 집을 거두다. 收其

田里"라고 하여, '거두다'·'그치다'라는 의미임을 알 수 있다.

위의 인용문에서 논한 이목비구의 신기혈정神氣血精과 폐비간신에 있는 니막혈정膩膜血精의 신령혼백神靈魂魄을 문왕팔괘도에 배치하면 다음과 같다.

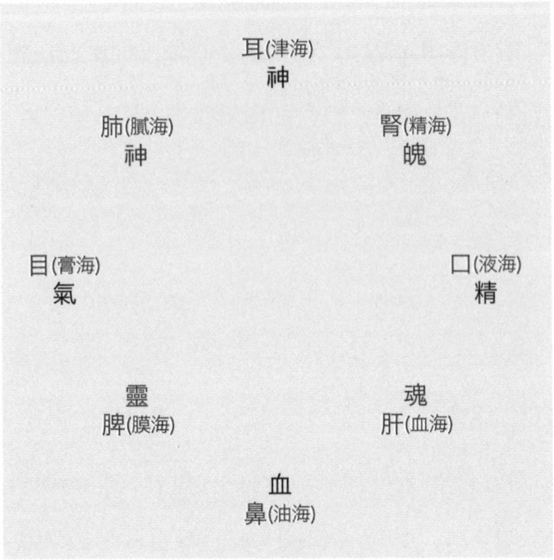

| 신기혈정과 신령혼백의 배치 |

위의 그림을 통해 사상인의 신기혈정神氣血精과 신령혼백神靈魂魄을 종합해서 설명하면, 태양인은 애성노정으로 신神과 령靈은 잘 소통되지만, 폐대간소로 혈血과 혼魂은 잘 소통되지 않고, 태음인은 희성락정으로 혈血과 백魄은 잘 소통하지만, 간대폐소로 신과 신은 잘 소통되지 않는 것이다.

또 소양인은 노성애정으로 기氣와 신神은 잘 소통되지만, 비대신소로 정精과 백魄은 잘 소통되지 않으며, 소음인은 락성희정으로 정精과 혼魂은 잘 소통되지만, 신대비소로 기氣와 령靈은 잘 소통되지 않는 것이다. 따라서 사상인의 마음 공부는 잘 생성되지 않는 신기혈정神氣血精과 신령혼백神靈魂魄을 소통시키는 것으로 이해되는 것이다.

또한 위에서 설명한 사심신물 사상의 작용인 사사단의 청시언모와 심사단인 학문사변, 물사단인 의려조지와 신사단인 신수방굴을 문왕팔괘도에 배치하면 다음과 같다.

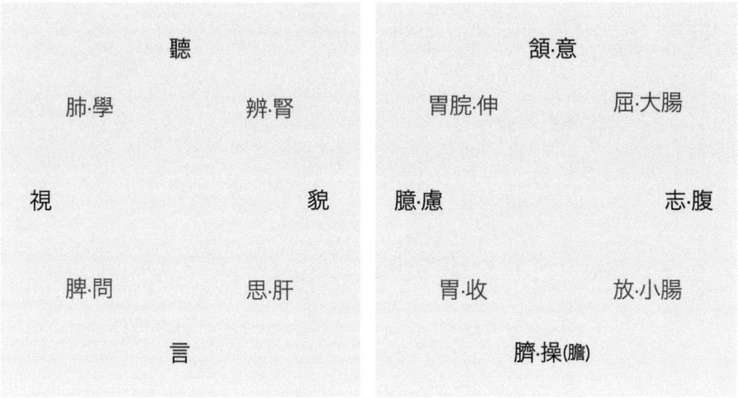

| 사심신물 사상의 작용 |

◇◇◇◇◇

頭腦之膩海는 肺之根本也오 背膂之膜海는 脾之根本也오 腰脊之血海는 肝之根本也오 膀胱之精海는 腎之根本也니라.

두뇌의 니해는 폐의 근본이고, 등의 막해는 비의 근본이고, 허리의 혈해는 간의 근본이고, 방광의 정해는 신의 근본이다.

根뿌리 근은 木 + 艮으로 木道가 그쳐있다.

本밑 본은 大 + 十으로 十이 근본이다.

역해 : 니막혈정해는 두뇌·배려·요척·방광에 머무는 것으로 애노희락의 정기情氣와 결부된다. 두뇌·배려·요척·방광은 두견요둔頭肩腰臀의 인체적 개념이다. 아래에서 같이 설명하고자 한다.

◇◇◇◇◇

舌之津海는 耳之根本也오 乳之膏海는 目之根本也오 臍之油海는 鼻之根本也오 前陰之液海는 口之根本也니라.

혀의 진해는 이의 근본이고, 젖의 고해는 목의 근본이고, 배꼽의 유해는 비의 근본이고, 전음의 액해는 구의 근본이다.

乳젖 유는 爫 + 子 + 乙로 어린 아이를 먹이다.

역해 : 진고유액해는 설하舌下·양유兩乳·배꼽·전음前陰에 머무는 것으로 애노희락의 성기性氣와 결부된다. 설하·양유·배꼽·전음은 함억제복

頷臆臍腹의 인체적 개념이다.

위의 두 인용문에서 설하·양유·제·전음의 진해·고해·유해·액해가 이목비구의 근본이라 하고, 두뇌·배려·요척·방광의 니해·막해·혈해·정해가 폐비간신의 근본이라고 하였다.

앞에서 이목비구의 청시후미하는 힘에 의해 니해·막해·혈해·정해를 축적하고, 폐비간신의 애노희락하는 힘에 의해 진해·고해·유해·액해를 엉겨 모이게 하기 때문에 이목비구의 근원이 폐비간신에 있고, 폐비간신의 근원이 이목비구에 있는 것이다.

이것을 통해 인체에 구현되는 천인天人관계의 철학적 의미를 이해할 수 있다. 이목비구와 폐비간신이 서로 체용의 관계로 인체의 기 흐름이 순환되기 때문에 인체는 하늘天과 인간人이 합일되는 장으로, 그 이치를 드러내고 있다.

또 수곡의 기 순환은 이목비구의 청시후미하는 작용에 의해 신기혈정을 생성시켜 니해·막해·혈해·정해를 쌓이게 할 수도 있고 소모시킬 수도 있으며, 또 폐비간신의 애노희락하는 작용에 의해 진·고·유·액이 충만할 수도 있고 사라질 수도 있다.

또한 천기유사를 청시후미하는 이목비구와 진해·고해·유해·액해를 근본으로 하는 이목비구는 하나의 이목비구이지만, 전자는 인격적 심관心官으로 마음의 작용을 위주로 논한 것이라면, 후자는 인체의 생리적 기관을 의미하는 것으로 구분할 수 있다. 마찬가지로 인사유사를 달합입정하는 폐비간신과 니해·막해·혈해·정해를 근본으로 하는 폐비간신은 하나의 폐비간신이지만, 전자는 인격적 심관으로 마음의 작용을 위주로 논한 것이라면, 후자는 인체의 생리적 기관을 의미하는 것이라 하겠다.

이목비구가 가지는 뜻은 포괄적 의미를 가진다고 하겠다. 인간의 몸과 마음이 논리적으로는 구분되지만, 실제적인 현존에 있어서는 구분되지 않는 것과 같다.

물론 사상적四象的 사유체계의 그 내부 구조인 이목비구, 폐비간신, 함억제복, 두견요둔 등은 단순한 생리적 인체만이 아닌 하늘과 소통하는 정신적 기관이며, 사람과 소통하는 사회적 기능을 수행하는 주체로서의 기능을 가진 인체의 개념이기 때문이다.

◇◇◇◇◇

心이 爲一身之主宰하야 負隅背心하고 正向膻中하야 光明瑩澈하야 耳目鼻口ㅣ 無所不察하며 肺脾肝腎이 無所不忖하며 頷臆臍腹이 無所不誠하며 頭手腰足이 無所不敬이니라.

마음은 한 몸의 주재로서 네 모퉁이와 마음을 등에 지고 앞가슴의 중앙을 올바로 향하여 불빛처럼 밝게 빛나서, 이목비구는 살피지 못하는 것이 없고, 폐비간신은 헤아리지 못하는 것이 없고, 함억제복은 정성을 다하지 않는 것이 없으며, 두수요족은 공경하지 않는 것이 없게 된다.

負질 부는 勹 + 貝로 四八의 작용을 감싸다.

向향할 향은 丶 + 冂 + 口로 하늘이 사람을 향하다.

瑩밝을 영은 火 2개 + 冖 + 玉으로 불이 진리를 밝히다.

澈물 맑을 철은 氵 + 育 + 攵으로 물을 맑게 다스리다.

忖헤아릴 촌은 心 + 寸으로 하늘의 마디를 헤아리다.

역해 : 「장부론」에서 논한 마음과 천인성명의 사상적 구조는 『동의수세보원』 제1권과 『격치고』를 일관하고 있는 사상철학의 학문적 체계에 근거한 것이다. 마음心과 이것이 네 모퉁이肺脾肝腎에서 사상으로 작용함을 논하고, 「성명론」 이후에 논의된 천인성명의 사상적 구조를 이목비구·폐비간신·함억제복·두수요족으로 종합하고 있다.

「사단론」에서 논한 마음은 태극으로 본체가 되고, 폐비간신은 네 모퉁이 사상이 되는 오행론을 확인할 수 있다. 또 「성명론」에서 밝히고 있는 천인성명天人性命의 사상이 다시 네 가지로 작용하는 구조인 이목비구·폐비간신·함억제복·두수요족은 마음을 살핌察·마음을 헤아림忖·정성스러움誠·공경함敬의 인격적 작용으로 맺고 있다.

5

광제설
廣濟說

廣濟說

「광제설」의 광제廣濟는 '세상을 널리 구제한다'는 뜻으로 사상철학의 사회·정치철학을 담고 있다고 하겠다. 사상철학은 지인론知人論으로 사람을 아는 것이 근본이지만, 사람을 아는 것은 사람의 근본이 하늘의 뜻을 아는 것과 사람이 살아가는 세계를 아는 것으로 구분될 수 있다. 전자는 「성명론」을 중심으로 제1권에서 논하고 있다면, 후자는 「광제설」에서 구체적으로 밝히고 있다.

「광제설」에서는 제1권에서 집약하고 있는 사상철학에 근거하여, 인생의 시기를 유년幼年·소년少年·장년壯年·노년老年으로 구분하고, 인간의 장수와 요절에 직접적 영향을 미치는 주酒·색色·재財·권權을 논하고, 그리고 인간의 유형을 산곡지인·시정지인·향야지인·사림지인으로 나누어, 인간의 삶을 논하고 있다.

주색재권은 사람의 장수와 요절을 결정하는 핵심적 문제를 넘어서 가정과 국가 사회의 근본이 됨을 밝히고 있다. 즉, 「광제설」은 주색재권을 중심으로 세상을 널리 구제하는 이치를 논하고 있다.

◇◇◇◇◇

初一歲로 至十六歲를 曰幼오 十七歲로 至三十二歲를 曰少오 三十三歲로 至四十八歲를 曰壯이오 四十九歲로 至六十四歲를 曰老니라.

1세부터 16세까지를 유년기, 17세부터 32세까지를 소년기, 33세부터 48세까지를 장년기, 49세로부터 64세까지를 노년기라고 한다.

初처음 초는 衤 + 刀로 하늘의 작용이 시작되다.

歲해 세는 止 + 滅로 심판이 그치다.

幼어릴 유는 幺 + 力으로 힘이 작은 어린이이다.

壯씩씩할 장은 爿 + 士로 十一를 사용하다.

역해 : 동무가 살았던 1800년대 후반은 사람들의 평균 수명이 50대를 넘어서지 않는 시절이다. 현대인의 평균 수명을 80대로 본다면, 1세에서 20세는 유년기, 21세에서 40세는 소년기, 41세에서 70세는 장년기, 71세에서 80세 이후는 노년기로 생각할 수 있다.

또 위의 네 가지로 구분한 유년기·소년기·장년기·노년기의 뜻을 살려서 이해해야 한다. 인도 힌두교에서는 사람의 일생을 태어나서 25세까지는 학습기學習期, 26세에서 50세까지는 가주기家住期, 51세에서

75세까지는 임서기林棲期, 75세부터는 유랑기流浪期의 네 가지 시기로 구분하고 있다.

◇◇◇◇◇

凡人이 幼年에 好聞見而能愛敬하니 如春生之芽하고 少年에 好勇猛而能騰捷하니 如夏長之苗하고 壯年에 好交結而能修飭하니 如秋斂之實하고 老年에 好計策而能秘密하니 如冬藏之根하니라.

무릇 사람들이 유년기에는 듣고 보기를 좋아하고 사랑과 공경을 하니 봄에 나오는 싹과 같고, 소년기에는 용맹을 좋아하고 날뛰며 빠르니 여름에 자라나는 묘목과 같고, 장년기에는 사귀고 맺음을 좋아하고 근력을 닦으니 가을에 거두는 열매와 같고, 노년기에는 계획하는 것을 좋아하고 비밀을 잘 지키니 겨울에 감추는 뿌리와 같은 것이다.

愛아낄 애는 爫 + 冖 + 心 + 夊로 손으로 마음을 덮다.

芽싹 아는 艹 + 牙로 풀의 싹이다.

捷이길 첩은 扌 + 一 + 止 + 크로 손으로 그침을 잡다.

斂거둘 렴은 僉 + 攵으로 모두를 거두다.

역해 : 유년기는 봄으로 만물이 시생하는 이치에 따라 견문을 넓혀서 사람을 사랑하고, 하늘을 공경하는 마음을 길러야 하고, 소년기는

여름으로 용맹한 기상을 가지고 진취적인 활동을 해야 하며, 장년기는 가을로 결실을 얻는 수행의 시간으로 거두는 지혜가 필요하며, 노년기는 겨울로 사람 살아가는 꾀를 좋아하고 다른 사람의 비밀을 감추어 주는 지혜가 있어야 한다.

◇◇◇◇◇

幼年에 好文字者는 幼年之豪傑也오 少年에 敬長老者는 少年之豪傑也오 壯年에 能汎愛者는 長年之豪傑也오 老年에 保可人者는 老年之豪傑也니 有好才能而又有十分快足於好心術者는 眞豪傑也오 有好才能而終不十分快足於好心術者는 才能而已라.

유년기에 문자를 좋아하는 사람은 유년기의 호걸이고, 소년기에 어른과 노인을 공경하는 사람은 소년기의 호걸이고, 장년기에 널리 사랑을 하는 사람은 장년기의 호걸이고, 노년기에 옳은 사람을 보호하는 사람은 노년기의 호걸이니, 좋은 재능이 있고 또 좋은 마음 씀에 십분 흔쾌히 족함이 있은 사람은 참된 호걸이고, 좋은 재능이 있고 마침내 좋은 마음 씀에 십분 흔쾌히 족하지 못하는 사람은 재능이 있을 뿐이다.

字글자 자는 宀 + 子로 어린 아이가 배우다.

豪호걸 호는 亭 + 豕로 하늘의 뜻이 머물다.

傑뛰어날 걸은 亻+ 舛 + 木으로 사람이 木道를 다스리다.

汎뜰 범은 氵+ 丶 + 几로 하늘이 모든 것을 감싸다.

역해 : 유년기의 호걸은 견문을 넓게 하는 배우기를 좋아하는 사람이고, 소년기의 호걸은 밖으로 어른과 늙은이를 공경하는 사람이고, 장년기의 호걸은 널리 사랑하는 사람이고, 노년기의 호걸은 옳은 사람을 보호하는 사람이다.

원불교에서는 우리의 삶에 대하여 "또는 출가를 하는 것도 특수한 경우를 제외하고는, 유년기에는 문자를 배우게 하고, 장년기에는 도학을 배우며 제도 사업에 노력하게 하고, 노년기에는 경치 좋고 한적한 곳에 들어가 세간의 애착·탐착을 다 여의고 생사 대사를 연마하면서 봄·가을로는 세간 교당을 순회하여 교화에 노력하고, 겨울·여름에는 다시 수양 생활을 주로 하여서, 이와 같이 일생 생활에 결함된 점이 없게 하자는 것이며"라고 하였다.

◇◇◇◇◇

幼年 七八歲前에 聞見이 未及而喜怒哀樂이 膠着則成病也니 慈母가 宜保護之也오 少年 二十四五歲前에 勇猛이 未及而喜怒哀樂이 膠着則成病也니 智父能兄이 宜保護之也오 壯年 三十八九歲前則賢弟良朋이 可以助之也오 老年 五十六七歲前則孝子孝孫이 可以扶之也니라.

유년기인 7~8세 이전에 견문이 아직 미치지 못하고 희노애락이 단단히 달라붙으면 병이 되니 사랑하는 어머니가 마땅히 보호해야 하고, 소년기인 24~25세 이전에 용맹勇猛이 아직 미치지 못하고 희노애락이 교착하면 병이 되니 지혜로운 아버지와 능숙한 형이 마땅히 보호해야 하고, 장년기인 38~39세 이전이면 어진 동생과 좋은 친구가 가히 도울 것이고, 노년기인 56~57세 이전이면 효자와 효손이 가히 받들 것이다.

膠아교 교는 肉 + 羽 + 人 + 彡으로 사람이 천지인 진리를 붙이다.

着붙을 착은 羊 + 丿 + 目으로 백성을 다스려 붙이다.

病병 병은 疒 + 丙으로 몸이 병들다.

護보호할 호는 言 + 艹 + 隹 + 又로 말씀으로 하늘 잡아서 보호하다.

역해 : 어릴 때에는 자애로운 어머니의 보호를 받고, 소년에는 지혜로운 아버지와 재능있는 형의 보호를 받고, 장년에는 어진 아우와 어진 친구의 도움을 받고, 노년에는 효자와 효손의 도움을 받는 삶을 밝히고 있다. 이는 내가 어떠한 위치에 있는가?를 살펴서 유년기와 소년기 아이는 보호하고, 장년기 형과 친구는 돕고, 노년기 부모님은 받들어 보호해야 함을 논한 것이다.

◇◇◇◇◇

善人之家에 善人이 必聚하고 惡人之家에 惡人이 必聚하나니 善人多聚則善人之臟氣가 活動하고 惡人多聚則惡人之心氣가 强旺하니라 酒色財權之家에 惡人이 多聚인 故로 其家孝男孝婦ㅣ 受病하니라.

착한 사람의 집에는 착한 사람이 반드시 모이고, 악한 사람의 집에는 악한 사람이 반드시 모이니, 착한 사람이 많이 모이면 착한 사람의 장기臟氣가 활동하고, 악한 사람이 많이 모이면 악한 사람의 심기心氣가 강하게 성하는 것이다. 주색재권酒色財權의 집에 악한 사람이 많이 모이는 까닭으로 그 집의 효성스러운 남자와 부인이 병을 받는 것이다.

家집 가는 宀 + 豕로 하늘의 사랑이 온전한 곳이다.

旺성할 왕은 日 + 王으로 빛이 왕성하다.

婦며느리 부는 女 + ヨ + 冖 + 巾으로 하늘을 잡은 여자이다.

權권세 권은 木 + 雚으로 木道를 뚫어지게 보다.

역해 : 유유상종類類相從으로 선인善人의 집에는 선인이 모이고, 악인惡人의 집에는 악인이 모여서, 선인의 집에는 선인의 장기腸氣가 활발하게 움직이고, 악인의 집에는 악인의 심기心氣가 왕성하게 활동하는 것이다.

또 주색재권酒色財權의 집에는 악인惡人이 많이 모여서, 그 집안의 효남孝男과 효부孝婦까지 병이 든다고 하였다. 주색재권에 대한 이야기는 뒤에서 자세하게 논하고 있다.

◇◇◇◇◇

好權之家는 朋黨이 比周하니 敗其家者는 朋黨也오 好貨之家는 子孫이 驕愚하니 敗其家者는 子孫也니라.

권세를 좋아하는 집에는 붕당朋黨이 견주어 두루하니, 그 집을 무너뜨리는 것은 붕당이고, 재화를 좋아하는 집은 자손이 교만하고 어리석으니 그 집을 무너뜨리는 것은 자손인 것이다.

朋벗 붕은 月 + 月로 하늘이 서로 만나다.
敗무너질 패는 貝 + 攵으로 四八의 작용을 다스리다.
孫자손 손는 子 + 系로 자식이 이어지다.

역해 : 권세는 붕당朋黨을 짓기 때문에 서로 견주고 두루하다가 집을 무너뜨리고, 재화는 자손들이 교만하고 어리석어지기 때문에 그 자손들이 집을 무너뜨리는 것이다.

먼저 당黨에 대하여 『서경』에서는 "치우침과 비탈이 없이 왕도의 뜻을 따르며, 좋아하는 것을 지음이 없이 왕도의 도를 따르며, 미워하는 것을 지음이 없이 왕도의 길을 따르는 것이다. 치우침과 무리가 없으면 왕도가 넓으며, 무리와 치우침이 없으면 왕도가 평평하며, 반칙과 기움이 없으면 왕도가 정직하며, 황극이 모이면 황극으로 돌아가는 것이다. 無偏無陂 遵王之義, 無有作好 遵王之道, 無有作惡 遵王之路, 無偏無黨 王道蕩蕩, 無黨無偏 王道平平, 無反無側 王道正直, 會其有極 歸其有極."라고 하여, 붕당(朋黨)이 없으면 왕도가 평평할 것이라 하였다.

또 『논어』에서는 '사람의 허물은 그 붕당에 각각하니 허물을 보는 것에 이것이 인仁과 지知인 것이다. 子ㅣ 日人之過也ㅣ 各於其黨이니 觀過에 斯知仁矣니라.'라 하고, "군자는 자긍하지만 다투지 않으며 무리짓지만 붕당을 짓지 않는 것이다. 子ㅣ 日君子는 矜而不爭하며 羣而不黨이니라."라고 하여, 군자는 무리를 짓지만 허물을 짓는 붕당(朋黨)은 만들지 않는다고 하였다.

붕당에 대하여 조선후기 실학자의 이익李瀷 1681~1763은 『성호사설星湖僿說』에서 "군자라면 비록 백 사람이 붕朋을 한다 해도 나라에 유익하고, 소인이라면 비록 한 두 사람이 붕을 해도 반드시 정치에 해가 된다. 君子雖百人為朋 有益於國 小人雖一二人爲朋 必害于治"라 하고, 그 해결책을 '법이 위에서 서면, 풍기가 아래에서 바뀐다. 法立於上 而風易於下'로 제시하고 있다. 성호는 비법非法·불법不法·탈법脫法으로 어지러운 세상에 '법이 바로 서는 정치'를 통해 궁극적으로는 '사람이 바로 서는 정치'를 그리고 있다.

다음으로 재화財貨와 관련해서는 부귀빈천富貴貧賤의 문제로 설명하고자 한다.

『논어』에서는 '가난하지만 아첨하지 않고 부자이면서 교만하지 않으면 어떻습니까? 라는 제자의 질문에 공자는 그것도 좋으나 가난하지만 즐기고 부자이지만 예를 좋아하는 것과 같지 못하다. 子貢이 曰貧而無諂하며 富而無驕하면 何如하니잇고, 子ㅣ 曰可也나 未若貧而樂하며 富而好禮者也니라'고 하고, 또 '가난하고 아첨하지 않는 것은 어렵고, 부자이고 교만하지 않는 것은 쉽다. 子ㅣ 曰貧而無諂은 難하고 富而無驕는 易하니라.'고 하여, 부자의 역할이 중요함을 밝히고 있다.

『중용』에서는 "본디 부귀하면 부귀에서 행동하고, 본디 빈천하면 빈천에서 행동하고, 본디 오랑캐이면 오랑캐에서 행동하고, 본디 근심과 어려우면 환난에서 행동하는 것이니, 군자는 자기 마음에 바탕하여 스스로 얻지 않음이 없는 것이다. 素富貴하얀 行乎富貴하며 素貧賤하얀 行乎貧賤하며 素夷狄하얀 行乎夷狄하며 素患難하얀 行乎患難이니 君子는 無入而不自得焉이니라."라고 하여, 자기 처지에 맞게 행동해야 함을 논하고 있다.

또한 『성경』에서는 "부자가 天國에 들어가기가 어려우니라. 약대가 바늘귀로 들어가는 것이 부자가 하나님의 나라에 들어가는 것보다 쉬우니라."라고 하여, 부자의 삶이 더 위태롭고 어려움을 말하고 있다.

◇◇◇◇◇

人家에 凡事不成하야 疾病이 連綿하며 善惡이 相持하야 其家將敗之地에 惟明哲之慈父孝子라야 處之有術也니라.

사람의 집에 무릇 일이 이루어지지 않아서 질병이 끊이지 않으며, 선과 악이 서로 가져서 그 집이 장차 무너지는 지경에 오직 밝고 밝은 자애로운 아버지와 효자 자식이라야 처리하는 방법이 있는 것이다.

疾병 질은 疒 + 矢로 마음이 병들다.

連잇닿을 연은 辶 + 車로 수레가 서로 연결되다.

綿이어질 면은 糸 + 白 + 巾으로 실로 이어져 있다.

持가질지는 扌 + 寺로 손으로 진리를 가지다.

역해 : 명철明哲한 자애로운 아버지와 효성스러운 자식만이 그 집안을 바로 할 수 있다. 이것은 바로 도덕적인 삶의 지평을 말하는 것이다.

◇◇◇◇◇

驕奢가 減壽하고 懶怠ㅣ 減壽하고 偏急이 減壽하고 貪慾이 減壽하니라.

爲人驕奢하면 必耽侈色하고 爲人懶怠하면 必嗜酒色하고 爲人偏急하면 必爭權勢하고 爲人貪慾하면 必殉貨財하니라.

교만과 사치가 목숨을 줄게 하고, 게으름과 태만함이 목숨을 줄게 하고, 치우침과 급함이 목숨을 줄게 하고, 탐심과 욕심이 목숨을 줄게 하는 것이다.

사람이 교만하고 사치하면 반드시 색을 멋대로 탐하고, 사람이 게으르고 태만하면 반드시 술과 음식을 탐닉하고, 사람이 치우치고 급하면 반드시 권세를 다투고, 사람이 물질을 탐내는 욕심이 많으면 반드시 돈과 재물에 따라 죽는다.

奢사치할 사는 大 + 者로 사람을 크게 하다.

壽목숨 수는 士 + 二 + 工 + 口 + 寸으로 하늘의 작용이 어지지다.

耽즐길 탐은 耳 + 尢으로 귀로 즐기다.

嗜즐길 기는 口 + 耆로 입으로 즐기다.

역해 : 개인과 가정 그리고 국가 사회의 악인의 행동과 직접 관계되는 주색재권酒色財權과 사람의 마음 작용에 대해 밝히고 있다.

색色은 사람이 교만하고 사치하는 마음에서, 주酒는 사람의 게으르고 태만한 마음에서, 권權은 사람의 치우치고 급한 마음에서, 재財는 사람의 탐욕하는 마음에서 왜곡·타락하게 됨을 논하고 있다.

이 주색재권은 네 가지로 당연히 사상인에 배치되어 설명할 수 있다. 그러나 연구자들은 주색재권을 사상인에 결부시켜 설명하지 않았다.

먼저 「확충론」에서 자세히 설명한 것과 같이 사상인의 성기性氣와 정기情氣는 이목비구와 폐비간신에 결부되어, 태양인의 애성기는 이耳·노정기는 비脾, 소양인의 노성기는 목目·애정기는 폐肺, 태음인의 희성기는 비脾·락정기는 신腎, 소음인의 락성기는 구口·희정기는 간肝에 각각 배치된다.

따라서 사상인의 애노희락 성·정기와 「성명론」의 사상심四象心을 문왕팔괘도에 배치하면 아래와 같은 그림이 된다.

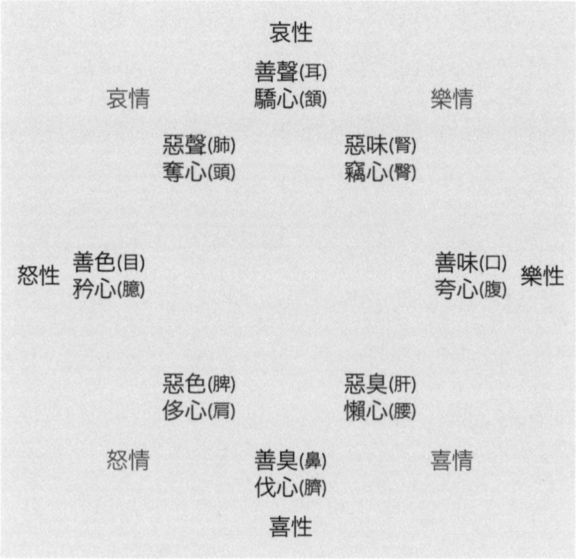

| 애노희락과 사상심 배치 |

위의 그림을 통해 사상인의 1차적 태심을 설명하면, 태양인은 애성노정이기 때문에 치심侈心, 肩·소양인은 노성애정이기 때문에 탈심奪心, 頭·태음인은 희성락정이기 때문에 절심竊心, 臀·소음인은 락성희정이기 때문에 나심懶心, 腰인 것이다. 이것은 「확충론」에서 분명하게 설명하였으나, 매우 중요한 것으로 다시 한 번 설명하는 것이다.

이에 주색재권을 사상인의 마음 작용에 배치해 보면, 소음인의 나심懶心은 그대로 게으르고 태만한 나태懶怠이고, 태음인의 절심竊心은 욕심으로 탐욕貪欲이고, 태양인의 치심侈心은 교만하고 사치하는 교사驕奢이고, 소양인의 탈심奪心은 빼앗는 마음으로 편급偏急이라 하겠다.

또 다른 측면에서 「사단론」에서는 인간이 쫓아가는 심욕에 따라 예를 버리고 방종하는 비인·의를 버리고 투일하는 나인·지를 버리고 식사하는 박인·인을 버리고 극욕하는 탐인으로 드러남을 논하고, 「확충론」에서는 사상인의 정기의 작용이 폭발하거나 낭발하면 태양인은 방종·소음인은 투일·소양인은 편사·태음인은 물욕의 마음이 지나치게 된다고 하여, 사상인에 있어서 태양인은 교사驕奢·소양인은 편급偏急·태음인은 탐욕貪慾·소음인은 나태懶怠에 배치되는 것이다.

사상인의 애노희락 정기情氣와 「장부론」의 주색재권을 문왕팔괘도에 배치하면 다음과 같다.

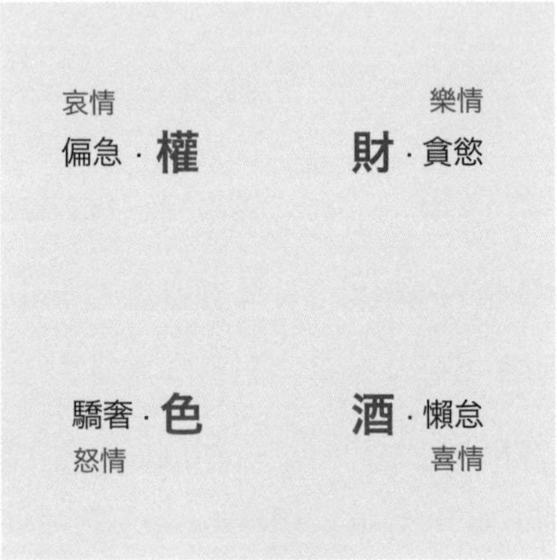

| 주색재권의 배치 |

위의 그림을 통해 사상인이 경계해야할 주색재권을 자세하게 설명해 보면, 먼저 「확충론」에서 사상인의 마음 작용사심·태심을 논하면서 1차적 마음과 2차적 마음에 대하여 설명한 것을 생각해야 한다. 즉, 「사단론」에서 논한 사상인의 욕심은 애노희락의 성·정기情氣와 결

부되기 때문에 스스로 살기 위한 생리적 욕심이라면, 「확충론」에서 논한 것은 이것이 지나친 병리적 욕심이라 하였다.

따라서 「광제설」에서 논하고 있는 주색재권도 사상인의 생리적 욕심과 병리적 욕심으로 구분하여 설명할 수 있다. 먼저 교만하고 사치함驕奢·게으름懶怠·치우치고 급함偏急·물질을 탐내는 욕심貪慾을 사상인에 대응해 보면, 1차적인 생리적 욕심에 있어서 태양인은 교만하고 사치하면 색을 멋대로 탐하고, 태음인은 물질을 탐내는 욕심이 많으면 돈과 재물에 따라 죽고, 소양인은 치우치고 급하면 권세를 다투고, 소음인은 게으르면 술과 음식을 탐닉하게 된다.

또 2차적인 병리적 욕심에 있어서 태양인은 물질을 탐내는 욕심이 많으면 돈과 재물에 따라 죽고, 태음인은 교만하고 사치하면 색을 멋대로 탐하고, 소양인은 게으르면 술과 음식을 탐닉하고, 소음인은 치우치고 급하면 권세를 다투게 된다. 이를 도표로 만들면 다음과 같다.

사상인	사상인의 욕심		왜곡된 酒色財權	
	생리적 욕심	병리적 욕심	1차적 마음	2차적 마음
태양인	치심(侈心)	절심	교사(驕奢)	탐욕
태음인	절심(竊心)	치심	탐욕(貪欲)	교사
소양인	탈심(奪心)	나심	편급(偏急)	나태
소음인	나심(懶心)	탈심	나태(懶怠)	편급

| 사상인의 욕심과 주색재권 |

위의 도표를 통해 주색재권에 따른 사상인의 마음 작용을 구체적으로 확충해 보면, 태음인은 돈에 욕심을 부려 돈을 버는데 집중하지만, 어느 정도 욕심이 차면 다음으로 색色으로 나가게 되는 것이다. 이 유형은 사회적으로 성공한 기업가로 사업에 크게 성공하면 색을 탐닉耽溺하는 것이다. 반대로 태양인은 색色에 욕심을 부리지만 색의 욕심에서 만족을 하지 않고 재물을 탐하는 것이다. 태양인은 사회적으로 많지 않다.

또 소양인은 사회적 모임이나 정치에 기웃하는 권세에 욕심을 부리지만, 권력이 뜻대로 되지 않으면 술에 빠지게 되는 것이다. 이러한 소양인은 사회적으로 잘 드러나지 않고 자신을 망치기 때문에 특정하기가 어렵다. 반대로 소음인은 사람들의 만남을 중요시하며 술을 통한 교류에 활발하게 움직이지만, 그것에 만족하지 못하고 권세로 나아가 권력에 집착하게 되는 것이다. 현재 정치인들의 모습이다.

◇◇◇◇◇

簡約이 得壽하고 勤幹이 得壽하고 警戒가 得壽하고 聞見이 得壽니라.

爲人簡約이면 必遠奢色하고 爲人勤幹이면 必潔酒食하고

爲人警戒면 必避權勢하고 爲人聞見이면 必淸貨財하니라.

간략과 검소가 장수하고, 부지런함이 장수하고, 경계가 장수하고, 견문이 장수하는 것이다.

사람됨이 간략하고 검소하면 반드시 색을 멋대로 하는 것을 멀리하고, 사람됨이 부지런하면 반드시 술과 음식을 청결히 하고, 사람됨이 주의하고 살피면 반드시 권세를 피하고, 사람됨이 견문이 있으면 반드시 돈과 재물을 청백하게 하는 것이다.

簡간략할 간은 竹 + 間으로 진리는 簡易하다.

約묶을 약은 糸 + 勹 + 丶로 하늘을 감싸서 묶다.

警경계할 경은 敬 + 言으로 말씀을 공경히 하다.

潔깨끗할 결은 氵 + 丰 + 刀 + 糸로 물로 天地人를 깨끗이 하다.

역해 : 사상인이 장수하기 위해서는 주색재권을 어떻게 해야 하는지와 마음 작용에 대하여 논하고 있다.

음란한 색色을 멀리하기 위해서는 자신의 삶이 간략하고 검소해야 하며, 음주를 청결하게 하기 위해서는 부지런히 자신을 돌아봐야 하고, 권세를 피하기 위해서는 주위를 경계하고 살펴야 하며, 재물을 맑게 하기 위해서는 세상의 견문을 넓혀야 하는 것이다.

사상인이 주색재권을 경계하는데 있어서, 먼저 「사단론」에서 논한 사상인의 애노희락 정기情氣에 결부되는 태심탐욕심은 인간의 본능적인 욕망이라 할 수 있기 때문에 유아기에 가지는 생리적 욕심이고, 「확충론」에서 논한 사상인의 태심은 확충하고자 하는 인간의 마음이 왜곡된 것으로 진화된 욕심임을 근거해야 한다.

이 진화된 욕심은 문명화되면서 교육을 통해 1차적 욕심이 가려지면서 드러나기 때문에 자신도 속고 다른 사람도 파악하기가 어려워지게 되는 것이다. 유학에서 제시하는 '수신修身'이라는 문제를 사상철학의 입장에서는 진화된 욕망인 병리적 욕심2차적 욕심을 어떻게 다스리냐 하는 문제로 귀결되는 것으로 생각된다.

따라서 태양인은 1차적으로는 간략하고 검소해야 색을 멋대로 하는 것을 멀리할 수 있고, 2차적으로 보고 듣는 식견을 넓혀야 돈과 재물을 청백하게 할 수 있으며, 반대로 태음인은 1차적으로 보고 듣는 식견을 넓혀야 돈과 재물을 청백하게 할 수 있고, 2차적으로 간략하고 검소해야 색을 멋대로 하는 것을 멀리할 수 있는 것이다.

또 소양인은 1차적으로 주의하고 살펴야 권세의 다툼을 피할 수 있고, 2차적으로 부지런하고 줏대가 있어야 술과 음식을 청결하게 할 수 있으며, 반대로 소음인은 1차적으로 부지런하고 줏대가 있어야 술과 음식을 청결히 할 수 있고, 2차적으로 주의하고 살펴야 권세의 다툼을 피할 수 있는 것이다. 이를 도표로 만들면 다음과 같다.

사상인	왜곡된 酒色財權		올바른 주색재권	
	1차적 마음	2차적 마음	1차적 마음	2차적 마음
태양인	교사(驕奢)	탐욕	간약(簡約)	문견
태음인	탐욕(貪欲)	교사	문견(聞見)	간약
소양인	편급(偏急)	나태	경계(警戒)	근간
소음인	나태(懶怠)	편급	근간(勤幹)	경계

| 사상인의 주색재권과 마음 작용 |

◇◇◇◇◇

居處荒涼은 色之故也오 行身闒茸은 酒之故也오
用心煩亂은 權之故也오 事務錯亂은 貨之故也니라.

거처가 쓸쓸하고 적막한 것은 색色 때문이며, 행신이 불량하고 비루한 것은 술 때문이며, 마음을 씀이 번잡하고 어지러운 것은 권세 때문이며, 사무事務가 혼란한 것은 재물 때문인 것이다.

荒거칠 황은 艹 + 亡 + 川으로 풀 아래 물이 없으니 거칠다.
闒다락문 탑은 門 + 冂 + 二 + 羽로 음양이 출입하는 문이다.
茸무성할 용은 艹 + 耳로 풀이 무성하다.
亂어지러울 란은 爫 + 厶 + 冂 + 乙로 하늘의 작용이 어지럽다.

역해 : 주색재권에 따른 「성명론」에서 논한 인사유사人事有四의 왜곡을 밝히고 있다. 「성명론」의 사무事務·교우交遇, 用心·당여黨與, 行身·거처居處를 제대로 하지 못하는 것은 주색재권酒色財權 때문이라는 것이다.

「성명론」에서 논한 천인성명의 사상적 구조에서 인사유사는 폐비간신이 달합입정하는 것으로 체용의 관계에 따라 명命인 두견요둔頭肩腰臀의 태심탐욕심으로 드러나게 된다. 인사유사인 사무·교우·당여·거처가 주색재권을 경계하면 두견요둔의 식견·위의·재간·방략이 온전히 드러나지만, 주색재권에 왜곡되면 태심인 탈심·치심·나심·절심으로 드러나는 것이다. 이를 통해서도 앞에서 설명한 태심과 주색재권이 연계됨을 확인할 수 있다.

좀 더 구체적으로 거처居處는 가정으로 대표되는데 가정의 파괴는 색色에 연유한다고 할 수 있으며, 행신行身은 당여黨與로 술이 좋은 관계를 맺어주기도 하지만 몸을 행하는데 불량하고 비루하게 만드는 것이며, 용심用心은 교우交遇로 교우를 함에 권세는 서로의 관계를 분명하게 하지만 번잡하고 어지럽게 하는 것이며, 사무事務는 하늘과 소통하는 마음으로 물질에 끌려가는 재물의 욕심으로 인하여 어지러워지는 것이다.

◇◇◇◇◇

若敬淑女면 色得中道하고 若愛良朋이면 酒得明德하고 若尚賢人이면 權得正術하고 若保窮民이면 貨得全功하니라.

만약 숙녀를 공경하면 색에서 도에 적중함을 얻고, 만약 좋은 벗을 아끼면 술에서 밝은 덕을 얻고, 만약 어진 사람을 숭상하면 권세에서 바른 술책을 얻고, 만약 가난한 사람을 보호하면 재물에서 온전한 공로를 얻는 것이다.

良어질 량은 丶 + 艮으로 하늘이 그치다.

窮다할 궁은 穴 + 身 + 弓으로 몸을 다하다.

貨재화 화는 化 + 貝로 四八이 변한 것이다.

역해 : 색에서는 숙녀를 공경하는 마음이 있어야 하고, 술에서는 어진 친구를 사귀는 것이 중요하고, 권세에서는 현인을 숭상할 줄 알아야 하고, 재화에서는 어려운 사람을 보호하는 마음이 있어야 한다.

숙녀를 공경하는 마음은 여자나 남자를 성욕性慾의 대상이 아니라 사랑의 상대자로 받아들이는 것이고, 어진 친구는 인생의 고민을 함께 나눌 수 있는 친구로 친구를 아끼기 때문에 술에서 사랑을 발견하게 되는 것이고, 현인의 지혜를 통해 올바른 방법으로 권세를 얻는 것을 배울 수 있는 것이고, 어려운 백성을 보호하는 마음을 가진다면 자기만 독점하는 것이 아니라 재물을 베풀 수 있는 것이다.

이를 사상인의 병리적 욕심을 위주로 설명해 보면, 색에 타락한 태음인은 요조숙녀를 공경함으로써 자신의 삶을 바르게 할 수 있고, 술에 빠진 소양인은 좋은 친구를 통해 자신의 사랑을 찾게 되고, 권력에 집착한 소음인은 어진 사람을 숭상하여 올바른 권력을 통해 지혜로운 삶을 살게 되고, 돈에 빠져 왜곡된 태양인은 가난한 백성들을 돌보는 포용의 마음을 통해 재물의 의미를 온전히 하게 되는 것이다.

◇◇◇◇◇

酒色財權을 自古所戒라 謂之四堵墻而比之牢獄하니 非但一身壽夭와 一家禍福之所係也라 天下治亂도 亦在於此하니 若使一天下酒色財

權으로 無乖戾之氣則庶幾近於堯舜周召南之世矣리라.

주색재권은 예로부터 경계하는 것이라 네 개의 담장이라 말하고 감옥에 견주는 것이니 다만 한 몸의 장수·요절과 한 집의 재앙·복에 관계하는 것이 아니라 천하의 다스림과 어지러움도 또한 이것에 있으니, 만약 온 천하가 주색재권으로 어그러진 기운이 없으면 거의거의 요순·주남·소남의 세상에 가까울 것이다.

堵담장 도는 土 + 者로 사람을 지키는 흙이다.

墻담장 장은 土 + 嗇으로 아끼는 흙이다.

牢우리 뢰는 宀 + 牛로 성인의 집이다.

獄감옥 옥은 犭 + 言 + 犬으로 말씀을 지키는 개이다.

역해 : 『서경』에서는 술에 대한 경계를 특별하게 논하고 있다. 『주서周書』에는 '주고酒誥'를 두어 '문왕께서 가르쳐 고하시기를 떳떳한 술은 없다.무이주(無彝酒)'고 하고, '오직 제사에만 사용하시며 덕德은 취하는 것이 없다.越庶國飮, 惟祀 德將無醉.'고 하였다. 또 하나라 걸傑과 상나라 주株가 '주지육림酒池肉林'으로 천하를 망하게 하였음을 경계하고 있다.

현대인이 가지고 있는 술과 색에 대한 잘못된 시각을 바로 잡지 않으면, 역사적 사실을 통해서도 알 수 있듯이 개인뿐만 아니라 가정 그리고 국가사회에 엄청난 문제를 일으키게 될 것이다.

◇◇◇◇◇

凡人이 簡約而勤幹하며 警戒而聞見하야 四材圓全者는 自然上壽하고 簡約勤幹而警戒커나 或聞見警戒而勤幹하야 三材全者는 次壽하고 驕奢而勤幹하며 警戒而貪慾하거나 或簡約而懶怠하며 偏急而聞見하야 二材全者는 恭敬則壽하고 怠慢則夭하니라.

무릇 사람이 간략하고 검소함·부지런함·주의하고 살핌·견문, 이 네 가지를 온전히 갖춘 사람은 상수上壽하고, 간략하고 검소함·부지런함·주의하고 살핌을 갖추거나 견문·간략하고 검소함·부지런함 이 세 가지가 온전한 사람은 다음으로 장수하고, 교만하고 사치하지만 부지런하거나, 주의하고 살피면서 재물을 탐하는 욕심을 부리거나 혹은 간략하고 검소하면서 게으르거나 치우치고 급하지만 견문이 있는 것, 이러한 두 가지를 갖춘 사람은 공경하면 장수하고 게으르면 요절할 것이다.

幹줄기 간은 十 2개 + 日 + 人 + 干으로 하늘의 줄기이다.

圓둥글 원은 囗 + 口 + 貝로 모든 것을 감싸다.

慢게으를 만은 忄 + 日 + 罒 + 又으로 마음이 게으르다.

恭공손할 공은 共 + 心으로 마음을 함께 하다.

역해 : 주색재권을 하는 마음 작용인 간약簡約·근간勤幹·경계警戒·문견

聞見의 네 가지를 종합하여 사람의 장수론長壽論을 펼치고 있다.

이 네 가지를 모두 갖춘 사람이 으뜸으로 장수하고, 3가지에는 간략幹略·근간勤幹과 경계警戒, 경계警戒·근간勤幹과 문견聞見을 온전히 하면 다음으로 장수하고, 2가지에는 근간과 경계, 간약과 문견을 온전히 하는 사람이 공경하면 장수하고, 게으르면 요절한다고 하였다.

위에서 논한 장수론을 사상인의 병리적2차적 욕심 입장에서 설명해 보면, 먼저 3가지에서는 간략하고 검소함·부지런함이 공통으로 들어가고, 주의하고 살핌과 견문은 따로 들어가기 때문에 소양인과 소음인의 병리적 욕심을 더 경계하고 있음을 알 수 있다.

다음 2가지에서는 교사驕奢, 태음인와 근간勤幹, 소양인, 경계警戒, 소음인와 탐욕貪欲, 태양인, 간약簡約, 태음인과 나태懶怠, 소음인, 편급偏急, 소음인과 문견聞見, 태양인에 각각 배치되기 때문에 정기情氣의 입장에서 태음인과 소양인, 태양인과 소음인이 짝을 이루고 있다. 이것은 『동무유고』에서 태양인과 소음인·태음인과 소양인을 서로 모자母子의 관계로 보는 것과 같다.

◇◇◇◇◇

凡人이 恭敬則必壽하고 怠慢則必夭하며 勤幹則必壽하고 虛貪則必夭하니 飢者之腸이 急於得食則腸氣가 蕩矣오 貧者之骨이 急於得財則骨力이 竭矣니라

飢而安飢則腸氣有守하고 貧而安貧則骨力有立하나니 是故로 飮食은 以能忍飢而不貪飽로 爲恭敬이오 衣服은 以能耐寒而不貪溫으로 爲恭

敬이오 筋力은 以能勤勞而不貪安逸로 爲恭敬이오 財物은 以能謹實而不貪苟得으로 爲恭敬이니라.

무릇 사람이 공경하면 반드시 장수하고 태만하면 반드시 요절하며, 부지런하고 줏대 있으면 반드시 장수하고 헛된 탐욕은 반드시 요절하니 굶주린 사람의 창자가 음식을 얻는데 급하면 창자의 기운이 흩어지고, 탐욕하는 사람의 뼈가 재물을 얻는데 급하면 뼈의 힘이 다하는 것이다.

굶주리고 굶주림에 편안하면 창자의 기운을 지킴이 있고, 가난하고 가난에 편안하면 뼈의 힘을 세울 수 있으니 그러한 까닭으로 음식은 능히 굶주림을 참고 배부름을 탐하지 않는 것으로 공경이 되고, 의복은 능히 추위를 견디고 따뜻함을 탐하지 않는 것으로 공경이 되고, 근력은 능히 일을 부지런히 하고 안일을 탐하지 않는 것으로 공경이 되고, 재물은 실재를 삼가고 구차하게 얻는 것을 탐하지 않는 것으로 공경이 되는 것이다.

飢주릴 기는 食 + 几로 음식을 두다.

竭다할 갈은 立 + 曷로 세워서 다하다.

忍참을 인은 刀 + 丶 + 心으로 마음을 하늘의 심판에 두다.

飽불릴 포는 食 + 包로 밥을 감싸다.

耐견딜 내는 而 + 寸으로 하늘의 마디를 견디다.

역해 : 공경恭敬과 태만怠慢, 근간勤幹과 허탐虛貪을 대응시켜 장수와 요절을 논하고, 기자飢者와 탐자貪者에 대하여 음식·의복·근력·재물로 공경하는 법을 밝히고 있다.

기자飢者에 대하여 『맹자』는 "주린 사람은 쉽게 먹으며, 갈증이 있는 사람은 쉽게 마시는 것이다. 飢者에 易爲食이며 渴者에 易爲飮이니라."에서 인용하였다. 그리고 옷과 음식은 『논어』에서 '선비가 진리에 뜻을 두고 나쁜 옷과 음식을 부끄러워하는 사람은 더불어 의논할 것이 못된다. 子ㅣ 曰 士ㅣ 志於道而恥惡衣惡食者는 未足與議也니라.'라고 하여, 옷은 추위를 막고 음식은 굶주림을 면하면 되는 것이라 하였다.

또 '우 임금께서는 음식은 간략히 하면서도 귀신은 정성껏 모셨고, 의복은 검소하면서도 제복을 더 없이 아름답게 하였고, 궁실은 조촐했지만 백성들의 전답도랑에는 힘을 다하였다. 子ㅣ 曰禹는 吾無間然矣로다 菲飮食而致孝乎鬼神하시며 惡衣服而致美乎黻冕하시며 卑宮室而盡力乎溝洫하시니 禹는 吾無間然矣로다.'라고 하여, 자기의 음식과 의복은 검소하게 하였지만 세상을 위해서는 한없는 정성을 다한 것이다.

◇◇◇◇◇

山谷之人이 沒聞見而禍夭하고 市井之人이 沒簡約而禍夭하고
農畝之人이 沒勤幹而禍夭하고 讀書之人이 沒警戒而禍夭하니라.

산골의 사람이 듣고 보는 것이 없으면 요절하고, 도시의 사람이 간소하고 검약함이 없으면 요절하고, 농촌의 사람이 부지런함이 없으면 요절하고, 독서하는 사람이 경계가 없으면 요절하는 것이다.

沒가라앉을 몰은 氵 + 勹 + 又로 물에 가라앉다.

井우물 정은 十 + 十으로 二十이다.

農농사 농은 曲 + 辰으로 별에 따르다.

畝이랑 무는 亠 + 田 + 夂로 밭의 이랑이다.

역해 : 위의 네 가지 사람을 주색재권의 마음 작용을 통해 사상인에 배치하면, 먼저 산곡지인의 문견聞見은 재물로 태음인, 시정지인의 간약은 색으로 태양인, 농무지인의 근간은 술로 소음인, 독서지인의 경계는 권세로 소양인에 각각 배치되는 것이다. 이는 사상인의 기본적 마음 작용인 1차적생리적 마음을 통해 논의될 수 있다. 이를 문왕팔괘도에 배치하면 다음과 같다.

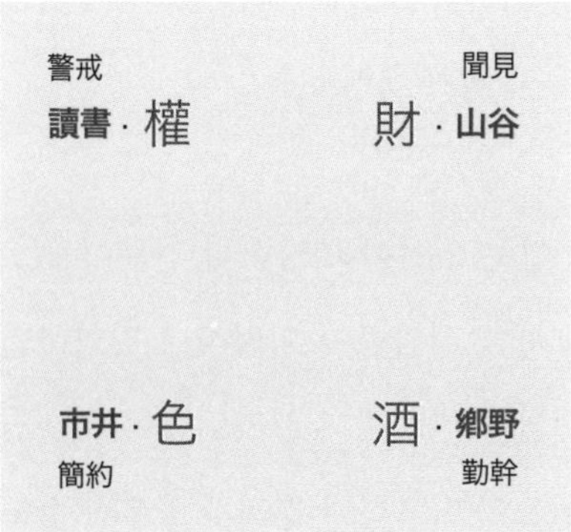

| 네 가지 사람과 경계 |

위의 그림을 통해 애노희락 정기情氣의 입장에서 산곡山谷의 사람은 태음인, 시정市井의 사람은 태양인, 독서讀書의 사람은 소양인, 농무農畝, 鄕野의 사람은 소음인이 되는 것이다. 따라서 태음인은 1차적으로 산곡에서 문견을 넓혀야 하고, 2차적으로는 시정에서 간략한 삶을 살아야 하며, 태양인은 1차적으로 시정에서 간략한 삶을 살아야 하고, 2차적으로는 산곡에서 문견을 넓혀야 하는 것이다.

또 소양인은 1차적으로 독서讀書에서 경계하는 삶을 살아야 하고, 2차적으로 향야鄕野에서 근간의 삶을 살아야 하며, 소음인은 1차적으로 향야鄕野에서 근간의 사람을 살아야 하고, 2차적으로 독서讀書에서 경계하는 삶을 살아야 하는 것이다.

◇◇◇◇◇

山谷之人이 宜有聞見이니 有聞見則福壽하고 市井之人이 宜有簡約이니 有簡約則福壽하고 鄕野之人이 宜有勤幹이니 有勤幹則福壽하고 士林之人이 宜有警戒니 有警戒則福壽하니라.

산골의 사람이 견문 있음이 마땅하니 견문이 있으면 장수하고, 도시의 사람이 간소하고 검약함이 마땅하니 간약하면 장수하고, 시골의 사람이 부지런함이 마땅하니 부지런함이 있으면 장수하고, 사림의 사람이 경계 있음이 마땅하니 경계가 있으면 장수하는 것이다.

福복 복은 示 + 一+口+田으로 하늘 아래에 한 식구 살아가는 밭이다.

鄕시골 향은 幺 + 白 + 匕 + 阝으로 작은 고을이다.

野들 야는 里 + 予로 내가 사는 마을이다.

林수풀 림은 木 + 木으로 나무神道가 우거지다.

역해 : 산곡지인·시정지인·향야지인·사림지인이 복을 받아서 장수하는 마음 작용을 밝히고 있다.

수壽는 『서경』에서 다섯 가지 복을 논하면서 첫 번째로 밝힌 것이다. '아홉째 오복五福은 첫째 장수이고, 둘째 부이고, 셋째 강녕이고, 넷째 덕을 좋아하는 것이고, 다섯째 명을 마치는 것을 살피는 것이다. 九五福 一日壽 二日富 三日康寧 四日攸好德 五日考終命.'로 논하고 있다.

또 『시경』에서는 여러 곳에서 '만수무강萬壽無疆'을 논하고 있으며, 대표적으로 '선조가 임금이고, 신이 흠향을 보호하니 효손孝孫은 경사가 있어서 큰 복으로 보답하니 만수무강하는 것이다. 先祖是皇, 神保是饗, 孝孫有慶, 報以介福, 萬壽無疆.'라 하였다.

『논어』에서는 "지혜로운 사람은 물을 좋아하고, 어진 사람은 산을 좋아하니, 지혜로운 사람은 움직이고, 어진 사람은 고요하며, 지혜로운 사람은 즐겁고, 어진 사람은 장수하는 것이다. 子ㅣ 日知者는 樂水하고 仁者는 樂山이니 知者는 動하고 仁者는 靜하며 知者는 樂하고 仁者는 壽니라."·'위대한 덕은 반드시 그 자리를 얻고, 반드시 그 녹을 얻고, 반드시 그 이름을 얻고, 반드시 그 장수를 얻는 것이다. 大德은 必得其位하며 必得其祿하며 必得其名하며 必得其壽니라.'라고 하였다.

◇◇◇◇◇

山谷之人이 若有聞見하면 非但福壽也라 此人은 卽山谷之傑也오

市井之人이 若有簡約하면 非但福壽也라 此人은 卽市井之傑也오

鄕野之人이 若有勤幹하면 非但福壽也라 此人은 卽鄕野之傑也오

士林之人이 若有警戒하면 非但福壽也라 此人은 卽士林之傑也니라.

산골의 사람이 만약 견문이 있으면 다만 장수만 하는 것이 아니라 이 사람은 곧 산골의 호걸이고,

도시의 사람이 만약 간소하고 검약하면 다만 장수만 하는 것이 아니라 이 사람은 곧 도시의 호걸이고,

시골의 사람이 만약 부지런하고 근간이 있으면 다만 장수만 하는 것이 아니라 이 사람은 곧 시골의 호걸이고,

사림의 사람이 만약 경계가 있으면 다만 장수만 하는 것이 아니라 이 사람은 곧 사림의 호걸인 것이다.

역해 : 장수하고 뛰어난 사람이 되기 위해서는 어떻게 해야 하는지를 논하고 있다.

우리가 어디에 사는 것이 중요한 것이 아니라. 지금 살고 있는 곳에서 가져야 하는 경계의 지점을 분명하게 밝히고 있다. 즉, 산골에서는 문견이 있어야 하고, 도시에서는 간약이 있어야 하고, 시골에서는 근간이 있어야 하고, 사람에서는 경계가 있어야 하는 것이다.

위의 네 가지 사람인 산골 사람·도시 사람·시골 사람농부·사림 사람독서은 『맹자』에서 인용된 것이다. "맹자가 말씀하시기를 어진 사람을 존숭하고 유능한 사람을 부려서 뛰어난 인걸이 자리에 있으면 천하의 선비 모두 기뻐하고 그 조정에 서고자 할 것이다. 도시에서 점포세만 거두고 물품세는 거두지 않고 토지세만 거두고 점포세는 거두지 않으면 천하의 상인이 모두 기뻐하고 그 시장에서 장사하려고 할 것이다. 관문에서 조사만 하고 통행세를 받지 않으면 천하의 여행자들이 모두 기뻐하고 그 길을 지나가고자 할 것이다. 농사짓는 사람에게 조법을 하고 세금하지 않으면 천하의 농부가 모두 기뻐하고 그 들에서 농사짓기를 바랄 것이다. 孟子ㅣ 曰尊賢使能하야 俊傑이 在位則天下之士 皆悅而願立於其朝矣리라. 市에 廛而不征하며 法而不廛 則天下之商이 皆悅而願藏於其市矣리라. 關에 譏而不征則天下之旅 皆悅而願出於其路矣리라. 耕者를 助而不稅 則天下之農이 皆悅而願耕於其野矣리라."

◇◇◇◇◇

或이 曰農夫가 元來力作하니 最是勤幹者也而何謂沒勤幹하며 士人은 元來讀書하니 最是警戒者也인데 而何謂沒警戒耶아 曰以百畝之不治로 爲己憂者는 農夫之任也니 農夫而比之士人則眞是懶怠者也오 士人이 頗讀書인 故로 心恒妄矜하고 農夫는 目不識字인 故로 心恒佩銘하니 士人而擬之農夫則眞不警戒者也라. 若農夫가 勤於識字하며 士人이 習於力作則才性이 調密하고 臟氣가 堅固하니라.

어떤 사람이 말하기를 농부는 원래 노력을 하니 가장 부지런한데 어찌 부지런함이 없다고 하며, 사림은 원래 독서를 하니 가장 경계하는데 어찌 경계가 없다고 하는가? 말하기를 백묘의 땅을 다스리지 못하는 것으로 자기의 근심을 삼는 것은 농부의 임무이니 농부를 학자에 비하면 진실로 이것은 나태한 사람이고, 학자가 독서만 하는 까닭으로 마음이 항상 망령되이 자긍하고 농부는 눈에서 글자를 알지 못하는 까닭으로 마음이 항상 새겨서 지니니 학자를 농부에 비기면 진실로 경계하지 않는 것이다. 만약 농부가 문자를 아는데 부지런하며 학자가 힘을 쓰는 것을 익히면 재주와 성품이 조밀하고 장기腸氣가 견고할 것이다.

頗자못 파는 皮 + 頁로 자못 두루두루 미치다.

妄허망할 망은 亡 + 女로 여자가 없으니 허망하다.

佩찰 패는 亻 + 冂 + 一 + 巾으로 사람이 하늘을 차다.

銘새길 명은 金 + 名으로 쇠로 이름을 새기다.

擬헤아릴 의는 扌 + 疑로 손으로 의심을 헤아리다.

역해 : 농부와 학자의 임무가 서로 다름을 통해 경계해야 하는 것이 무엇인지를 논하고 있다.

학자는 진리를 밝히는 독서와 사유를 하지만, 이것이 일상의 일이 됨으로써 구도求道의 경계가 사라지게 되고, 오히려 농부는 문자에 대한 경외가 있기 때문에 바르게 익혀서 살아가고자 한다는 것이다. 또 농부는 자기 밭의 농사를 어떻게 지을 것인가에 근심이 있지만, 학자는 진리를 밝히는데 매 순간 노심초사勞心焦思하기 때문에 농부가 학자보다 게으르다고 하였다.

◇◇◇◇◇

嬌奢者之心은 藐視閭閻生活하며 輕易天下室家하야 眼界驕豪하야 全昧産業之艱難하고 甚劣財力之方略하나니 每爲女色所陷하야 終身不悔하니라

교만하고 사치한 사람의 마음은 여염의 생활을 아득히 보며 천하의 집을 가볍고 쉽게 하여 보는 경계가 교만하고 호협하여 산업의 어려움에 온전히 어둡고, 재력의 방략에 심히 졸렬하니 매번 여색에 빠져서 몸을 마침에도 후회가 없는 것이다.

藐아득할 막은 艹 + 豸 + 白 + 儿으로 풀 숲에서 벌레의 움직임은 아득하다.

閭마을문 려는 門 + 呂로 사람이 드나드는 문이다.

閻마을문 염은 門 + 勹 + 臼로 마을의 문이다.

眼눈 안은 目 + 艮으로 눈이 그치다.

역해 : 교만하고 사치하는 마음의 폐해를 논하고 있다. 교심驕心과

사치奢侈는 태음인과 소음인이 가장 경계해야 할 이기심과 탐욕심이다. 특히 여색에 빠져서 몸을 망치는데도 후회가 없는 것은 태음인의 치심侈心이다.

◇◇◇◇◇

懶怠者之心은 極其麤猛하야 不欲積工之寸累하고 每有虛大之甕算하니 蓋其心이 甚憚勤幹인 故로 欲逃其身於酒國하야 以姑避勤幹之計也라 凡懶怠者는 無不縱酒하니 但見縱酒者則必知其爲懶怠人心이 麤猛也니라.

나태한 사람의 마음은 지극히 거칠고 사나워 작은 것으로써 많은 것을 쌓으려 하지 않고 매번 허무 광대한 옹산이 있으니 대개 그 마음이 심히 부지런함을 꺼리는 까닭으로 그 몸은 주국酒國에 도망하고자 하여 잠시라도 부지런한 계책을 피하려고 하는 것이다. 무릇 나태한 사람은 술에 늘어지지 않음이 없으니, 다만 술에 방종한 사람을 보면 반드시 그 나태한 사람의 마음이 거칠고 사나움을 아는 것이다.

麤거칠 추는 鹿 3개로 짐승은 거칠다.

甕독 옹은 雍 + 瓦로 흙을 만든 독

憚꺼릴 탄은 忄 + 單으로 마음을 홀으로 하다.

逃달아날 도는 辶 + 兆으로 북쪽으로 달아나다.

避피할 피는 辶 + 辟으로 임금이 피하다.

역해 : 나태懶怠는 소양인이 경계해야 하는 왜곡된 마음이다. 소양인이 나심懶心에 빠지면 술을 쫓고, 술을 쫓으면 거칠고 사납게 되는 것이다.

◇◇◇◇◇

酒色之殺人者를 人皆曰酒毒이 枯腸하고 色勞가 竭精云하나 此는 知其一이오 未知其二也니라. 縱酒者는 厭勤其身하니 憂患이 如山하고 惑色者는 深愛其女하니 憂患이 如刀하야 萬端心曲이 與酒毒色勞로 幷力攻之而殺人也니라.

주색酒色이 사람을 죽이는 것을 사람들은 모두 술의 독이 창자를 마르고 색의 노고가 정액을 고갈한 것이라 하나 이것은 그 하나만 아는 것이고, 아직 그 둘은 모르는 것이다. 술에 방종한 사람은 그 몸이 부지런한 것을 싫어하니 근심이 산과 같고, 색에 의혹한 사람은 깊이 그 여자를 사랑하니 근심이 칼과 같아 만단의 마음 곡조가 주독과 색노로 더불어 힘을 합해서 공격하고 사람을 죽이는 것이다.

殺죽일 살은 十 + 丶 + 木 + 殳로 몽둥이로 하늘을 죽이다.

毒독 독은 一 + 土 + 毋로 땅을 하나로 하지 않다.

勞힘쓸 로는 火 2개 + 冖 + 力으로 불이 나게 힘쓰다.

厭싫을 염은 厂 + 日 + 月 + 犬으로 싫은 것을 가리다.

曲굽을 곡은 口 + 廿으로 마음에 二十을 담다.

역해 : 주색酒色의 폐해를 자세하게 논하고 있다. 술은 나심懶心·색은 치심侈心과 연계되기 때문에 사상인에 있어서는 소양인과 태음인의 타락한 모습이라 할 수 있겠다.

◇◇◇◇◇

狂童은 必愛淫女하고 淫女는 亦愛狂童하며 愚夫는 必愛妬婦하고 妬婦는 必愛愚夫하나니 以物理觀之則淫女는 斷合狂童之配也오 愚夫는 亦宜妬婦之匹也라. 蓋淫女妬婦는 可以爲惡人賤人之配匹也오 不可爲君子貴人之配匹也니 七去惡中에 淫去 妬去 爲首惡而世俗이 不知妬字之義리라. 但以憎疾衆妾으로 爲言하니 貴人之繼嗣가 最重則婦人이 必不可憎疾貴人之有妾而亂家之本이 未嘗不在於衆妾則婦人之憎疾衆妾之邪媚者는 猶爲婦人之賢德也니 何所當於妬字之義乎아 詩云桃之夭夭에 其葉이 蓁蓁이로다 之子于歸에 宜其家人이라하니 宜其家人者는 好賢樂善而宜於家人之謂也오 不宜其家人者는 妬賢嫉能而不宜於家人之謂也니라. 凡人家에 疾病이 連綿하며 死亡이 相隨하며 子孫이 愚蚩하며 資産이 零落者가 莫非愚夫妬婦의 妬賢嫉能之所做出也니라.

광동이 반드시 음녀를 사랑하고, 음녀가 역시 광동을 사랑하며, 어리석은 사내가 반드시 투부妬婦를 사랑하고, 투부가 또한 어리석은 사내를 사랑하는 것이니, 이 이치로 보건대 음녀는 광동의 배필에 적합하고, 어리석은 사내 역시 투부의 배필에 적합한 것은 당연한 것이다.

대개 음녀와 투부는 악인惡人과 천인賤人의 배필은 될 수 있으나, 군자와 귀인의 배필은 될 수 없는 것이니, 칠거지악 가운데 음락한과 질투하는 것을 버리는 것이 첫 번째 악이 되고 세속이 '투妬'자의 뜻을 알지 못하는 것이다. 다만 여러 첩을 미워하고 시기하는 말로 삼으니, 귀인의 후사를 잇는 것이 최고로 중요하면 부인이 반드시 귀인의 첩이 있음을 미워하고 시기하는 것은 불가하고, 집의 근본을 어지럽히는 것이 일찍이 여러 첩에 있는 것이라. 아니라면 부인의 여러 첩의 사특하고 아첨하는 것을 미워하고 시기하는 것은 오히려 부인의 어진 덕이 되는 것이니 어찌 '투'자의 뜻에 마땅하겠는가?

『시경』에서 말하기를 복숭아 꽃이 아름답고 아름다움에 그 잎이 무성한 것이로다. 아름다운 처녀가 돌아감에 그 집사람으로 마땅하다 하니, 그 집사람에 마땅한 사람은 어진 사람을 좋아하고 착함을 즐기니 집사람에 마땅한 것이라 이르고, 그 집사람에 마땅하지 않는 사람은 어진 사람을 질투하고 재능을 시기하니 집사람에 마땅하지 않은 것을 이른 것이다.

무릇 사람의 집에 질병이 계속하며, 사망이 서로 따르며, 자손이 어리석으며, 자산이 영락한 것이 어리석은 사내와 투부의 어진 사람을 질투하고 재능을 시기하여 지은 것에서 나옴이 아닌 것이 없다.

妬강샘할 투는 女 + 石으로 여자가 돌을 던지다.

斷끊을 단은 二 + 幺 4개 + 斤으로 하늘의 작용을 끊다.

媚아첨할 미는 女 + 眉으로 十一에 아첨하다.

嫉시기할 질은 女 + 疾로 十一이 병들다.

隨따를 수는 阝 + 辶 + 左 + 月로 성인을 따르다.

역해 : 우부투부愚夫妬婦는 천인賤人과 악인惡人으로 서로 서로 짝이 되고, 투현질능妬賢嫉能을 하여 가정을 무너뜨리는 폐해를 자세하게 논하고 있다.

◇◇◇◇◇

天下之惡이 莫多於妬賢嫉能이오 天下之善이 莫大於好賢樂善이니 不妬賢嫉能而爲惡則惡必不多也오 不好賢樂善而爲善則善必不大也니라.

歷稽往牒컨대 天下之受病이 都出於妬賢嫉能이오 天下之救病이 都出於好賢樂善이니 故로 曰妬賢嫉能은 天下之多病也오 好賢樂善은 天下之大藥也라하노라.

천하의 악이 어진 사람을 질투하고 재능을 시기하는 것보다 더 많은 것이 없고, 천하의 선이 어진 사람을 좋아하고 선을 즐거워하는 것보다 큰 것이 없으니, 어진 사람을 질투하거나 재능을 증오하지 않고 악을 하면 악이 반드시 많지 않을 것이고, 어진 사람을 좋아하지 않고 선을 즐기지 않고 선을 하면 선이 반드시 크지 못할 것이다.

지나간 옛 글을 상고하건데 천하의 병을 받음이 모두 어진 사람을 질투하고 재능을 시기하는 것에서 나오고, 천하의 병을 구제하는 것이 모두 어진 사람을 좋아하고 선을 즐기는 것에서 나오니, 그러므로 어진 사람을 질투하고 재능을 시기하는 것은 천하의 많은 병이고, 어진 사람을 좋아하고 선을 즐거워하는 것은 천하의 위대한 약이라 하겠다.

歷지낼 력은 厂 + 禾 2개 + 止로 지나온 역사이다.

牒서판 첩은 片 + 世 + 木으로 나무 조각에 기록한 세계이다.

救구할 구는 求 + 攵으로 쳐서 구하다.

藥약 약은 艹 + 樂으로 풀이 즐겁다.

역해 : 천하의 선악善惡을 투현질능妬賢嫉能과 호현락선好賢樂善을 대비시켜 논하고 있다.

투현질능은 천하의 병의 근원이고, 호현락선은 위대한 약으로 어질고 재능있는 사람을 질투나 시샘하지 않고, 좋아하고 즐거워하는 마음이 세상을 아름답게 만드는 것이다.

『논어』에서는 '군자는 어진 사람을 존중하고 대중을 포용하고, 선을 아름답게 하고 능하지 못한 이를 불쌍히 여기니, 내가 큰 어진 사람일진대 다른 사람에 어찌 포용하지 않으며 내가 어질지 못한데 사람들이 장차 나를 막을 것이니, 어찌 다른 사람을 막는가?君子는 尊賢而容衆하며 嘉善而矜不能이니 我之大賢與인댄 於人에 何所不容이며 我之不賢與인댄 人將拒我니 如之何其拒人也리오.'라고 하여, 존현가선尊賢嘉善으로 밝히고, 자기 스스로 어진 마음과 행동을 하는 것이 중요하다고 하였다.

또『맹자』에서는 '어진 사람을 존중하고 재능있는 사람을 부려서 준걸이 자리에 있으면 천하의 선비가 모두 기뻐서 그 조정에 서고자 하는 것이다. 孟子ㅣ 曰尊賢使能하야 俊傑이 在位則天下之士ㅣ 皆悅而願立於其朝矣리라.'라고 하여, 존현사능尊賢使能으로 밝히고 있다.

『대학』에서는 어질고 재주있는 사람을 좋아하고 시기함에 따라 그 사람의 삶이 달라짐을 밝히고 있다. "『서경』 태서泰誓에서 말하기를 만약 한 신하가 정성스럽고 한결같아서 다른 재주가 없으나 그 마음이 아름답고 포용함이 있어서 다른 사람의 재주 있음을 자기가 있는 것 같이 하고, 다른 사람의 어질고 성스러움을 그 마음에 좋아함이 자기 입에서 나온 것보다도 더한다면, 진실로 능히 포용하는 것이어서, 나의 자손과 백성을 보전할 것이니 또한 이로울 것이구나! 다른 사람의 재주 있음을 시기하고 미워하며, 다른 사람의 어질고 성스러움을 어겨서 통하지 못하게 하면 진실로 포용하지 못하는 것이어서, 나의 자손과 백성을 보전하지 못할 것이니 또한 위태로울 것이구나!秦誓에 曰若有一个臣이 斷斷兮오 無他技나 其心이 休休焉혼디 其如有容焉이라 人之有技를 若己有之하며 人之彥聖을 其心好之ㅣ 不啻若自其口出이면 寔能容之라 以能保我子孫黎民이니 尙亦有利哉인져 人之有技를 媢疾以惡之하며 人之彥聖을 而違之하야 俾不通이면 寔不能容이라 以不能保我子孫黎民이니 亦曰殆哉인져"

6

사상인 변증론
四象人 辨證論

「사상인 변증론」은 제목 그대로 태양인·태음인·소양인·소음인을 증상에 따라 변별하는 내용을 중심으로 논하고 있다. 「사상인 변증론」을 이해함에 있어서도 『동의수세보원』 제1권의 철학적 원리를 근거로 해야 한다.

우리가 현재 사용하고 있는 '체질體質'이란 용어는 『동의수세보원』에는 나오지 않는다. 체질이라 함은 사람의 몸에만 치우친 뜻이다. 동무는 '사상인四象人'을 변별한다고 하였기 때문에 사상인으로 사용해야 한다.

또 '무엇을 먹느냐, 먹지 않느냐?'의 문제가 아닌 마음의 근본을 알아서 도덕적인 삶을 살아가는 것으로 그 뜻을 확장시켜야 한다. 이러한 논의의 근거에는 동무 스스로 철저한 수행자로서 마음 수행을 통한 인간의 기철학을 완성한데에서 기인하며, 이것이 곧 사상철학이다.

◇◇◇◇◇

太少陰陽人을 以今時目見一縣萬人數로 大略論之則太陰人이 五千人也오 少陽人이 三千人也오 少陰人이 二千人也오 太陽人數는 絶少하야 一縣中에 或三四人十餘人而已니라.

태소음양인을 지금 사람이 10,000명인 고을을 보고 대략적으로 논한다면, 태음인이 5,000명이고 소양인이 3,000명이고 소음인이 2,000명이고 태양인의 수는 극히 적어서 한 고을에 3~4명 내지 10여 명에 불과한 것이다.

今이제 금은 人 + 二로 사람과 음양이 지금이다.

縣마을 현은 目 + 一 + 小 + 系로 매달려 있다.

千일천 천은 丿 + 十으로 십을 다스리다.

絶끊을 절은 糸 + 色으로 색을 끊다.

餘남을 여는 食 + 余로 나의 밥은 남기다.

역해 : 동무가 그 당시 사람들을 관찰해 보니, 50%가 태음인, 30%가 소양인, 20%가 소음인, 태양인은 거의 없다고 하였다.

2017년 현재의 사람들을 변별하면, 사상인이 이러한 비율로 구성되어 있는지 다시 정리해 보아야 할 것이다. 왜냐하면 태음인과 소음인이 절대 다수를 차지하는 것은 맞지만, 소양인이 실재로 많지 않다는 것으로 판단되기 때문이다. 사상인의 마음 작용에 대한 깊은 통찰을 통해 그 자료를 다시 정리해야 할 것으로 생각된다.

◇◇◇◇◇

太陽人體形氣像은 腦傾之起勢이 盛壯而腰圍之立勢이 孤弱하고
少陽人體形氣像은 胸襟之包勢이 盛壯而膀胱之坐勢이 孤弱하고
太陰人體形氣像은 腰圍之立勢이 盛壯而腦傾之起勢이 孤弱하고
少陰人體形氣像은 膀胱之坐勢이 盛壯而胸襟之包勢이 孤弱이니라.

태양인의 체형기상은 뇌추의 기세가 장성하고 허리둘레의 서 있는 자세가 외롭고 약하고,

소양인의 체형기상은 흉금의 감싸는 자세가 장성하고 방광의 앉은 자세가 외롭고 약하고,

태음인의 체형기상은 허리둘레의 서 있는 자세가 장성하고 뇌추의 기세가 외롭고 약하고,

소음인의 체형기상은 방광의 앉은 자세가 장성하고 흉금의 감싸는 자세가 외롭고 약한 것이다.

勢기세 세는 土 + 儿 + 土 + 丸 + 力으로 힘을 쓰는 기세이다.

圍둘레 위는 口 + 韋로 둘러싸고 있다.

孤외로울 고는 子 + 瓜로 자식이 홀로 매달려 있다.

襟옷깃 금은 衤 + 禁으로 옷깃으로 싸고 있다.

역해 : 사상인의 체형기상體形氣像에 대하여 논하고 있다. 태양인과 태음인이 상대가 되고, 소양인과 소음인이 상대가 되기 때문에 사상인의 성기性氣의 입장에서 논하고 있음을 알 수 있다.

사상인의 성기性氣는 드러나지 않는 내면의 마음 작용이라 할 때, 체형기상을 외형으로 생각하는 것은 어리석은 것이라 하겠다. 체형기상體形氣像의 뜻을 분석하면, 체형體形과 기상氣像으로 나누어 볼 수 있다. 체형體形은 본체의 형상이고, 기상氣像은 사람의 타고난 마음 작용이 밖으로 드러나는 것이다.

또 체體는 '몸 체'이지만 뼈가 위주인 것이고, 형形은 형이상形而上·하下를 일관하는 것을 단순히 눈에 보이는 형상形狀의 세계를 말하는 것이 아니다. 기氣는 그대로 기운氣運으로 눈에 보이는 것이 아니며, 상像은 사람亻이 뜻을 상징象徵하는 것으로 진리를 드러내어 보인다는 의미를 가지고 있다. 따라서 체형기상을 사람의 외형外形으로만 이해하는 것은 잘못이라 하겠다.

또한 이 문장을 근거로 '사상인'을 '사상체질'이나 '체질'·'체질의학'이라는 용어를 사용하고 있는데, 동무가 이러한 표현을 하고 있지 않다는 것에 유의해야 한다. 일반적으로 체질이라고 하면 형상적形狀的인 몸의 구분으로 생각하기 때문에 사상철학의 근본인 마음 작용에 대한 부분을 망각하는 결과를 가져오고 있다. 따라서 우리는 체질을 감별하는 것이 아니라 위의 제목에서 이야기한 바와 같이 '사상인四象

人'을 변별하는 것이다.

◇◇◇◇◇

太陽人性質은 長於疏通而材幹이 能於交遇하고 少陽人性質은 長於剛武而材幹이 能於事務하고 太陰人性質은 長於成就而材幹이 能於居處하고 少陰人性質은 長於端重而材幹이 能於黨與니라.

태양인의 성질은 소통하는 것이 장점이고 재간은 교우交遇를 잘하며, 소양인의 성질은 강직하고 굳센 것이 장점이고 재간은 사무事務를 잘하며, 태음인의 성질은 성취하는 것이 장점이고 재간은 거처居處를 잘하며, 소음인의 성질은 단정하고 중후한 것이 장점이고 재간은 당여黨與를 잘한 것이다.

疏트일 소는 ㄙ + 止 + ㅗ + ㄙ + 川으로 물길이 트이다.
武굳셀 무는 一 + 弋 + 止로 하나가 그쳐 있다.
就이룰 취는 京 + 尤 + 丶로 크게 이루다.

역해 : 사상인의 장점과 인사유사人事有四의 잘함能에 대하여 논하고 있다. 인사유사는 폐비간신肺脾肝腎의 달합입정達合立定하기 때문에 사상인의 애노희락 정기情氣와 결부되는 것이다. 위의 내용을 문왕팔괘도에 배치하면 다음과 같다.

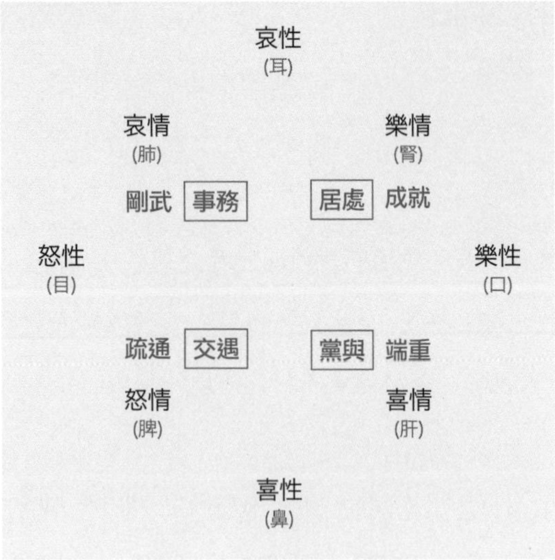

| 사상인의 인사유사와 마음 작용 |

이에 사상인의 장점과 인사 유사를 「확충론」에서 논한 잘함과 잘하지 못함을 설명해 보면, 태양인은 소통과 교우는 잘하지만 단중과 당여는 잘하지 못하고, 반대로 소음인은 당여와 단중은 잘하지만 소통과 교우는 잘하지 못하고, 태음인은 성취와 거처는 잘하지만 강무와 사무는 잘하지 못하고, 반대로 소양인은 강무와 사무는 잘하지만 성취와 거쳐는 잘하지 못하는 것이다.

또 사상인이 잘하는 장점에 대하여 확충해서 설명하면, 태양인은 소통을 잘하는데 이것이 지나치게 되면 다른 사람의 생각이나 의견을 멋대로 해체하는 마음으로 나아가고, 태음인은 맡은 바 일을 잘 이루지만 이것이 지나치게 되면 자기의 것이 있어야 한다는 물욕에 빠지게 되고, 소양인은 강직하고 굳세지만 이것이 지나치게 되면 뻣뻣한 자기주장을 내세워 상대방을 무시하게 되고, 소음인은 단정하고 중후하지만 이것이 지나치게 되면 겉과 속이 다른 이중적인 말과 행동으로 상대방을 속이게 되는 것이다.

또한 사상인에서 태양인은 소통·소양인은 정직·태음인은 책임·소음인은 배려의 윤리적 가치를 잘한다면, 반대로 태양인은 배려·소양인은 책임·태음인은 정직·소음인은 소통을 잘하지 못하는 것이다.

따라서 태양인에게는 '존중과 배려는 타인의 아픔을 자신의 아픔으로 느낄 수 있는 도덕적 감정, 공감을 기본으로 하는 것이며, 타인의 입장에서 마음과 고통은 고려하지 않고 자신의 욕구 충족만을 추구하는 이기적인 마음이 공감 능력을 저하시키고 타인을 무시하고 폄하하는 태도를 가져온다'는 배려의 가치가 필요하며, 소음인에게는 '소통이란 단절 너머에 있는 타인의 마음을 이해하려는 것으로 한 곳에 머물러 있는 자신의 생각을 확장해가는 것이며, 또 소통은 기호와 전언을 전달하고 교환하는 행위를 가리키는데 다양한 사물의 순환, 나아가 인간들의 순환에도 관련되기 때문에 사회적 삶 자체를 가리킨다고 할 수 있다'는 소통의 가치가 필요한 것이다.

태음인에게는 '진실성이 개인에 적용되면 정직하고 진솔하며 속이거나 훔치지 않는 것이며, 집단에 적용되면 공동체를 배신하지 않는 것이고, 사람과 생명이 수단이 아닌 목적으로 대하고 자연을 착취하지 않는 것이다'라는 정직의 가치가 필요하며, 소양인에게는 '좋은 결과를 가져오기 위해서 할 일을 하는 것으로 계획을 세우고 세운 계획은 어떠한 어려움이 있어도 끈기 있게 해보며 항상 정성을 다하여 최선을 다해야 한다'는 책임의 가치가 필요한 것이다.

◇◇◇◇◇

太陽人體形은 元不難辨而人數稀罕故로 最爲難辨也니 其體形이 腦顀之起勢이 强旺하며 性質이 疏通하며 又有果斷하고 其病은 噎膈反胃解㑊證이니 亦自易辨而病未至重險之前에 別無大證하야 完若無病壯健人也라 少陰人老人이 亦有噎證하니 不可誤作太陽人治니라

태양인의 체형은 원래 변별하기가 어렵지 않으나 사람의 수가 드물기 때문에 최고로 변별하기가 어려운 것이다. 그 체형이 뇌추의 기세가 강하고 왕성하며 성질은 소통하며 또 과감한 결단이 있고, 그 병은 열격·반위·해역증이니 또한 스스로 변별하기가 쉽고 병이 무겁고 험한 증세에 이르기 전에는 별로 큰 증상이 없어서 완실하여 병이 없는 건강한 사람 같은 것이다. 소음인의 노인이 또한 열격증이 있으니 태양인으로 오진하여 치료하는 것은 옳지 못하다.

罕드물 한은 冖 + 儿 + 干으로 十一의 실천은 드물다.

旺성할 왕은 日 + 王으로 빛이 성하다.

噎목멜 열은 口 + 壹로 목이 하나로 묶이다.

역해 : 태양인의 변증辨證에 대하여 자세하게 논하고 있다. 태양인의 병증인 열격·반위·해역증에 대하여 동무는 다음과 같이 밝히고 있다.

제4권 「태양인내촉소장병론」에서는 "음식물이 밖으로부터 들어오는데 방해하는 것이 있는 것을 '열噎'이라 하고, 안으로부터 받아들이는데 막는 것이 있는 것을 '격膈'이라 하며, 아침에 먹은 것을 저녁에 토하고 저녁에 먹은 것을 아침에 토하는 것을 '반위反胃'라고 한다.食物이 自外入而有所妨碍曰噎이오 自內受而有所拒格曰膈이오 朝食暮吐하며 暮食朝吐曰反胃라."라 하고, "해역이란 것은 상체는 완전히 건강하나 하체가 해역하여 종아리가 저려서 걸어가지 못하는 것을 말하는 것이다.解㑊者는 上體完健而下體ㅣ 解㑊然하야 脚痠不能行去之謂也니"라고 하여 정의하고 있다.

◇◇◇◇◇

太陽女ㅣ 體形이 壯實而肝小脇窄하야 子宮不足故로 鮮能生產이니 以六畜玩理而太陽牝牛馬이 體形壯實而亦不能生產者하니 其理를 可推니라.

태양인 여자는 체형이 장성하고 실하나 간이 작고 옆구리가 좁아서 자궁이 부족하므로 드물게 아이를 낳으니, 육축六畜으로써 이치를 완미하면 태양의 암소와 암말이 체형은 장성하고 실하나 역시 생산하지 못하는 것이니, 그 이치를 미룰 수 있다.

脇옆구리 협은 肉 + 力 3개로 힘을 쓰는 살이다.

鮮드물 선은 魚 + 羊으로 백성들이다.

産낳을 산은 立 + 丿 + 生은 세워서 낳다.

蓄가축 축은 艹 + 畜으로 풀을 쌓아 기르다.

玩가지고놀 완은 玉 + 元으로 진리를 가지고 놀다.

역해 : 태양인 여자의 체형과 생산에 대하여 논하며, 육축六畜으로 예를 들고 있다.

집에서 기르는 여섯 가지 동물도 사상으로 나눌 수 있다는 것이다. 즉, 소에도 태양소·태음소·소양소·소음소가 있고, 말에도 태양말·태음말·소양말·소음말이 있고, 개에도 태양개·태음개·소양개·소음개가 있다는 것이다. 일반적으로 소고기는 태음인에 맞고, 닭고기는 소음인에게 맞고, 돼지고기는 소양인에게 맞는다고 하지만, 살아 있는 동물을 하나의 사상으로 생각해서는 안 되는 것이다.

◇◇◇◇◇

少陽人體形은 上盛下虛하니 胸實足輕하야 剽銳好勇而人數를 亦多하야 四象人中에 最爲易辨이니라.

소양인의 체형은 위가 성하고 아래가 허하니 가슴이 실하고 발이 가벼워서 재빠르고 날카로워 용기를 좋아하고, 사람의 수가 또한 많아서 사상인 가운데 최고로 변별하기가 쉬운 것이다.

剽재빠를 표는 襾 + 示 + 刂으로 심판으로 빛을 덥다.

銳날카로울 예는 金 + 兌로 쇠와 같이 날카롭다.

最가장 최는 日 + 耳 + 又로 귀를 잡는 것이 최고이다.

역해 : 소양인은 강직하고 굳세기도 하지만, 표예호용剽銳好勇으로 말과 행동이 경솔하고 또 날래고 용맹을 좋아하는 것이다. 소양인의 성질은 노성애정怒性哀情의 작용에 따라 성기는 항상 들려고 하고 놓으려고 하지 않고, 정기는 항상 밖으로 이기고자 하고 안으로 지키고자 하지 않는 마음이 근본이 되고 있다.

◇◇◇◇◇

少陽人이 **或有短小靜雅**하야 **外形恰似少陰人者**하니 **觀其病勢寒熱**하야 **仔細執證**이오 **不可誤作少陰人治**니라.

소양인이 혹 키가 짧고 작아 고요하고 단아함이 있어서 외형이 소음인과 흡사하니, 그 병세의 한열을 보아 자세하게 증상을 잡을 것이고, 소음인으로 오진하여 치료하는 것은 옳지 못한 것이다.

恰마치 흡은 忄 + 合으로 마음이 합한 것 같다.

似 같을 사는 亻 + 以로 사람이 쓰다.

仔 자세할 자는 亻 + 子로 자식에게 자세하게 알려주다.

細 가늘 세는 糸 + 田으로 실과 같이 가늘다.

역해 : 소양인과 소음인의 변별을 논하고 있다.

◇◇◇◇◇

太陰少陰人體形이 或略相彷彿하야 難辨疑似而觀其病證則必無不辨이니 太陰人이 虛汗則完實也오 少陰人이 虛汗則大病也니라.

太陰人이 陽剛堅密則大病也오 少陰人이 陽剛堅密則完實也며 太陰人이 有胸膈怔忡證也오 少陰人이 有手足悗亂證也며 太陰人이 有目眥上引證하고 又有目睛內疼證也오 少陰人이 則無此證也며 少陰人이 平時呼吸이 平均而間有一太息呼吸也오 太陰人則無此太息呼吸也며 太陰人은 瘧疾惡寒中에 能飮冷水하며 少陰人은 瘧疾惡寒中에 不飮冷水하니라

太陰人脈은 長而緊하고 少陰人脈은 緩而弱하며 太陰人肌肉은 堅實하고 少陰人肌肉은 浮軟하며 太陰人容貌詞氣는 起居有儀而修整正大하고 少陰人容貌詞氣는 體任自然而簡易小巧니라.

태음인과 소음인의 체형이 혹 서로 비슷하여 변별하기 어렵고 비슷하게 의심하지만, 그 병증을 보면 반드시 변별하지 못하는 것은 없

으니, 태음인은 허한虛汗하면 완전히 실한 것이고 소음인이 허한하면 큰 병인 것이다.

태음인이 양이 강하고 견밀하면 큰 병이고, 소음인이 양이 강하고 견밀하면 완전히 실한 것이며, 태음인은 흉격에 정충증이 있고, 소음인은 손과 발이 문란증이 있으며, 태음인은 목자目眥, 눈초리가 위로 당기는 증상이 있고, 또 목정目睛, 눈동자 내에 동통증이 있고, 소음인은 이러한 증상이 없으며, 소음인은 평시에 호흡이 고르나 사이에 큰 한숨을 쉬는 일이 있고, 태음인은 이렇게 큰 한숨을 쉬는 일이 없으며, 태음인은 학질과 오한 중에 냉수를 능히 마시며, 소음인은 학질과 오한 중에 냉수를 마시지 않는 것이다.

태음인의 맥은 길고 긴하고, 소음인의 맥은 느슨하고 약하며, 태음인의 피부와 살은 견실하고 소음인의 피부와 살은 부드러우며, 태음인의 용모와 말하는 기운은 기거함에 위의가 있고 고쳐서 정돈하고 정대하고, 소음인의 용모와 말하는 기운은 대하는 태도가 자연스럽고 간단하고 편리하면서 작은 기교가 있다.

彷비슷할 방은 彳 + 方으로 두 사람이 비슷하다.

怔두려워할 정은 忄 + 正으로 마음이 바르고자 한다.

悗흐릴 문은 忄 + 免으로 마음이 면하고자 한다.

睛눈동자 정은 目 + 靑으로 푸른 눈동자이다.

脈맥 맥은 肉 + 厂 + 氏으로 살에 흐르는 기운이다.

역해 : 태음인과 소음인을 변별하고 있다. 특히 용모容貌와 사기詞氣에서 태음인은 성취에 장점이 있어서 말솜씨와 몸가짐에 위의가 있고 무슨 일에도 잘 가다듬어서 공명정대하게 일을 처리하고, 소음인은 단중에 장점이 있어서 말과 행동이 자연스럽고 간단한 작은 재주가 있는 것이다.

사상인을 변별하는데 있어서 사람의 얼굴 모습이 보여주는 것과 말하는 기운에 대해 잘 살펴야 하는 것이다. 용모容貌는 마음을 담고 있는 그릇으로서 얼굴 모습이고, 사기詞氣는 말하는 속에 담겨진 그 사람의 기운을 말하는 것이다. 이것은 그냥 볼 수 있는 것이 아니라 하겠다.

◇◇◇◇◇

少陰人體形은 矮短而亦多有長大者하야 或有八九尺長大者하니라 太陰人體形이 長大而亦或有六尺矮短者하니라.

소음인의 체형은 왜소하고 짧지만 또한 다수가 길고 큰사람이 있어서 혹 8~9척이 되는 사람도 있는 것이다. 태음인의 체형은 길고 크지만 또 혹 6척의 왜소하고 짧은 사람도 있는 것이다.

矮키 작을 왜는 矢 + 禾 + 女로 짧고 왜소하다.

尺자 척은 尸 + 丿로 죽음을 다스리다.

역해 : 소음인은 작고 여리고, 태음인은 크고 뚱뚱하다는 일반적인 견해는 치우친 생각임을 논하고 있다.

◇◇◇◇◇

太陰人은 恒有怯心하니 怯心이 寧靜則居之安 資之深而造於道也오 怯心이 益多則放心桎梏而物化之也라 若怯心이 至於怕心則大病이 作而怔忡也니 怔忡者는 太陰人病之重證也니라.

태음인은 항상 겁내는 마음이 있으니 겁내는 마음이 편안하고 고요하면 거처가 편안하고 바탕이 깊어져서 도를 짓고, 겁내는 마음이 더욱 많으면 방심·질곡하고 물질로 변화하는 것이라. 만약 겁내는 마음이 두려운 마음에 이르면 큰 병이 일어나 정충증怔忡症이 되니 정충증은 태음인병의 무거운 병증인 것이다.

怯겁낼 겁은 忄 + 去으로 마음이 가다.

寧편안할 녕은 宀 + 心 + 皿 + 丁으로 집에서 마음이 편안하다.

桎막힐 질은 木 + 至로 神道를 막다.

梏수갑 곡은 木 + 告로 神道를 채우다.

怕두려워할 파는 忄 + 白으로 몸과 마음이 두려워하다.

역해 : 사상인의 항상 있는恒有 마음은 「확충론」에서 논한 성기性氣와

정기情氣의 항상 있는 것과 서로 통하고 있다.

태음인의 겁심怯心은 「사상인 변증론」 뒤에서 '태음인은 밖을 살펴 항상 겁내는 마음을 안정시키고 고요히 할 것이며足之日太陰人은 察於外而恒寧靜怯心하고'라 하고, 「확충론」에서는 '태음인의 정기는 항상 안을 지키고자 하고 밖으로 이기고자 하지 않는다.太陰之情氣는 恒欲內守而不欲外勝하고' 라고 하여, 태음인의 정기情氣와 관계됨을 알 수 있다.

태음인의 겁심怯心과 「확충론」의 사상심을 종합하여 설명하면, 태음인의 겁내는 마음이 심해지면 두려운 마음이 되어 정충의 큰 병이 되는데, 정충증怔忡症은 정기의 낭발에 따른 이병裡病이기 때문에 겁심은 생리적 태심인 절심竊心과 결부되고, 겁내는 마음이 더 왜곡된 두려운 마음은 치심侈心과 결부된다고 하겠다.

이 문제는 「광제설」에서 논하고 있는 사상인이 경계해야 할 '주색재권'으로 보면 분명하게 이해할 수 있다. 즉, 태음인은 1차적으로 재물을 탐하지만 2차적으로는 치색侈色을 탐닉하고, 반대로 태양인은 1차적으로 치색을 탐닉하지만 2차적으로 재물를 탐하고, 또 소양인은 1차적으로 권세를 다투지만 2차적으로 주식酒食을 탐하고, 반대로 소음인은 1차적으로 주식을 탐하지만 2차적으로 권세를 다투는 것이다.

따라서 태음인은 항상 겁을 내는 마음이 있기 때문에 오히려 겁심을 통해 검소하여 간략한 삶을 추구하고 사치와 여색을 멀리하면 병리적 욕심인 치심으로 나아가지 않지만, 겁심이 지나치게 되어 두려운 마음怕心에 이르게 되면, 치심이 작용하여 이병裡病이 발생되는 것이다.

또한 '물화物化'는 '물로 변화된다'고 번역할 수 있지만, 이 뜻은 인간의 마음 작용이 현상화되는 의미를 가지고 있다. 즉, 형이상의 인격적 마음뜻이 대상적인 공간을 점유하고 있는 몸으로 드러나는 변화를 '물화'라고 표현하고 있다. 또 '물物'은 대상적인 물건만을 의미하는 것이 아니라 공간 속에 존재하는 모든 것을 포괄하는 개념이다.

◇◇◇◇◇

少陽人은 恒有懼心하니 懼心이 寧靜則居之安 資之深而造於道也오 懼心이 益多則放心桎梏而物化之也라 若懼心이 至於恐心則大病이 作而健忘也니 健忘者는 少陽人病之險證也니라.

소양인은 항상 두려운 마음이 있으니 두려운 마음이 안정되고 고요하면 거처가 편안하며 바탕이 깊어져서 도를 짓고, 두려운 마음이 더욱 많으면 몸이 자유스럽지 못하여 물화되게 된다. 만약 두려운 마음이 공포심에 이르게 되면 큰 병이 일어나 건망증이 될 것이니, 건망증은 소양인병의 험한 증상인 것이다.

懼두려워할 구는 忄 + 目 2개 + 隹로 마음이 하늘의 소리를 보다.

恐두려울 공은 工 + 凡 + 心으로 마음이 하늘을 잇다.

健튼튼할 건은 亻 + 聿 + 廴으로 음양을 잡아서 튼튼히 세우다.

險험할 험은 阝 + 僉으로 언덕이 험하다.

역해 : 위의 태음인과 마찬가지로 「사상인 변증론」에서 '소양인은 안을 살펴 두려운 마음을 안정시키고 고요히 할 것이며少陽人은 察於內而恒寧靜懼心하고'라 하고, 「확충론」에서는 '소양인의 정기는 항상 밖으로 이기고자 하고 안으로 지키고자 하지 않는다.少陽之情氣는 恒欲外勝而不欲內守니라.'라고 하여, 소양인의 정기와 관계됨을 알 수 있다.

소양인의 구심懼心과 「확충론」의 사상심을 종합하여 설명하면, 소양인은 두려운 마음이 심해지면 공심恐心이 되어 건망증의 큰 병이 되는데, 건망증은 정기의 왜곡에 따른 이병裡病이기 때문에 구심은 모통이에 배치되는 탈심奪心·나심懶心와 관계되지만, 구심懼心은 생리적 태심인 탈심과 결부되고, 구심이 더 왜곡된 공심恐心은 나심과 결부된다고 하겠다.

따라서 소양인은 항상 두려운 마음이 있기 때문에 오히려 구심을 통해 부지런하여 근간이 있는 사람이 되고 주식酒食을 청결히 하면 나심으로 나아가지 않지만, 구심이 지나치게 되어 공포심에 이르게 되면 나심이 작용하여 이병裡病이 발생되는 것이다.

위 인용문에서 '거지안 자지심이조어도居之安 資之深而造於道'는 『맹자』의 '군자가 도로써 깊이 짓는 것은 스스로 얻고자 하는 것이니, 자득하면 거처가 편안하고 거처가 편안하면 바탕이 깊어지고 바탕이 깊어지면 좌우에서 취함에 그 근원을 만나니, 그러므로 군자는 스스로 얻고자 하는 것이다.孟子 曰君子 深造之以道는 欲其自得之也니 自得之則居之安하고 居之安則資之深하고 資之深則取之左右에 逢其原이니 故로 君子는 欲其自得之也니라.'에 근거를 두고 있다.

◇◇◇◇◇

少陰人은 **恒有不安定之心**하니 **不安定之心**이 **寧靜則脾氣**이 **卽活也**오 **太陽人**은 **恒有急迫之心**하니 **急迫之心**이 **寧靜則肝血**이 **卽和也**니라.

소음인은 항상 불안정한 마음이 있으니 불안정한 마음이 안정되고 고요하면 비장의 기脾氣가 곧 활발할 것이고, 태양인은 항상 급박한 마음이 있으니 급박한 마음이 안정되고 고요하면 간장의 혈肝血이 곧 조화될 것이다.

迫닥칠 박은 辶 + 白으로 몸이 가고 멈추다.

和화할 화는 禾 + 口로 사람이 조화를 이루다.

역해 : 「사상인 변증론」에서는 '소음인은 한걸음 나아가서 항상 불안정한 마음을 안정시키고 고요히 할 것이니少陰人은 進一步而恒寧靜不安定之心이니'라 하고, 「확충론」에서는 '소음인의 성기는 항상 거처하려고만 하고 나아가려고 하지 않는다.少陰之性氣는 恒欲處而不欲出이니라.'라고 하여, 소음인의 성기性氣와 관계됨을 알 수 있다.

소음인의 불안정심과 「확충론」의 사상심을 종합해서 설명하면, 소음인의 불안한 마음이 심해지면, 소小한 장부인 비기脾氣를 왜곡시키는 표병表病으로 사상심에서는 정방에 배치된 과심夸心과 관계되는 것이다.

따라서 소음인은 항상 불안한 마음이 있기 때문에 오히려 불안정심을 통해 스스로를 경계하고 권세를 피하면, 병리적 욕심인 긍심에 나아가지 않지만, 불안정심이 지나치게 되면 긍심이 작용하여 표병表病이 발생되는 것이다.

또한 「사상인 변증론」에서는 '태양인은 한걸음 물러서서 항상 급박한 마음을 안정시키고 고요히 할 것이며, 太陽人은 退一步而恒寧靜急迫之心하고'라 하고, 「확충론」에서는 '태양인의 성기는 항상 나아가려고만 하고 물러서려고 하지 않는다. 太陽之性氣는 恒欲進而不欲退하고'라고 하여, 태양인의 급박한 마음이 성기性氣와 관계됨을 알 수 있다.

태양인의 급박지심과 「확충론」의 사상심을 종합해서 설명하면, 태양인의 급박한 마음이 심해지면, 소한 장부인 간혈肝血을 왜곡시켜 표병을 일으키기 때문에 사상심에서는 정방에 배치된 교심驕心에 관계되는 것이다.

따라서 태양인은 항상 급박한 마음이 있기 때문에 오히려 급박심을 통해 견문을 넓게 하고 재물을 깨끗하게 하면 병리적 욕심인 벌심伐心에 나아가지 않지만, 급박심이 지나치게 되면 오히려 벌심이 극성하여 표병이 발생되는 것이다.

위에서 논의된 사상인의 항상 있는 마음을 문왕팔괘도에 배치하면 다음과 같다.

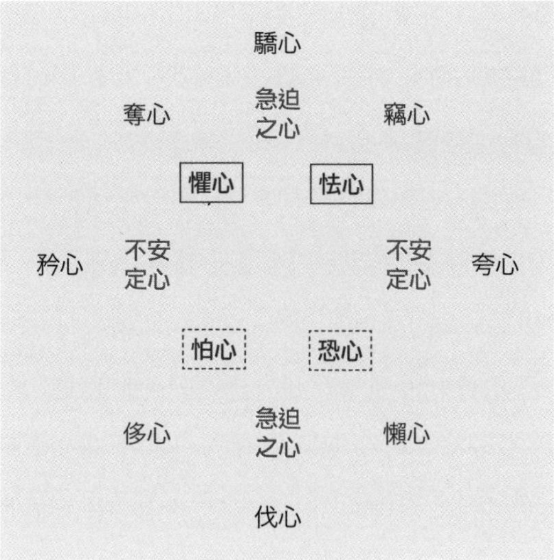

| 사상인의 항상 있는 마음 |

위의 그림을 통해 사상인의 항상 있는 마음을 설명해 보면, 태음인과 소양인은 정기情氣의 마음만 이야기하고, 소음인과 태양인은 성기性氣의 마음만 이야기 했을까? 되묻게 된다. 그 결론이 바로 위의 그림이다. 사상인의 마음 작용은 유사하다 못해 실제적으로 거의거의 구분되지 않는 부분이 많다. 따라서 태음인의 성기는 급박지심이고, 소양인의 성기는 불안정심이라 할 수 있고, 태양인의 정기는 파심怕心이고, 소음인의 정기는 공심恐心으로 추론할 수 있다.

애성기哀性氣와 애정기哀情氣 그리고 락성기樂性氣와 락정기樂情氣의 항상 있는 마음을 알려주면, 나머지 노성기怒性氣와 노정기怒情氣 그리고 희성기喜性氣와 희정기喜情氣는 추론할 수 있는 것이다.

한편 사상인에게 항상 있는 마음인 겁심怯心·구심懼心·급박지심·불안정지심을 「확충론」에서 논한 속임·모욕·도움·보호의 마음 작용으로 그 근본 원인을 설명할 수 있다.

태음인은 보호는 잘하지만 속임은 잘 모르기 때문에 다른 사람이 자기를 보호하지 않을까? 라는 마음에서 겁심이 생기고, 소양인은 속임을 잘 알지만 보호는 잘하지 못하기 때문에 다른 사람이 자기를 속이지 않을까? 라는 마음에서 구심이 생기고, 태양인은 모욕은 잘 알지만 도움은 잘하지 못하기 때문에 다른 사람이 자기를 모욕하지 않을까? 라는 마음에서 급박지심이 생기고, 소음인은 도움은 잘하지만 모욕은 잘 모르기 때문에 다른 사람이 자기를 돕지 않을까? 라는 마음에서 불안정지심이 생기는 것이다.

즉, 사상인에서 자기가 잘하는 속임·모욕·도움·보호의 마음 작용에서 항상 있는 마음이 생기는 것으로 이는 자기가 잘하는 마음이지만 그 마음 때문에 오히려 마음이 왜곡되는 것이다. 따라서 잘하지 못하는 부분은 확충하는데 노력해야 하지만, 잘하는 부분에서도 경계하고 삼가는 마음공부가 필요한 것이다.

◇◇◇◇◇

少陰人이 有咽喉證하니 其病은 太重而爲緩病也나 不可等閒任置오 當用蔘桂八物湯或用獐肝金蛇酒니라.

소음인이 인후증이 있으니 그 병은 대단히 중요하고 느슨한 병이지만 등한시하여 두는 것은 옳지 못하고, 마땅히 삼계팔물탕을 쓰며 혹은 노루의 간이나 금사주를 쓰는 것이다.

喉목구멍 후는 口 + 侯로 입의 왕후이다.

閒틈 한은 門 + 月로 문에 달빛이 들다.

置둘 치는 罒 + 直으로 곧음을 두다.

蔘인삼 삼은 艹 + 參으로 三을 다스리는 풀이다.

獐노루 장은 犭 + 章으로 짐승이 빛나다.

◇◇◇◇◇

太陽人이 有八九日大便不通證하니 其病은 非殆證也라 不必疑惑而亦不可無藥이니 當用獼猴藤五加皮湯이니라.

태양인이 8~9일 대변이 불통하는 증상이 있으니 그 병은 위태로운 증상이 아니다. 반드시 의심하고 수상하게 여길 필요는 없으나 약을 쓰지 않는 것은 옳지 못하니, 마땅히 미후등오가피탕을 쓸 것이다.

便똥오줌 변은 亻 + 更으로 사람이 고치다.

殆위태로울 태는 歹 + 台로 죽음같이 위태롭다.

當마땅할 당은 八 + 宀 + 口 + 田으로 마음 밭은 마땅하다.

藤등나무 등은 艹 + 滕으로 솟아오르는 풀이다.

◇◇◇◇◇

太陽人은 小便이 旺多則完實而無病이오 太陰人은 汗液이 通暢則完實而無病이오 少陽人은 大便이 善通則完實而無病이오 少陰人은 飮食이 善化則完實而無病이니라.

태양인은 소변이 많으면 완실하고 병이 없고, 태음인은 땀이 잘 나면 완실하고 병이 없고, 소양인은 대변이 잘 통하면 완실하고 병이 없고, 소음인은 음식이 잘 소화되면 완실하고 병이 없는 것이다.

完완전할 완은 宀 + 元으로 집에 근본이 있다.

暢펼 창은 申 + 昜으로 볕이 퍼지다.

역해 : 태양인은 폐대간소肺大肝小로 소한 장부인 소장小腸이 역할을 잘하면 건강하고, 태음인은 간대폐소肝大肺小로 소한 장부인 위완胃脘과 피모皮毛가 역할을 잘하면 건강하고, 소양인은 비대신소脾大腎小로 소한 장부인 대장大腸이 역할을 잘하면 건강하고, 소음인은 신대비소腎大脾小로 소한 장부인 위胃가 역할을 잘하면 건강한 것이다. 이를 도표로 그리면 아래와 같다.

사상인	장국 大小	完實	小한 臟腑	上·下焦
태양인	肺大肝小	小便 旺多	肝·小腸	中下焦
태음인	肝大肺小	汗液 通暢	肺·胃脘	上焦
소양인	脾大腎小	大便 善通	腎·大腸	下焦
소음인	腎大脾小	飮食 善化	脾·胃	中上焦

| 사상인의 건강한 상태 |

◇◇◇◇◇

太陽人은 噎膈則胃脘之上焦이 散豁如風하고 太陰人은 痢病則小腸之中焦이 窒塞如霧하고 少陽人은 大便不通則胸膈이 必如烈火하고 少陰人은 泄瀉不止則臍下가 必如氷冷하나니 明知其人而又明知其證則應用之藥은 必無可疑니라.

태양인은 열격이면 위완의 상초가 흩어져 통하는 것이 바람과 같고, 태음인은 이질이면 소장의 중초가 막힘이 안개와 같고, 소양인은 대변이 통하지 않으면 흉격이 반드시 매서운 불과 같고, 소음인은 설사가 그치지 않으면 배꼽 아래가 반드시 얼음과 같이 차가우니, 밝게 그 사람을 알고 또 밝게 그 증상을 알면 응용하는 약은 반드시 의심할 것이 없는 것이다.

豁뚫을 활은 害 + 谷으로 골짜기를 해쳐서 뚫다.

痢설사 리는 疒 + 利로 병을 이롭게 하다.

霧안개 무는 雨 + 務로 비가 힘쓰다.

泄샐 설은 氵 + 世로 진리가 세상으로 새다.

瀉쏟을 사는 氵 + 寫로 물을 옮겨 놓다.

◇◇◇◇◇

人物形容을 仔細商量하야 再三推移하라 如有迷惑則參互病證하야 明見無疑然後에 可以用藥이오 最不可輕忽而一貼藥을 誤投重病險證이면 一貼藥이 必殺人이니라.

사람의 형용을 자세히 헤아려서 두 번 세 번 미루어 옮겨라. 만약 미혹됨이 있으면 병증을 서로 참고해서 밝게 보아서 의심이 없는 연후에 약을 쓸 것이고, 가볍고 소홀히 투입하는 것은 최고로 불가하며, 1첩의 약을 중병이나 험증에 잘못 투약하면 1첩의 약이 반드시 사람을 죽이는 것이다.

迷미혹할 미는 辶 + 米로 쌀이 가고 멈추다.

參간여할 참은 厶 3개 + 人 + 彡으로 나가 삼재지도에 참여하다.

貼붙을 첩은 貝 + 占으로 四八을 점에 붙이다.

投던질 투는 扌 + 殳로 손으로 던지다.

역해 : 사상인의 변별에서 한 번에 확정하지 말고, 자세하게 헤아리고 헤아리면서 두 번 세 번 미루어서 옮기는 자세를 가져야 한다. 한 번 인식된 사상인에 고정되지 말고, 사람의 형용을 통해 미루고 미루어 생각해서 잘못 진단하는 오류를 범하지 말아야 한다.

◇◇◇◇◇

華佗이 曰養生之術이 每欲小勞오 但莫大疲니라.

화타가 말하기를 양생의 방법이 매번 적당한 노력을 하고, 다만 크게 과로하지 말아야 한다.

華 빛날 화는 艹 + 丰 + 艹로 61이다.

佗 다를 타는 亻 + 它로 사람과 다르다.

疲 지칠 피는 疒 + 皮는 피부가 병들다.

◇◇◇◇◇

有一老人이 曰人可日再食而不四五食也며 又不可旣食後添食이니 如此則必無不壽니라.

한 노인이 말하기를 사람은 하루에 두 번 먹고 4~5번 먹지 말아야 하며, 또 이미 먹은 후에 첨식하는 것은 옳지 못하니 만일 이와 같이 하면 반드시 장수할 것이다.

再거듭 재는 二 + 冂 + 十으로 하늘 아래 거듭하다.

添더할 첨은 氵 + 夭 + 心으로 진리를 마음에 더하다.

역해 : 동무의 장수론이다. 앞의 「광제설」에서는 주색재권酒色財權을 통해 장수하는 이치를 설명하고 있다면, 여기서는 소식小食이 장수하는 길임을 밝히고 있다.

◇◇◇◇◇

余이 足之曰太陰人은 察於外而恒寧靜怯心하고 少陽人은 察於內而恒寧靜懼心하고 太陽人은 退一步而恒寧靜急迫之心하고 少陰人은 進一步而恒寧靜不安定之心이니 如此則必無不壽니라.

내가 보충하여 말하면, 태음인은 밖을 살피고 항상 겁내는 마음을 편안하고 고요하게 하고, 소양인은 안을 살피고 항상 두려운 마음을 편안하고 고요하게 하고, 태양인은 한 걸음 물러나고 항상 급박한 마음을 편안하고 고요하게 하고, 소음인은 한 걸음 나아가고 항상 불안정한 마음을 편안하고 고요하게 할 것이니, 이와 같이 하면 반드시 장수할 것이다.

余나 여는 人 + 二 + 小로 음양이 작게 합해져 있다.

步걸음 보는 止 + 小로 작게 그치다.

역해 : 앞에서 논한 사상인의 항상 있는 마음을 편안하고 고요하게 하는 방법을 밝히고 있다.

이는 「확충론」에서 밝힌 사상인의 성기性氣과 정기情氣와 연계되는 것으로 태음인 내수內守만 하지 말고 때로는 외승外勝도 해야 하며, 소양인의 외승만 하지 말고 때로는 내수도 해야 하는 것이다. 또 태양인은 나아갈려고만 하지 말고 물러날 줄도 알아야 하고, 소음인은 물러나려고만 하지 말고 나아가려고 해야 하는 것이다.

◇◇◇◇◇

又曰太陽人은 恒戒怒心哀心하고 少陽人은 恒戒哀心怒心하고 太陰人은 恒戒樂心喜心하고 少陰人은 恒戒喜心樂心이니 如此則必無不壽니라.

또 말하기를 태양인은 항상 노심怒心과 애심哀心을 경계하고, 소양인은 항상 애심과 노심을 경계하고, 태음인은 항상 락심과 희심을 경계하고, 소음인은 항상 희심과 락심을 경계해야 할 것이니, 이와 같이 하면 반드시 장수하는 것이다.

역해 : 애노희락의 성기와 정기를 통한 장수론이다.

애노희락哀怒喜樂을 심心으로 논하고 있는데, 심기心氣의 의미이다. 사상인이 항상 경계해야 하는 것에 있어서 정기를 앞에 두고 성기를 뒤에 둔 것은 정기가 그 작용이 크고 분명하기 때문이다.

「사단론」에서 논한 바와 같이 양인陽人은 애노哀怒를 근본으로 하기 때문에 경계해야 하고, 음인陰人은 희락喜樂을 근본으로 하기 때문에 경계해야 하는 것이다.

◇◇◇◇◇

大舜이 自耕稼陶漁로 無非取諸人以爲善하시고 夫子이 曰三人行에 必有我師라하시니 以此觀之則天下衆人之才能을 聖人이 必博學審問而兼之故로 大而化也라

위대하신 순임금이 밭을 갈고 씨를 심고 질그릇을 굽고 물고기를 잡는 것에서 모든 것을 다른 사람에게서 취하여 선을 하시고, 공부자께서 말하기를 세 사람이 행함에 반드시 나의 스승이 있는 것이라 하시니, 이것으로 보건데 천하의 사람들의 재능을 성인이 반드시 널리 배우고 자세히 묻는 것을 겸하는 까닭으로 위대하게 변화된 것이다.

耕밭갈 경은 耒 + 井으로 쟁기로 二十을 갈다.

稼심을 가는 禾 + 家로 집에 벼를 심다.

漁고기잡을 어는 氵 + 魚로 물고기를 잡다.

審살필 심은 宀 + 丿 + 米 + 田로 밭의 쌀을 살피다.

역해 : 위의 위대한 순임금과 공자의 이야기는 『맹자』와 『논어』에 나온다.

먼저 『맹자』에서는 "위대한 순임금은 위대함이 있으시니 선을 세상 사람과 함께 하시어 자기를 버리고 사람을 좇으시며 다른 사람에게 취하여 선을 하는 것을 즐기시었다. 밭 갈고 씨를 심고 질그릇을 굽고 고기를 잡는 것으로부터 천자에 이르기까지 다른 사람에게 취하지 않는 것이 없었다. 다른 사람에게 취하여 선을 하는 것, 이것이 사람들과 더불어 선을 하는 것이니, 그러므로 군자는 다른 사람과 더불어 선을 하는 것보다 큰 것이 없는 것이다. 大舜은 有大焉하시니 善與人同하사 舍己從人하시며 樂取於人하야 以爲善하시다 自耕稼陶漁로 以至爲帝에 無非取於人者러시다 取諸人以爲善이 是 與人爲善者也니 故로 君子는 莫大乎與人爲善이니라."라고 하였다.

또 『논어』에서는 "세 사람이 행함에 반드시 나의 스승이 있을 것이니 그 선을 택하여 좇을 것이고, 그 불선한 것은 고칠 것이다. 子ㅣ 曰三人行애 必有我師焉이니 擇其善者而從之오 其不善者而改之니라."라고 하였다. 그런데 『논어』의 '삼인행三人行'은 『주역』의 '세 사람이 행함에 곧 한 사람은 덜어내고, 한 사람이 행함에는 그 벗을 얻을 것이다. 六三은 三人行앤 則損一人코 一人行앤 則得其友라라.'라고 한 것에 바탕하고 있다.

◇◇◇◇◇

太少陰陽人識見才局이 各有所長하야 文筆射御歌舞揖讓으로 以至於博奕小技細鎖動作히 凡百做造이 面面不同하야 皆異其妙하니 儘乎衆人才能之浩多於造化中也로다.

태소음양인의 식견과 재주·국량이 각각 장점이 있어서 문필·사어射御·가무歌舞·읍양揖讓으로부터 박혁博奕·작은 재주·세세한 동작에 이르기까지 모든 행동을 하는 것이 면면히 같지 않아서 모두 오묘하게 다르니, 실로 대중의 재능은 조화의 가운데에서 크고 많은 것이다.

筆붓 필은 竹 + 聿로 성인의 뜻을 쓰다.

射쏠 사는 身 + 寸으로 몸의 마디를 가지다.

揖읍 읍은 扌 + 口 + 耳는 손을 입으로 올리다.

讓사양할 양은 言+衣+口 2개 + 井 + 一로 하늘의 뜻에 따라 사양하다.

奕클, 바둑 혁은 亦 + 大로 또 크다.

역해 : 사상인은 만 가지로 다른萬殊 것이다.

「사단론」에서 분명하게 밝힌 바와 같이 사상인의 장리臟理는 하늘로부터 품부 받은 네 가지이지만, 장리가 현상적으로 드러나게 되는 장국은 만 가지로 다른 것이다. 따라서 사상인의 변별에 있어서도 장리와 장국을 분리해서 보아야 하고, 장국을 통해 장리를 읽어야 한다고 하였다.

사상인이 가지고 있는 식견識見과 재능才能 그리고 국량局量은 모두 다르고, 모두 다른 장점을 가지고 있기 때문에 면면히 다르고 그 오묘하게 다른 점을 읽어서 장리臟理를 변별할 때 사상인이 분명하게 드러나는 것이다.

◇◇◇◇◇

靈樞書中에 有太少陰陽五行人論而略得外形하고 未得臟理하니 蓋太少陰陽人이 早有古昔之見而未盡精究也라.

『황제내경』「영추」 가운데 태소음양 오행인론이 있는데 대략 외형을 얻었고 아직 장부의 이치는 얻지 못하였으니, 대개 태소음양인은 일찍이 옛날 옛날에도 보았으나 정밀하게 궁구하지 못한 것이다.

樞 지도리 추는 木 + 區로 구역을 나누는 神道이다.
形 모양 형은 一 + 卄 + 彡으로 二十一이 三才로 드러나다.
蓋 덮을 개는 艹 + 去 + 皿으로 그릇을 풀로 덮다.

역해 : 위에서 만 가지로 다른 사상인의 장국臟局을 설명하고, 이어서 『황제내경』의 내용을 통해 장국臟局과 장리臟理의 이치를 설명하고 있다. 「영추」편의 오행인론은 외형을 본 것으로 장국臟局이라면, 사상

철학의 사상인四象人은 장리臟理를 밝힌 것임을 분명하게 하고 있다.

『황제내경』과 사상철학에 대한 단순한 비교가 불가능함을 알 수 있다. 그런데 『황제내경』의 연구를 통해서는 사상철학의 본래적 면목을 볼 수가 없고, 사상철학의 연구를 통해 자신의 사유를 높여야 『황제내경』과 사상철학의 분별이 가능하게 되는 것이다.

앞의 「사단론」에서 설명한 바와 같이 현상적·즉자적초등적 사유로 깊은 철학적 통찰을 이해하는 것은 거의 불가능한 것이다. 그래서 「성명론」에서는 사상철학의 깊은 통찰을 '혜각慧覺'이라 하였는데, 학자들은 이 혜각마저도 논리적 사유라고 이해하고 있다.

◇◇◇◇◇

此書는 **自癸巳七月十三日始作**하야 **晝思夜度**하야 **無頃刻休息**하야 **至于翌年甲午四月十三日**하니 **少陰少陽人論則略得詳備**하대 **太陰太陽人論則僅成簡約**하니 **蓋經驗**이 **未遍而精力**이 **已憊故也**라. **記**에 **曰開而不達則思**라하니 **若太陰太陽人**을 **思而得之則亦何損乎簡約哉**리오.

이 글은 계사년 7월 13일에 시작하여 낮에는 생각하고 밤에는 헤아려서 잠시도 쉬지 않아서 이듬해 갑오년 4월 13일 이르러니, 소음인·소양인론은 대략 상세하게 갖춤을 얻었으나, 태음인·태양인론은 겨우 간약하게 이루니, 대개 경험이 두루하지 못하고 정력이 이미 소모된 까닭이다. 옛 사람의 글에 말하기를, 시작하고 이해하지 못하면 생각하라고 하였으니 만약 태음인·태양인을 생각하고 얻으면 또 어찌 간약한 것에 손실이겠는가?

頃기울 경은 匕 + 頁로 머리를 거꾸로 하다.

翌다음날 익은 羽 + 立으로 깃을 세우다.

詳자세할 상은 言 + 羊으로 백성들에게 자세히 말하다.

僅겨우 근은 亻 + 廿 + 中 + 三으로 겨우 진리를 말하다.

憊고달플 비는 備 + 心으로 마음을 갖추다.

◇◇◇◇◇

萬室之邑에 一人이 陶則器不足也오 百家之村에 一人이 醫則活人不足也니 必廣明醫學하야 家家知醫하며 人人知病然後에 可以壽世保元이니라.

만호의 읍에서 한 사람이 질그릇을 만들면 그릇이 부족하고, 백호의 마을에 한 사람이 의사이면 사람을 살리는데 부족하니, 반드시 의학을 널리 밝혀서 집집마다 의학을 알고, 사람 사람마다 병을 알은 연후에 수세보원을 할 수 있다.

醫의원 의는 匚 + 矢 + 殳 + 酉로 성인의 뜻을 감싸서 세상에 펼치다.

◇◇◇◇◇

光緒甲午四月十三日에 咸興李濟馬이 畢書于漢南山中하니라.

청나라 광서 갑오년 4월 13일 함흥 이제마가 한남산에서 글을 마치다.

緖실마리 서는 糸 + 者로 사람에게 드러나는 실마리이다.

甲첫째 천간 갑은 口 + 十으로 十을 감싸고 있다.

畢마칠 필로 田 + 卄 + 二 + 丨으로 十의 일을 마치다.

◇◇◇◇◇

嗚呼라 公이 甲午畢書後하고 乙未下鄕至于庚子因本改草하니 自性命論至太陰人諸論을 各有增刪而太陽人以下三論은 未有增刪故로 今以甲午舊本을 開刊하니라.

아! 동무공이 갑오년에 글을 마친 이후, 을미년에 고향에 내려와 경자년에 초고본을 인하여 개초하니, 「성명론」에서부터 태음인 제론諸論까지를 각각 더하고 삭제하였으나, 태양인 이하 삼론三論는 더하거나 삭제하지 못한 까닭으로 지금 갑오년 구본舊本을 출간한 것이다.

嗚탄식 소리 오는 口 + 烏로 까마귀가 울다.

庚일곱째 천간 경은 广 + 人 + 크로 굴 바위에서 사람을 잡다.

增붙을 증은 土 + 曾으로 땅에 붙이다.

刪깎을 산은 册 + 刂로 칼로 책을 깎다.

光武五年辛丑六月 日 咸興栗洞契新刊

광무 5년 신축년 6월 모某일에 함흥 율동계에서 새롭게 출간하다.

정원正圓 임병학林炳學

저자는 2005년 충남대학교 대학원에서 「易學의 河圖洛書原理에 관한 연구」로 철학박사를 취득하고, 현재 원광대학교 동양학대학원에서 『周易』을 바탕으로 正易哲學·四象哲學·一圓哲學을 연구·강의하고 있다.

저서 소개

『易學과 韓國哲學』 도서출판 문진, 2002, 공저
『易學과 河圖洛書』 (주)한국학술정보, 2008
『一夫傳記와 正易哲學』 도서출판 연경원, 2013
『치유와 성숙을 위한 인성보감』 도서출판 예다학, 2016, 공저
『하늘을 품은 한자, 주역으로 풀다』 골든북스, 2016

논문 소개

| 周易·正易哲學 |

「주역의 하도낙서론과 계사상 제9장 고찰」 『동서철학연구』, 2017
「주역의 河圖洛書論과 正易의 팔괘도 상관성 고찰」 『원불교사상과 종교문화』, 2016
「주역의 時에 대한 고찰」 『인문학연구』, 2016
「『正易』에서본 윷놀이의 易學的의미」 『선도문화』, 2014
「『周易』에 표상된 吉凶의 철학적 의미」 『퇴계학과 한국문화』, 2012 등 20여편

| 四象哲學 |

「주역의 문왕팔괘도에 근거한 동의수세보원 「성명론」의 고찰」『퇴계학과 한국문화』, 2014

「문왕팔괘도에 근거한 哀怒喜樂과 四象人臟局의 大小형성에 관한 고찰- 동의수세보원「사단론」을 중심으로」『동서철학연구』, 2015

「문왕팔괘도에 근거한 동의수세보원「확충론」의 애노희락과 천인성명 고찰」『민족문화』, 2014

「주자의 역학계몽에 근거한 동무의 역학적 사유의 특징」『한국문화』, 2014

「사상철학의 마음연구(1) 동의수세보원「성명론」의 四象心에 대한 고찰」『장서각』, 2015

「사상철학의 마음연구(2) 문왕팔괘도에 근거한 四象人의 마음작용 고찰」『대동문화연구』, 2015 등 20여편

「사상철학의 마음연구(3)「장부론」의 기흐름에 근거한 四象人의 표기·리기와 四象心의 상관성 고찰」『대동문화연구』, 2015

「「확충론」의 속임 모욕 도움 보호와 사상인의 마음 작용」『국학연구』,2017 등 20여편

| 一圓哲學 |

「『周易』에서 본 少太山의 발심 呪文과 大覺 직후 해석된 두 구절의 교리적 함의」『원불교사상과 종교문화』, 2017

「원불교 四恩의 주역 연원에 대한 고찰」『원불교사상과 종교문화』, 2016

「소강절의 상수역학이 한국 신종교에 미친 영향 –東學과 圓佛敎를 중심으로」『동서철학연구』, 2015

「한국 신종교에 있어서 후천개벽과 역易의 상관성」『원불교사상과 종교문화』, 2013

東醫壽世保元